# Investigativer Journalismus in Deutschland

Andrea Claudia Hoffmann
Hrsg.

# Investigativer Journalismus in Deutschland

Die spannendsten Stories - und der Weg ihrer Enthüllung

*Hrsg.*
Andrea Claudia Hoffmann
Fakultät Design, Medien und Information
HAW Hamburg
Hamburg, Deutschland

ISBN 978-3-658-44672-7     ISBN 978-3-658-44673-4 (eBook)
https://doi.org/10.1007/978-3-658-44673-4

Die Deutsche Nationalbibliothek verzeichnet diese Publikation in der Deutschen Nationalbibliografie; detaillierte bibliografische Daten sind im Internet über https://portal.dnb.de abrufbar.

© Der/die Herausgeber bzw. der/die Autor(en), exklusiv lizenziert an Springer Fachmedien Wiesbaden GmbH, ein Teil von Springer Nature 2024

Das Werk einschließlich aller seiner Teile ist urheberrechtlich geschützt. Jede Verwertung, die nicht ausdrücklich vom Urheberrechtsgesetz zugelassen ist, bedarf der vorherigen Zustimmung des Verlags. Das gilt insbesondere für Vervielfältigungen, Bearbeitungen, Übersetzungen, Mikroverfilmungen und die Einspeicherung und Verarbeitung in elektronischen Systemen.
Die Wiedergabe von allgemein beschreibenden Bezeichnungen, Marken, Unternehmensnamen etc. in diesem Werk bedeutet nicht, dass diese frei durch jede Person benutzt werden dürfen. Die Berechtigung zur Benutzung unterliegt, auch ohne gesonderten Hinweis hierzu, den Regeln des Markenrechts. Die Rechte des/der jeweiligen Zeicheninhaber*in sind zu beachten.
Der Verlag, die Autor*innen und die Herausgeber*innnen gehen davon aus, dass die Angaben und Informationen in diesem Werk zum Zeitpunkt der Veröffentlichung vollständig und korrekt sind. Weder der Verlag noch die Autor*innen oder die Herausgeber*innen übernehmen, ausdrücklich oder implizit, Gewähr für den Inhalt des Werkes, etwaige Fehler oder Äußerungen. Der Verlag bleibt im Hinblick auf geografische Zuordnungen und Gebietsbezeichnungen in veröffentlichten Karten und Institutionsadressen neutral.

Planung/Lektorat: Barbara Emig-Roller
Springer VS ist ein Imprint der eingetragenen Gesellschaft Springer Fachmedien Wiesbaden GmbH und ist ein Teil von Springer Nature.
Die Anschrift der Gesellschaft ist: Abraham-Lincoln-Str. 46, 65189 Wiesbaden, Germany

Wenn Sie dieses Produkt entsorgen, geben Sie das Papier bitte zum Recycling.

# Inhaltsverzeichnis

## Teil I  Bestandsaufnahme

**Investigativer Journalismus in Deutschland: Eine Einführung** .......... 3
Andrea Claudia Hoffmann
Literatur .................................................... 25

## Teil II  Herausragende Recherchen im deutschsprachigen Raum

**Die Akte Scholz: Wie sich die Cum-Ex-Recherchen zum Problem für den Bundeskanzler entwickelten** .............................. 33
Oliver Hollenstein
1  Die Story .................................................. 34
2  Step by step ............................................... 38
3  Take-away ................................................ 44

**Die Wirecard-Recherchen: Entzauberung eines deutschen Hoffnungsträgers** ............................................... 49
Felix Holtermann
1  Die Story .................................................. 49
2  Step by step ............................................... 51
3  Take-away ................................................ 58
Literatur .................................................... 61

V

**Tatort Hamburger Hafen: Recherchen zum internationalen Kokainhandel** .......... 63
Benedikt Strunz
1 Die Story .......... 63
2 Step by step .......... 65
3 Take-away .......... 66
Literatur .......... 74

**Die Akte Amri: Der Terroranschlag auf dem Berliner Breitscheidplatz & eine Recherche, die nie endet** .......... 75
Sascha Adamek
1 Die Story .......... 75
2 Step by step: Die Recherchen (mit reichlich Gegenwind) .......... 77
3 Take away .......... 88
Literatur .......... 89

**Die Akte Schlesinger: wie wir der Misswirtschaft im RBB auf die Schliche kamen** .......... 91
Kayhan Özgenç
1 Die Story .......... 91
2 Step by step .......... 92
3 Take-away .......... 99
Literatur .......... 100

**Teil III   Herausragende Internationale Recherchen**

**Die Tesla-Files: Der Schlüssel zu Elon Musks Welt voller Angst und Verschwiegenheitsklauseln** .......... 103
Sönke Iwersen
1 Die Story .......... 103
2 Step by Step .......... 107
3 Take Away .......... 113
Literatur .......... 115

**Nord Stream: Wer sprengte die Pipeline? – Eine Recherche mit vielen Fallstricken** .......... 117
Holger Stark und Georg Heil
1 Die Story .......... 117
2 Die Recherche .......... 120
3 Take-away .......... 122
Literatur .......... 124

Inhaltsverzeichnis VII

**Gemeinsam besser: Die Panama Papers und die internationale Kooperation mit dem ICIJ** .................................. 127
Frederik Obermaier und Bastian Obermayer
1 Die Story .................................................. 127
2 Step by step ............................................... 129
Literatur ..................................................... 138

**Die Cyprus Confidential Enthüllungen: Wie die Insel Zypern zum Einfallstor russischer Oligarchen wurde** ..................... 141
Maria Retter, Timo Schober und Sophia Baumann
1 Die Story .................................................. 141
2 Step by Step ............................................... 144
3 Take-away ................................................. 150
Literatur ..................................................... 152

**Die Vulkan Files: Geheimdokumente von Hackern im Auftrag des Kreml & ihre Auswertung mit IT-Sicherheitsexperten und OSINT-Methoden** .............................................. 155
Hannes Munzinger
1 Die Story .................................................. 155
2 Step-by-step ............................................... 159
3 Take-away ................................................. 166

**Teil IV Lokale und Internationale Recherche-Verbünde**

**Kollaborativer Journalismus: Das Projekt Correctiv.Lokal** ......... 171
Justus von Daniels und Jonathan Sachse
1 Netzwerk ins Lokale ....................................... 172
2 Gelernt aus Erfahrungen und einem Vorbild ................ 172
3 Kombination der Stärken .................................. 173
4 Wirkung der vernetzten Recherchen ....................... 174
5 Klima als besonderer Schwerpunkt ........................ 176
6 Gemeinsam aufdecken .................................... 176
7 Ausblick .................................................. 177
Literatur ..................................................... 178

**Germany's Instrumental Role in International Journalism Investigations** ............................................... 179
Scilla Alecci
References ................................................... 188

# Teil I
# Bestandsaufnahme

# Investigativer Journalismus in Deutschland: Eine Einführung

Andrea Claudia Hoffmann

„Das zentrale Dilemma des Journalismus ist, dass du nicht weißt, was du nicht weißt", sagte einst Investigativ-Legende Bob Woodward über seine berühmte Watergate-Recherche. Damit wies er auf die grundlegende Paradoxie jeder investigativen Tätigkeit hin: Der oder die Rechercheur:in muss etwas herausfinden, von dem weder er oder sie noch die Öffentlichkeit Kenntnis hat: Die Spur führt ins Verborgene, in Bereiche, wo keine Beobachter:innen und schon gar keine Berichterstatter:innen erwünscht sind.

„Ich vermute, dass es viele geheime Machenschaften gab, die niemals geleakt wurden und niemals ans Licht kamen", so Woodward, der durch seine Recherchen in den 1970er-Jahren wie kein zweiter unser Bild davon geprägt hat, was wir unter investigativem Journalismus verstehen. Selbst ein halbes Jahrhundert und viele prominente Enthüllungsstories später steht der Watergate-Skandal immer noch als Blaupause dafür.

Aber was genau ist eigentlich investigativer Journalismus? Und was macht eine Recherche investigativ? Gerade in Deutschland richten wir unseren Blick gerne in die USA, wenn wir über investigativen Journalismus reden. Das ist nicht erstaunlich, denn unser Verständnis von Investigativ-Journalismus und den damit verbundenen Qualitätsanforderungen wurde maßgeblich von amerikanischen Vorbildern geprägt. Doch der investigative Journalismus in Deutschland hat eigenständige Wurzeln, die bis in die Weimarer Republik zurückreichen. Auch die rechtlichen und medialen Rahmenbedingungen hierzulande unterscheiden sich er-

A. C. Hoffmann (✉)
HAW Hamburg, Hamburg, Deutschland
E-Mail: andreaclaudia.hoffmann@haw-hamburg.de

© Der/die Autor(en), exklusiv lizenziert an Springer Fachmedien Wiesbaden GmbH, ein Teil von Springer Nature 2024
A. C. Hoffmann (Hrsg.), *Investigativer Journalismus in Deutschland*,
https://doi.org/10.1007/978-3-658-44673-4_1

heblich. Und viele herausragende Recherchen, die in den vergangenen Jahren im deutschsprachigen Raum entstanden sind, stehen US-amerikanischen qualitativ in nichts nach.

**Was ist investigativer Journalismus?**
Aber was ist unter investigativem Journalismus überhaupt zu verstehen? Der Terminus beschreibt eine Berichterstattung, die über das routinemäßige Sammeln und Bewerten von Fakten hinausgeht. Investigative Berichterstattung unterscheidet sich von der täglichen Nachrichtenberichterstattung durch die behandelten Themen, die von großer öffentlicher Bedeutung sind (deBurgh 2003, S. 806) und die andere im Verborgenen halten wollen; sie unterscheidet sich außerdem durch die angewandten Techniken der Informationsbeschaffung und den Grad der Recherchetiefe. Robert William Greene, einer der Gründer der amerikanischen Organisation *Investigative Reporters and Editors* (IRE), betont in seiner Definition die Komponente der Aufdeckung von Geheimnissen: „It is the reporting, through one's own work product and initiative, (of) matters of importance with some persons or organizations wish to keep secret." (Greene 1983, foreword)

Um einen möglichst breiten Konsens bemüht, schließt sich dieser Band der Definition des Investigativ-Journalisten Mark Lee Hunter an, der auch das deutsche *Netzwerk Recherche* oder die UNESCO folgt: „Investigativer Journalismus beinhaltet die Aufdeckung gegenüber der Öffentlichkeit von Dingen, die verheimlicht werden – entweder absichtlich von jemandem in einer Machtposition oder zufällig, hinter einer chaotischen Masse von Fakten und Umständen, die das Verständnis verschleiern. Dies erfordert die Verwendung von sowohl geheimen und offenen Quellen und Dokumenten", heißt es bei Hunter (Hunter Lee 2011, S. 8).

Anders ausgedrückt: Herkömmliche journalistische Berichterstattung sei oft von Material abhängig, das andere zur Verfügung stellen; die Informationsbeschaffung sei in diesem Sinne reaktiv. Investigativer Journalismus hingegen stütze sich auf Material, das der Reporter aufgrund seiner eigenen Initiative erhalte. Daher sei investigativer Journalismus mehr als nur „gut gemachter" konventioneller Journalismus, sondern eine eigenständige Form (Hunter Lee 2011, S. 8). So lässt sich das investigative Vorgehen auch auf einer Skala verorten, die den unterschiedlich großen.

Rechercheaufwand widerspiegelt: Auf der einen Seite liegt unkritische „Hofberichterstattung", die lediglich offene, einfach zugängliche Quellen nutzt, auf der anderen Seite der investigative Journalismus: Ihn zeichnet eine aufwendige Recherche sowie das Suchen und Erschließen von schwer zugänglichen Quellen aus, die mitunter gegen Widerstände erfolgt (Ludwig 2011, S. 9).

Ein hoher Rechercheaufwand und das Enthüllen verborgener Informationen sind also die zentralen Charakteristika des investigativen Journalismus. Themen im öffentlichen Interesse wie Korruption oder Machtmissbrauch stehen bei diesen aufwendigen Recherchen im Mittelpunkt (Global Investigative Journalism Network 2020). Weitere Merkmale des investigativen Journalismus sind seine Unabhängigkeit und die kritische Distanz zu Machthabern (Ettema und Glasser 1988). Oft werden auch hohe ethische Standards wie soziale Gerechtigkeit als wichtige Norm betont (Ettema und Glasser 1988).

Auf dieser Basis lässt sich Investigativ-Journalismus als eigenständiger Teilbereich innerhalb des Journalismus beschreiben, oft wird sie sogar als Speerspitze des Berufs gesehen: Journalist:innen, die sich auf die investigative Recherche bestimmter Themen spezialisiert haben, gelten als Autoritäten für diese Themen, da das Publikum ihnen ein kritischeres Mindset unterstellt als nicht-investigativ tätigen Journalist:innen. Diese Attribuierung wiederum verleiht ihnen sowohl hohes berufliches als auch gesellschaftliches Prestige.

**Investigativer Journalismus als „Wächter" der Demokratie**
Die gesellschaftliche Bedeutung investigativer journalistischer Arbeit liegt auf der Hand: Er befähigt Medien, ihre „Wächterfunktion" innerhalb einer Demokratie auszuüben (Donsbach und Patterson 2004) und als „vierte Gewalt" im Staat andere Machtinstanzen zu kontrollieren. Oft ist im englischen Sprachgebrauch auch von Medien als „Watchdogs" (Wachhunden) die Rede. Im europäischen Kontext wird die Rolle des Journalismus als vierte Gewalt meist explizit oder implizit als Ziel der führenden Nachrichtenmedien anerkannt. Und auch seitens des Publikums wird sie von den Medien erwartet (Carson 2019): Man geht davon aus, dass diese in der Lage sind, Bürgerinnen und Bürger über eventuelles Fehlverhalten von Politikern und anderen Eliten zu informieren (Carson 2019; Chambers 2000). In einer länderübergreifenden Studie wurde die Überwachung staatlichen Handelns und die Bereitstellung verlässlicher Information als die wichtigsten akzeptierten Elemente journalistischen Handels weltweit identifiziert (Hanitzsch et al. 2019).

Aber Watchdog-Journalismus und investigativer Journalismus sind nicht identisch: Die Wächterfunktion der Medien war vielmehr bereits bekannt, als sich zu Beginn des 20. Jahrhunderts das Konzept einer investigativen Recherche zu entwickeln begann. Spuren dieses Ideals finden sich bereits in den Aufzeichnungen eines Verleumdungsprozesses gegen einen Journalisten in Massachusetts im Jahr 1822 (Dicken-Garcia 1989). Watchdog-Journalismus wird heute definiert als „(1) unabhängige Überprüfung der Aktivitäten von Regierungen, Unternehmen und anderen öffentlichen Einrichtungen durch die Presse, mit dem Ziel, (2) diese Aktivitäten zu dokumentieren, zu hinterfragen und zu untersuchen, um (3) die Öffentlichkeit und die Beamten rechtzeitig mit Informationen über Themen von öffentlichem Interesse zu versorgen" (Bennett und Serrin 2005, S. 169). Um ihrer Wächterfunktion nachzukommen, können Journalist:innen zwar investigative Recherchemethoden einsetzen. Dies ist aber nicht zwangsläufig notwendig und kann abhängig vom Thema mehr oder weniger sinnvoll sein.

In jedem Fall ist sachkundige Recherche die Kernkompetenz, um eine politische oder gesellschaftliche Kontrollfunktion ausüben zu können. Mit Fortschreiten der technologischen Entwicklung verändern sich zwar die Werkzeuge der Recherche, die mitunter neue, digitale Formen annimmt (Broussard 2015; Carlson 2015; Stray 2019) – wie beispielsweise KI-Systeme, die Daten in narrative Texte umwandeln – aber die Grundaufgabe, die Behauptungen staatlicher oder anderer gesellschaftlicher Akteure auf ihr Zutreffen zu überprüfen, bleibt dieselbe. Auch die Zugangswege zu Akteuren und die Verbreitung recherchierter Informationen haben sich angesichts der partizipativen Kultur in den Sozialen Medien in den vergangenen Jahren enorm gewandelt (Ali und Hassoun 2019).

Ungewiss ist in Zukunft aber vor allem die Finanzierung von Recherchen: Die beschränkten Budgets für investigativen Journalismus weltweit haben nach Auffassung vieler Medienwissenschaftler:innen bereits zu einer Schwächung der investigativen Berichterstattung geführt (Houston 2010; Li und Sparks 2018; Munoriyarwa 2018), ebenso wie zu sinkenden Mitarbeiterzahlen in den Redaktionen (Knobel 2018). Dem Anspruch, andere Machtinstanzen im Sinne einer Wächterfunktion zu kontrollieren und sie gegebenenfalls für Fehlverhalten zur Rechenschaft zu ziehen, können Medien aber nur gerecht werden, wenn sie genug Ressourcen für zeitaufwendige investigative Recherchen haben (Waisbord 2000).

**Die US-amerikanischen Wurzeln des investigativen Journalismus**
Um die heutigen Entwicklungen zu erfassen, ist es hilfreich einen genaueren Blick auf die Wurzeln des investigativen des Journalismus zu werfen. Angefangen hat alles in den USA. Während der Progressiven Ära (1890–1920) leisteten des sogenannten „Muckrakers" Pionierarbeit in Sachen investigativer Journalismus, indem sie in ihren Reportagen auf gesellschaftliche Missstände aufmerksam machten. Ihr Name wurde der Gruppe von US-Präsident Theodore Roosevelt in seiner Rede „The Man With the Muck Rake" zugewiesen, der sich wiederum auf einen Abschnitt in John Bunyans *Pilgrims's Progress* bezog: Darin wird ein Mann beschrieben, der Dreck harkte, als schwere körperliche Arbeite verrichtete, um seinen Lebensunterhalt zu verdienen. Ähnlich sah man damals die politisch engagierten

Reporterinnen und Reporter, die im übertragenen Sinne „im Dreck wühlten", um Missstände in Politik und Wirtschaft aufzudecken (Aucoin 2005).

Als eine der wichtigsten Vertreterinnen der Muckraker gilt Ida Tarbell, die ihre Karriere als Lehrerin begann, bevor sie sich dem Journalismus zuwandte und schließlich eine der führenden Figuren der Muckraker-Bewegung wurde. Ihre bekannteste Arbeit ist eine 19-teilige Serie über die Standard Oil Company, die zwischen 1902 und 1904 in *McClure's-Magazine* veröffentlicht wurde. Tarbell verbrachte Jahre mit der Recherche für diese Serie, in der sie die monopolistischen Praktiken des Unternehmens aufdeckte. Ihre Arbeit führte zur Aufdeckung der unethischen Geschäftspraktiken von Standard Oil und trug zur späteren Zerschlagung der Firma bei (Brinkley 2010).

Ein weiterer wichtiger Vertreter ist Upton Sinclair, der als Journalist und Schriftsteller für seine scharfe Kritik an den damaligen sozialen und wirtschaftlichen Bedingungen bekannt war. Sein bekanntestes Werk, „The Jungle" wurde 1906 veröffentlicht und deckte die schlimmen Arbeitsbedingungen und schlechten Sanitärstandards in der Fleischverarbeitungsindustrie auf. Sinclair ist auch ein früher Vertreter der Undercover-Recherche: Er verbrachte mehrere Monate unerkannt in den Schlachthöfen von Chicago, um Material für seinen Roman zu sammeln. Seine Arbeit führte zur Verabschiedung des Pure Food and Drug Act und des Meat Inspection Act, zwei Gesetze, die die Lebensmittel- und Arzneimittelsicherheit in den USA verbesserten (Hofstadter 1955).

Zu den Pionieren zählt zudem Lincoln Steffens, geboren 1866, der für seine Enthüllungsstorys über Korruption in den Regierungen großer amerikanischer Städte bekannt wurde, die er zwischen 1902 und 1904 als Serie in *McClure's-Magazine* veröffentlichte. Seine Arbeit mit dem Titel „The Shame of the Citys" trug dazu bei, das Bewusstsein für die Notwendigkeit politischer Reformen zu schärfen und führte zu einer Reihe von Reformen in den untersuchten Städten (Steffens 2019).

Die Arbeiten dieser jungen Reporter:innen, die um die Jahrhundertwende tätig waren, sind bis heute für den Journalismus – und speziell für den Investigativ-Journalismus prägend, da sie die Notwendigkeit von gründlicher Recherche und Faktenprüfung hervorheben. Auch die Art und Weise, wie Journalisten ihre Geschichten heute präsentieren – etwa indem sie dem Publikum das jeweilige Rechercheverfahren offenlegen – wurde maßgeblich von diesen frühen Arbeiten beeinflusst (Emery et al. 1996).

**Die europäischen Wurzeln des investigativen Journalismus**
In Europa gab es im selben Zeitraum ebenfalls schon vereinzelt Journalist:innen, die im weitesten Sinne investigativ arbeiteten. In London etwa wurde William Thomas Stead mit seinen engagierten Sozialreportagen bekannt (Haller 2016). Stead, geboren 1849, repräsentiert eine eigenständige britische Tradition des investigativen Journalismus, die sich durch eine tiefe soziale Sensibilität und den Einsatz von Journalismus als Werkzeug zur Aufdeckung und Bekämpfung sozialer Ungerechtigkeiten auszeichnete. Seine Arbeiten sind bis heute prägend, da sie die Rolle des Journalisten Stimme der Unterdrückten hervorheben. Und seine Methoden, einschließlich verdeckter Recherchen, Interviews mit Betroffenen und der Verwendung von Fakten zur Untermauerung von Berichten, sind bis heute bester (investigativ-)journalistischer Standard (Haller 2016).

Eines seiner bekanntesten Werke ist der Artikel „The Maiden Tribute of Modern Babylon", der 1885 in der *Pall Mall Gazette* veröffentlicht wurde. In diesem Artikel deckte Stead die erschreckende Realität der Kinderprostitution in London auf (Haller 2016). Er nutzte eine Mischung aus verdeckter Recherche, persönlichen Interviews und sorgfältiger Dokumentation, um die erschütternde Wahrheit über den Missbrauch von Mädchen in der viktorianischen Gesellschaft zu enthüllen. Stead ging sogar so weit, ein 13-jähriges Mädchen namens Eliza Armstrong zu „kaufen", um zu beweisen, wie einfach es war, ein Kind in die Prostitution zu zwingen. Dieser Akt führte zu seiner Verhaftung und Verurteilung, aber auch zu einer landesweiten Empörung und schließlich zur Verabschiedung des „Criminal Law Amendment Act" von 1885, der das Schutzalter auf 16 Jahre erhöhte. Insofern war Steads Artikel ein Meilenstein in der Geschichte des investigativen Journalismus, da er zeigte, wie mutige und unerschrockene Berichterstattung über soziale Missstände dazu beitragen kann, Veränderungen herbeizuführen (Haller 2016). Seine Recherche-Methodik, insbesondere die verdeckte Ermittlung, bleibt aber bis heute umstritten.

In einer ähnlich sozial engagierten Tradition stehen die einige Jahre später erschienenen Arbeiten des Österreichers Max Winter und der Schwedin Ester Blenda Nordström. Max Winter (1870–1937), ein österreichischer Sozialdemokrat, hat sich insbesondere durch seine „Unterwelt"-Reportagen einen Namen gemacht. Verkleidet als Obdachloser kletterte er in die Kanalisation Wiens, um sich dort unter die „Kanalstrotter" zu mischen: Menschen, die aus der Kanalisation Knochen fischen, um sie für die Seifenproduktion zu verkaufen (Haller 2016). Diese Reportagen „von unten" dokumentierten anschaulich die Lebensbedingungen der Armen und waren für die damalige Zeit bahnbrechend. Die Methode der Undercover-Recherche wurde später von vielen Journalist:innen aufgegriffen und weiterentwickelt.

Ester Blenda Nordström, geboren 1891, arbeitete als Reporterin ebenfalls undercover, indem sie sich als Dienstmädchen ausgab, um die Arbeitsbedingungen von Hausangestellten zu dokumentieren (Lindgren 2016). Ihre Methode – und auch die Max Winters – ähnelt also der der US-amerikanischen Muckraker, die zu Recherchezwecken ebenfalls oft in andere Identitäten schlüpften (Aucoin 2005). Aber während die Muckraker sich hauptsächlich auf die Aufdeckung von Korruption und Missständen konzentrierten, war Nordströms Arbeit breiter gefächert: Sie schrieb nicht nur über soziale Ungerechtigkeiten, sondern auch über Themen wie Abenteuer und Reisen; ihre Arbeit war insofern weniger politisch ausgerichtet und hatte eine stärker literarische Komponente (Lindgren 2016). Neben den Amerikanerinnen Ida Tarbell und Nellie Bly war Nordström eine der ersten Frauen, die diese Art von investigativem Journalismus betrieben (Lindgren 2016).

Sowohl auf dem amerikanischen als auch auf dem europäischen Kontinent gab es Ende des 19. Jahrhunderts und im frühen 20. Jahrhundert also ähnliche Entwicklungen: Auf beiden Seiten des Atlantiks setzten sich couragierte Journalisti:innen für eine faktenbasierte Auseinandersetzung mit den sozialen Gegebenheiten und gesellschaftlichen Missständen ein (Haller 2016). Doch während der amerikanische Journalismus die Rolle der Medien bereits als Kontrollinstanz der Demokratie sah und ihnen die Aufgabe zuschrieb, für die Transparenz in politischen Prozessen zu sorgen, waren europäische Journalist:innen, die wagten, die bestehenden Machtstrukturen zu hinterfragen, eher die Ausnahme (Haller 2016). In Europa, das zu dieser Zeit noch mehrheitlich monarchisch geprägt war, verlagerten kritische Journalist:innen ihre Beobachtungen eher auf die Ebene der Individuen und ihrer Nöte. Das geschah vor allem mit Rücksicht auf die vielerorts rigorose Zensur: Journalistinnen und Journalisten, die die Herrschenden offen kritisierten, mussten mit negativen Folgen rechnen (Pöttker 2016).

**Die Anfänge des investigativen Journalismus in Deutschland**

Das Reichspressegesetz von 1874 hob zwar nominell viele Beschränkungen der Pressefreiheit auf, wurde aber später wieder stark eingeschränkt (Wilke 2013). Journalist:innen, die das System kritisierten, hatten bis zum Ende des Kaiserreichmit ernsten Konsequenzen zu rechnen: Auf sie warteten sowohl Geld als auch Gefängnisstrafen. Zeitungen konnten bis 1918 ohne Gerichtsbeschluss beschlagnahmt werden, wenn der Verdacht aufkam, dass gegen die gesetzlichen Bestimmungen verstoßen wurde. Kritik an der Monarchie oder gar am Monarchen selbst fand deshalb allenfalls in sehr progressiven Parteiorganen wie im „Vorwärts" der jungen SPD statt. Allerdings wurde dieser mehrfach verboten und seine Redakteur:innen verhaftet.

Einen grundlegenden Wandel erfuhr der deutsche Journalismus erst in der Weimarer-Republik (1918–1933), einer Zeit des politischen und sozialen Wandels, die auch die deutsche Medienlandschaft stark beeinflusste (Wilke 2013). Der investigative Journalismus erlebte in dieser kurzen Epoche zwischen dem Ende ersten Weltkrieg und vor dem Aufkommen des Nationalsozialismus eine erste kurze Blütezeit. Publizistische Größen wie Julius Gumbel und Carl von Ossietzky prägten damals die öffentliche Debatte, weil ihre Arbeiten dazu beitrugen, politische Skandale und Korruption aufdeckten. Damit erhöhten sie den Druck auf politische Entscheidungsträger, Missstände zu beheben.

Julius Gumbel setzte sich während der Weimarer Republik intensiv mit politischen und sozialen Themen auseinander: Er untersuchte als einer der ersten Journalisten systematisch die Aktivitäten rechtsextremer Gruppen in Deutschland. Gumbel veröffentlichte 1922 sein bahnbrechendes Werk „Vier Jahre politischer Mord" (Gumbel 1922), in dem er die politisch motivierten Morde der rechtsextremen Freikorps während der Nachkriegszeit dokumentierte. Diese Arbeit trug dazu bei, die Öffentlichkeit über die Gewalttaten dieser Gruppen aufzuklären und den politischen Druck auf sie zu erhöhen. Ein weiterer wichtiger Beitrag von Gumbel war seine Untersuchung der Rolle von Polizei und Justiz bei der Bekämpfung politischer Gewalt. In seinem Werk „Vom Rechtsstaat zum Polizeistaat" (Gumbel 1928) analysierte er die zunehmende politische Instrumentalisierung von Polizei und Justiz; er trug maßgeblich dazu bei, das Bewusstsein für die Bedeutung eines unabhängigen Rechtssystems zu schärfen und den Druck auf die politischen Entscheidungsträger zu erhöhen.

Carl von Ossietzky, der Herausgeber der *Weltbühne*, kritisierte die Politiker der Weimarischen Republik ebenfalls schonungslos und veröffentlichte in seiner Zeitschrift zahlreiche Berichte und Reportagen über Skandale. Eine seiner bekanntesten Arbeiten war der Artikel „Geheime Aufrüstung in Deutschland" (Ossietzky 1929), in dem er die illegale Aufrüstung der deutschen Armee und den geheimen Wiederaufbau der Luftwaffe enthüllte. Dieser Artikel führte zu einem internationalen Aufschrei und trug dazu bei, den Druck auf die deutsche Regierung zu erhöhen, die Aufrüstung zu stoppen. Ossietzky wurde dafür verhaftet und wegen Landesverrats verurteilt (Broun 2006). Seine Beiträge sind jedoch bis heute relevant und haben den deutschen Investigativ-Journalismus nachhaltig geprägt.

Mit dem Aufkommen des Nationalsozialismus 1933 fanden diese vielversprechenden Anfänge ein jähes Ende: In sehr kurzer Zeit übernahmen die Nationalsozialisten die Kontrolle über die Presse und den Rundfunk machten sie zu Instrumenten ihrer Propaganda. Zuerst wurden sozialdemokratische und kommunistische Zeitungen verboten. Doch auch die konservativen und bürgerlichen Zeitungen konnten im Zuge der „Gleichschaltung" nicht frei berichten; die Redaktionen hatten genaue Auflagen, worüber und was geschrieben werden durfte. Das sogenannte „Schriftleitergesetz" vom Oktober 1933 machte darüber hinaus starke Einschränkungen, wer überhaupt als Redakteur oder Redakteurin arbeiten durfte – nur wer die sogenannten „Rasse"-Voraussetzungen erfüllte und politisch auf Linie war, konnte dies tun.

Zahlreiche Journalist:innen verloren ihre Jobs oder gerieten in arge Bedrängnis, wenn sie nicht sogar verhaftet und ins Konzentrationslager gesteckt wurden. Insbesondere für Journalist:innen, die investigativ arbeiteten, war die Situation ab 1933 extrem gefährlich; etliche überlebten den Nationalsozialismus nicht. Den Starjournalisten Ossietzky brachte man – trotz internationaler Proteste – in das Konzentrationslager Esterwegen, wo er 1938 den Tod fand (Broun 2006). Sein Schicksal war bei weitem kein Einzelfall: Auch Ernst Torgler, der Herausgeber der kommunistischen Zeitung *Die Rote Fahne*, wurde inhaftiert (Weitz 2007). Oder Fritz Gerlich, der Herausgeber der Zeitung *Der gerade Weg*, der 1934 im Konzentrationslager Dachau starb (Stoltzfus 2008).

Wer als kritischer Journalist weiterarbeiten und überleben wollte, blieb nur die Option, ins Exil zu gehen. Rudolf Olden, der Herausgeber der Zeitschrift *Die Kritik*, der bereits vor der Machtergreifung für seine kritische Berichterstattung über die Nationalsozialisten bekannt war, floh 1933 nach London. Dort gründete er die *Freie Deutsche Kulturgesellschaft* und setzte seine journalistische Arbeit fort. Ein weiterer prominenter Journalist der damaligen Zeit war Leopold Schwarzschilder, Herausgeber der Zeitschrift *Das Tage-Buch*, die ebenfalls für beißende Kritik an den Nazis bekannt war. Nach dem Verbot seiner Zeitschrift floh Schwarzschild ins Exil nach Paris und später nach New York, wo er die Zeitschrift *The Contemporary* gründete (Schwarzschild 2003). Auch Kurt Tucholsky war als vehementer Kritiker der Weimarer Regierung von der Repression der Nationalsozialisten betroffen. Er floh 1933 nach Schweden, wo er trotz seiner Depressionen gegen das NS-Regime schrieb, aber sich 1935 das Leben nahm (Raddatz 2008).

**Investigativ-Journalismus in der jungen Bundesrepublik**
Nach dem Ende des Krieges und dem Zusammenbruch des Nationalsozialismus 1945 änderte sich die Situation erneut fundamental. Im Zuge der Kapitulation Deutschlands brach das nationalsozialistische Mediensystem zusammen und stand vor einem Neustart: Wer im Nachkriegs-Deutschland eine Zeitung betreiben wollte, brauchte dazu das Einverständnis der Siegermächte, die Lizenzen vergaben (Pöttker 2016). Dabei achteten sie auf die politische und demokratische Ausrichtung des Mediums. Neben Franzosen und Briten übten die USA also einen erheblichen Einfluss auf die Neugestaltung der späteren bundesdeutschen Medienlandschaft aus (Koenen 2022).

Vor allem amerikanische und britische Flaggschiff-Publikationen wie die *New York Times*, die Londoner *Times* oder die *Washington Post* prägten die Qualitätskriterien in der Branche, indem sie als Vorbilder für guten Journalismus fungierten. Sie brachten neue journalistische Techniken und Standards in die deutschen Redaktionsstuben, darunter auch die Technik der investigativen Recherche (Haller 2016).

Die Gründung von Magazinen wie *Die Zeit*, *Stern* und *Der Spiegel* sowie die Etablierung des öffentlich-rechtlichen Rundfunks waren zentrale Elemente der Transformation des deutschen Mediensystems und des Journalismus. *Die Zeit* wurde 1946 von Gerd Bucerius, Lovis H. Lorenz, Richard Tüngel und Ewald Schmidt di Simoni gegründet. Sie wurde schnell zu einer der führenden Wochenzeitungen in Deutschland und war bekannt für ihre ausführlichen, analytischen Artikel und Kommentare. Das Blatt entsprach in vielerlei Hinsicht den amerikanischen Qualitätsstandards, insbesondere durch ihre gründliche Recherche und ihren Fokus auf tiefgründige Analysen.

Auch der *Stern*, 1948 von Henri Nannen gegründet, war ein erfolgreiches Format der Nachkriegszeit und entwickelte sich schnell zu einem der meistgelesenen Magazine in Deutschland. Der *Stern* war bekannt für seine Fähigkeit, komplexe Themen auf eine zugängliche Weise zu präsentieren. Das Blatt veröffentlichte einige bemerkenswerte investigative Geschichten; allerdings gab es auch Skandale und Kontroversen, wie die gefälschten Hitler-Tagebücher in den 1980er-Jahren.

*Der Spiegel*, 1947 von Rudolf Augstein gegründet, war und ist bis heute eines der wichtigsten Nachrichtenmagazine. *Der Spiegel* hat einen starken Fokus auf investigativen Journalismus und im Laufe der Jahre zahlreiche wichtige Enthüllungen gemacht, wie etwa 1962, bei dem das Magazin die mangelnde Verteidigungsfähigkeit der Bundeswehr aufdeckte. Den amerikanischen Vorstellungen von gutem Journalismus entsprach und entspricht *Der Spiegel* ebenfalls in hohem Maße.

Der öffentlich-rechtliche Rundfunk wurde nach dem Zweiten Weltkrieg mit dem Ziel etabliert, eine unabhängige und ausgewogene Berichterstattung in der Bundesrepublik zu gewährleisten. Die ARD formierte sich 1950, das ZDF folgte 1961. Beide Institutionen haben dazu beigetragen, eine robuste und vielfältige Medienlandschaft in Deutschland zu schaffen, die in vielerlei Hinsicht den amerikanischen Vorgaben entsprach und die Voraussetzung für investigatives Arbeiten bot.

**Unterschiedliche Bedingungen für Investigativ-Journalismus**
Trotz des unbestreitbar starken Einflusses des US-Journalismus auf den deutschen gibt es aber auch Unterschiede zum Mediensystem, das sich in der Bundesrepublik entwickelte. Diese betreffen sowohl die Anzahl, die Größe und die Finanzierung von Medien als auch die rechtlichen Rahmenbedingungen der Berichterstattung.

Daraus resultieren zum Teil sehr unterschiedliche Voraussetzungen und Möglichkeiten für das investigativ-journalistische Arbeiten.

Die Anzahl der Medienunternehmen spielt eine Rolle: In den USA gibt es eine Vielzahl von Medien, die miteinander konkurrieren und sich in der Qualität ihrer Berichterstattung überbieten wollen. Dieser Wettbewerb fördert den investigativen Journalismus und führt zu einer breiten Palette von investigativen Veröffentlichungen (Boczkowski 2010). In den USA gibt es außerdem mehr unabhängige Non-Profit-Organisationen und Stiftungen, die den investigativen Journalismus unterstützen. Deshalb wird der investigative Journalismus dort oft von Einzelpersonen oder kleinen unabhängigen Redaktionen betrieben. In Deutschland dagegen sind es vor allem etablierte Medienunternehmen, die sich dieser Art des Journalismus widmen. Diese Medienunternehmen verfügen über die Ressourcen und die Infrastruktur, um aufwendige und langfristige Recherchen durchzuführen. Vor allem der öffentlich-rechtliche Rundfunk mit Magazinen wie *Kontraste*, *Monitor* oder *Frontal 21* sind für den Investigativ-Journalismus hierzulande von Bedeutung.

Immer wichtiger werden im deutschsprachigen Raum außerdem medienübergreifende Recherche-Verbünde wie beispielsweise der Rechercheverbund von *NDR, WDR* und *Süddeutscher Zeitung*. Über diese Verbünde stellen Medienhäuser Personal und andere Ressourcen für aufwendige Recherchen bereit. Besonders für die finanziell oft schlechter ausgestatteten Print-Redaktionen sind diese Kooperationen von Bedeutung, da sie zum einen die Ressourcen der mit öffentlichen Geldern ausgestatteten Fernsehredaktionen mit nutzen und zum anderen die Reichweite ihrer investigativen Veröffentlichungen erhöhen. Das wiederum macht sie auch für Tippgeber oder internationale Partner attraktiver. So konnten in den letzten Jahren mehrere internationale Skandale aufgedeckt werden, wie etwa die Panama Papers (Bastian et al. 2016) oder die Swiss-Leaks-Affäre.

Auch die rechtlichen Rahmenbedingungen unterscheiden sich: In den USA ist die Pressefreiheit durch den ersten Zusatzartikel zur Verfassung geschützt, der die Regierung daran hindert, die Freiheit der Presse zu beschränken (U.S. Const. amend. I, 1789). Darin heißt es: „Der Kongress darf kein Gesetz erlassen, das die Einführung einer Staatsreligion zum Gegenstand hat, die freie Religionsausübung verbietet, die Rede- oder Pressefreiheit oder das Recht des Volkes einschränkt, sich friedlich zu versammeln und die Regierung durch Petition um Abstellung von Missständen zu ersuchen." Dies bietet Journalistinnen und Journalisten gewisse Freiheit, wenn sie sensible Informationen veröffentlichen (McChesney 2016).

Allerdings gibt es in den USA keine umfassenden Datenschutzgesetze auf Bundesebene, was bedeutet, dass Journalisten vorsichtig sein müssen, um nicht gegen einzelstaatliche Gesetze zu verstoßen (Solove 2013). In Deutschland hingegen ist der Datenschutz streng geregelt: Das Bundesdatenschutzgesetz (BDSG) und die Datenschutz-Grundverordnung (DSGVO) der EU schützen die persönlichen Daten von Einzelpersonen (BDSG 2017; DSGVO 2016). Dies kann die Arbeit von investigativen Journalistinnen und Journalisten erschweren, da sie möglicherweise nicht in der Lage sind, bestimmte Informationen zu veröffentlichen, ohne gegen diese Gesetze zu verstoßen.

Heikel ist für investigativ arbeitende Journalist:innen auch das Steuergeheimnis in Deutschland: Es gilt als ein Grundrecht, das aus dem Recht auf informationelle Selbstbestimmung abgeleitet wird, und zwar sowohl für natürliche als auch für juristische Personen. Journalist:innen können daher mit rechtlichen Konsequenzen konfrontiert werden, wenn sie diese Informationen veröffentlichen: Ein prominentes Beispiel dafür ist der Fall des Journalisten Hans Leyendecker, der wegen Verletzung des Steuergeheimnisses angeklagt wurde, nachdem er 2008 über Steuerhinterziehung bei der Liechtensteiner LGT Bank berichtet hatte. Er hatte von einem Informanten eine CD mit Kundendaten der Bank enthalten. Leyendecker, so die Klage, durfte diese Information nicht veröffentlichen, weil er damit das Steuergeheimnis der Kunden der LGT Bank verletzt habe, die möglicherweise in Deutschland steuerpflichtig waren. Auch Firmen haben ein Recht, ihre Steuerangaben geheim zu halten. Als Journalist:in darf man sich darüber nur hinwegsetzen, wenn ein überwiegendes öffentliches Interesse vorliegt. Die Anklage gegen Leyendecker wurde allerdings später eingestellt, nachdem die Bank eine Rekordstrafe von 50 Mio. Euro gezahlt hatte.

In Bezug auf Verleumdung sind die Gesetze in den USA und Deutschland ebenfalls ungünstiger für Journalist:innen: In den USA müssen Kläger nachweisen, dass die veröffentlichten Informationen falsch sind und dass der oder die Journalist:in sie mit „tatsächlicher Bosheit" veröffentlicht hat, d. h. mit Wissen, dass sie falsch sind oder mit rücksichtsloser Missachtung ihrer Wahrheit oder Falschheit (New York Times Co. v. Sullivan, 376 U.S. 254 1964). In Deutschland hingegen ist die Verleumdungsgesetzgebung strenger. Journalisten können für die Veröffentlichung falscher Informationen belangt werden, selbst wenn sie nicht mit Bosheit handeln; sogar eine Gefängnisstrafe kann dem Verbreiter falscher Information drohen (StGB § 187, 194). Unter dem Strich sind die Gesetze in Deutschland also strenger als in den USA, insbesondere in Bezug auf Datenschutz und Verleumdung. Wenn Journalist:innen ihre Behauptungen nicht einwandfrei nachweisen können, begeben sie sich auf dünnes Eis: In den letzten Jahren wurden mehrere Gerichtsverfahren gegen sie angestrebt (Koopmanns und Vogel 2019) – und zum Teil auch gewonnen.

## Aktuelle Herausforderungen des investigativen Journalismus

Betrachtet man die aktuelle Situation des investigativen Journalismus, so bietet sich in Deutschland ein ambivalentes Bild: Auf der einen Seite genießt das investigative Arbeiten ein hohes Prestige, vor allem in der Branche selbst wird ihm ein hoher Stellenwert beigemessen. Viele Journalist:innen sehen ihre Rolle immerhin noch in der Wächterfunktion (Seethaler et al. 2019). Auf der praktischen Seite gibt es jedoch eine Reihe von Schwierigkeiten, sich diesem Ideal zu nähern. Die bereits erwähnten rechtlichen Rahmenbedingungen sind nur ein Teil der Herausforderungen, mit denen sich Investigativ-Journalisten hierzulande konfrontiert sehen. Finanzielle Schwierigkeiten sind ein weiterer Faktor: Die deutsche Medienlandschaft ist von einer starken Konzentration auf wenige große Medienunternehmen geprägt, was zu einer Abhängigkeit von Anzeigen- und Verkaufserlösen führt, besonders im privaten Mediensektor. Die aktuelle Krise in der Branche hat zudem dazu geführt, dass viele Redaktionen ihre Ressourcen für investigative Recherchen reduzieren mussten. Trotzdem veröffentlichen Qualitätsmedien wie *Die Zeit*, *Der Spiegel* und andere regelmäßig investigative Berichte, die oft von internen oder medienübergreifenden Investigativ-Teams recherchiert werden.

Die Studie Media for Democracy Monitor 2021, die anhand von Sekundärdaten und Interviews die Situation des Investigativ-Journalismus in insgesamt 18 Ländern untersucht hat, stellt Deutschland ein relativ gutes Zeugnis aus (Trappel und Tomaz 2021a, 2021b). Deutschland, so die Autoren, stehe insbesondere im internationalen Vergleich vergleichsweise gut da, weil öffentlich-rechtliche Medien wie ARD und ZDF einen Teil ihres Budgets für investigative journalistische Initiativen zur Verfügung stellen, womit diese eine solide Finanzierungsgrundlage haben. Die öffentliche Finanzierung trage insofern dazu bei, die Unabhängigkeit und Nachhaltigkeit der investigativen Berichterstattung zu gewährleisten.

Daneben gibt es eine Reihe von neuen Medienorganisationen, die sich der investigativen Recherche verschrieben und dazu beigetragen haben, wichtige Skandale aufzudecken (Karadimitriou et al. 2021), wie beispielsweise die Redaktion *Correctiv*. Diese stehen jedoch finanziell auf wackeligen Füßen, da sie von Stiftungen, Spenden und Mitgliedsbeiträgen, Crowdfunding im Internet oder Kooperationen und Partnerschaften mit anderen Medien oder NGOs abhängig sind. Darüber hinaus erwähnt die Studie das Aufkommen innovativer Finanzierungsmodelle wie z. B. Mediengenossenschaften und abonnementbasierte Modelle. Bei Mediengenossenschaften beteiligen sich Leser und andere Unterstützer finanziell und haben ein Mitspracherecht bei den redaktionellen Entscheidungen der Organisation. Bei Abonnementmodellen hingegen zahlen die Leser für den Zugang zu investigativen journalistischen Inhalten.

Trotz dieser unterschiedlichen Finanzierungssysteme unterstreicht die Studie, dass das monetäre Umfeld für investigative Journalist:innen außerhalb des öffentlich-rechtlichen Sektors in Deutschland schwierig sei. Die traditionellen Medienhäuser sind mit Unsicherheiten hinsichtlich ihrer finanziellen Nachhaltigkeit konfrontiert und versuchen dem Kostendruck mit Hilfe von Outsourcing der investigativen Berichterstattung an spezielle Einheiten zu begegnen (Horz-Ishak und Thomass 2021). Eine langfristige Finanzierung dieser Organisationen ist aber nur selten gesichert. Dies kann ihre Fähigkeit beeinträchtigen, gründliche Recherchen durchzuführen und ein engagiertes Team von Journalist:innen dauerhaft zu bezahlen (Karadimitriou et al. 2021).

**Investigativ-Journalismus im internationalen Vergleich**
Ein Blick in andere Länder offenbart, dass der investigative Journalismus weltweit vor ähnlichen Herausforderungen steht: Sinkende Werbeeinnahmen für kommerzielle Medien machen den Nachrichtenredaktionen seit vielen Jahren zu schaffen und haben zu weniger Ressourcen für Qualitätsjournalismus und investigative Berichterstattung geführt (Kurtz 1994; Squires 1993; Underwood 1995). Eine 2021 veröffentlichte Meta-Studie des „Media for Democracy Monitor", die Experten-Interviews und verschiedene Sekundärquellen auswertet, nennt jedoch Ausnahmen, bei denen die Mittel für investigativen Journalismus gestiegen seien (Trappel und Tomaz 2021a, 2021b).

In den skandinavischen Ländern ist die Situation für investigative Journalist:innen komfortabler als in Deutschland: In Schweden und Dänemark werden für entsprechende Recherchen beträchtliche Ressourcen bereitgestellt (Nord und von Krogh 2021; Blach-Ørsten et al. 2021). In Schweden etwa verfügen Redaktionen häufig über spezielle Arbeitsgruppen, die sich ausschließlich mit investigativem Journalismus befassen und beträchtliche Mittel zur Verfügung haben. Die schwedische Zeitung *Dagens Nyheter* hat eine eigene Abteilung für investigative Recherchen und investiert in diese.

In Finnland sind die finanziellen Spielräume für Medienorganisationen zwar enger geworden. Trotzdem gibt es Medien, die bei Bedarf erhebliche Mittel für investigative Recherche bereitstellen können und dies auch regelmäßig tun. Die öffentlich-rechtliche Rundfunkanstalt *YLE* etwa investiert enorme Summen in Dokumentarfilme und Politik-Sendungen zu aktuellen Themen (Ala-Fossi et al. 2021). Eine Art Ad-hoc-Zuweisung von Ressourcen für investigativen Journalismus praktiziert man auch in isländischen Redaktionen (Johannsdottir et al. 2021). Ähnliches gilt für die Niederlande, wo derzeit rund die Hälfte aller Verlage Investigativ-Teams einrichten (Vandenberghe und d'Haenens 2021). Diese Task Forces sind dank eines Subventionssystems möglich, das aus einem Fond für besondere journalistische Projekte gespeist wird, der wiederum vom niederländischen Erziehungsministerium finanziert wird (Vandenberghe & d'Haenens 2021). Im Vereinten Königreich wird der investigative Journalismus in den Redaktionen trotz Wirtschaftskrise unverändert als Verpflichtung angesehen. Die Aufgabe, sich als „Watchdogs" der Demokratie zu betätigen, ist in den Statuten britischer Medienhäusern vielerorts fest verankert und führt dazu, dass vor allem die Rundfunkredaktionen trotz finanzieller Einschränkungen beträchtliche Ressourcen in gründliche Recherchen und investigative Berichterstattung stecken (Moore und Ramsay 2021). Außerhalb von Europa bietet überraschenderweise noch Hongkong günstige Bedingungen für investigative Recherche, so zumindest die Situation zum Zeitpunkt der Erhebung: Medienunternehmen investierten in erheblichem Umfang in investigative Projekte, investigativ tätige Journalist:innen erhielten genügend Zeit und sogar Mittel für Auslandsreisen (Lo und Wong 2021). Dieser Trend deutet darauf hin, dass investigative Stories von der zahlenden Leserschaft sehr geschätzt wurden. Ob dies heute ebenfalls noch zutrifft, müsste angesichts der politischen Veränderungen und der zunehmenden Repression überprüft werden.

Und damit enden auch bereits die positiven Ausnahmen in der weltweiten Medienlandschaft (Trappel und Tomaz 2021a, b). In vielen anderen Ländern fehlt es den Redaktionen an den notwendigen Ressourcen, um investigativ zu recherchieren. Dies äußert sich zum einen in unzureichenden Budgets für Reisen, zum anderen mangelt es Journalist:innen oft einfach an der Zeit, um längerfristiger oder aufwendiger zu recherchieren. Grund dafür ist der Personalabbau in den Redaktionen, der fast überall zu beobachten ist – sowohl in Ländern mit guten finanziellen Voraussetzungen als auch in solchen, in denen es den Medien finanziell schlechter geht (Trappel und Tomaz 2021a, b).

Typischerweise spiegelt sich die Krise der Medien in der Zunahme von Freiberuflern in der Branche wider: Während in Deutschland Journalist:innen mit befristeten Verträgen und Freiberufler einen anerkannten Teil des Mediensystems darstellen (Horz-Ishak und Thomass 2021), arbeiten isländische Medien nicht mit Freiberuflern und prangern die mit befristeten Verträgen für Medienschaffende verbundene Arbeitsplatzunsicherheit an (Johannsdottir et al. 2021). Auch der italienische Presseverband wettert über die Ausbeutung der Freelancer (Padovani et al. 2021). „Freie" Journalist:innen oder solche mit unsicheren Arbeitsverhältnissen müssen ihre Nützlichkeit im Redaktionsalltag ständig unter Beweis stellen, um ihren Job zu behalten oder sich Folgeaufträge zu sichern. Sie sind kaum in der Lage, langwierige investigativ Projekte zu verfolgen, deren Output oft sehr zeitverzögert bereitsteht (Reinardy 2012). Auch der Trend in vielen Redaktionen, gezielt ältere und erfahrene Journalist:innen zu kündigen, um auf diese Weise Personalkosten zu sparen, schadet der investigativen Recherche, da auf diese Weise viel Knowhow verloren geht.

Entlassungen in den Redaktionen führen zu erhöhtem Arbeitsdruck für die verbleibenden Journalist:innen. Ihnen bleibt neben all den anderen täglichen Aufgaben noch weniger Zeit für intensive Recherchen (Kirn 2003). Studien zeigen darüber hinaus, dass die Zunahme von Aufgaben in einer Redaktion oft mit einem Rückgang der Arbeitsleistung und Arbeitszufriedenheit der überlasteten Redakteur:innen einhergeht (Kirn 2003; Reinardy 2012). Aufgrund des ökonomischen Drucks versuchen Redaktionen überall auf der Welt mit dem Einsatz von immer weniger Ressourcen dasselbe oder gar mehr Output einzufordern, was den verbleibenden Journalist:innen mehr abverlangt und ihrer psychischen Gesundheit abträglich ist. Darüber hinaus birgt der massive Personalabbau die Gefahr, dass für den investigativen Journalismus, der viel Zeit, Geld und erfahrende Journalist:innen erfordert, am Ende zu wenig übrig bleibt.

In Zeiten sinkender Auflagen und Werbeeinnahmen wird an investigativen Formaten eher gespart, denn investigative Recherchen sind kostspielig und bringen oft keine direkten Einnahmen, sodass Kürzungen hier besonders ins Gewicht fallen (Underwood 1995; Kurtz 1994). Hinzu kommen neue Unsicherheiten durch die fortschreitende Digitalisierung der Medienbranche (Kovach und Rosenstiel 2021). Das Hauptproblem des investigativen Journalismus bleibt also auf absehbare Zeit seine Finanzierung: Es bedarf neuer und überzeugender Konzepte, um die personellen Ressourcen und materiellen Voraussetzungen für investigative Recherchen nachhaltig zu sichern.

**Künstliche Intelligenz im investigativen Journalismus**
Durch die Integration Künstlicher Intelligenz (KI) steht der investigative Journalismus vor einer weiteren, signifikanten Zäsur, die erhebliches Potenzial mit sich bringt: Der Einsatz von KI schafft innovative Ansätze für die Sammlung, Analyse und Präsentation von Daten, die die traditionellen journalistischen Methoden erweitern. Die Verwendung von KI bietet investigativ-recherchierenden Journalist:innen sowohl neue Chancen als auch Herausforderungen. Der Einsatz von KI kann in verschiedene Bereiche unterteilt werden: die automatisierte Berichterstattung, den Datenjournalismus und die KI-gestützte Faktenprüfung sowie die Entdeckung von Falschinformationen.

*Automatisierte Texterstellung*: Die automatisierte Berichterstattung, bei der Algorithmen eingesetzt werden, um aus strukturierten Daten journalistische Beiträge zu generieren, wird zwar den Journalismus an sich revolutionieren. Speziell in Bezug auf den investigativen Journalismus dürfte er aber keine transformative

Rolle spielen. Die automatisierte Textgenerierung kann zwar grundsätzlich auch in diesem Bereich angewandt werden. Relevant erscheint sie aber nur insofern, als dass sie Redakteure bei ihrer täglichen Arbeit entlasten kann, sodass diesen mehr Zeit für investigative Recherche bleibt (Carlson 2015).

*Datenjournalismus:* Eine weitaus größere Bedeutung und transformatives Potenzial hat der Einsatz von KI-Technologien bei der Recherchearbeit, insbesondere in Bezug auf die Analyse und Aufarbeitung von Daten. Künstliche Intelligenz, insbesondere maschinelles Lernen (ML) und Natural Language Processing (NLP), spielt hier eine zunehmend wichtige Rolle, indem sie die Verarbeitung und Analyse großer Mengen von Daten erleichtert und beschleunigt.

Beim maschinellen Lernen werden Algorithmen eingesetzt, um Muster in unstrukturierten Daten zu erkennen und daraus zu lernen. Solche ML-Modelle, die beispielsweise bei der Analyse der Panama Papers zum Einsatz kamen, können verwendet werden, um Anomalien oder Verbindungen in Datensätzen aufzudecken, die auf potenziell relevante Aspekte einer Geschichte hinweisen. Außerdem können sie helfen, Trends zu identifizieren und Vorhersagen zu treffen. Cohen et al. (2011) zeigen, wie maschinelles Lernen genutzt werden kann, um große Mengen von Dokumenten zu durchsuchen und relevante Informationen für investigative Zwecke zu extrahieren.

NLP ist ein weiterer Bereich der KI, der sich mit der Interaktion zwischen Computern und menschlicher Sprache befasst. Im Journalismus kann diese Technologie genutzt werden, um Textdaten zu analysieren, Zusammenfassungen zu erstellen, Stimmungen zu erkennen und Themen zu identifizieren. Dies ist besonders nützlich, wenn Journalisten mit großen Mengen an Textdaten aus sozialen Medien, Nachrichtenartikeln oder parlamentarischen Protokollen arbeiten. Bovet und Makse haben beispielsweise NLP-Techniken verwendet, um die Verbreitung von Falschinformationen in sozialen Netzwerken zu analysieren.

Allerdings gibt es auch Herausforderungen beim Einsatz von KI im Datenjournalismus. So hängt die Qualität der Datenanalyse stark von der Qualität der zugrunde liegenden Daten ab. Verzerrte oder unvollständige Datensätze können zu falschen Schlussfolgerungen führen (O'Neil 2016). Zudem erfordert die Interpretation der durch KI generierten Ergebnisse ein tiefes Verständnis der zugrunde liegenden Algorithmen und Modelle, was eine entsprechende Expertise seitens der Journalisten voraussetzt (Diakopoulos 2019).

Die Zukunft des Datenjournalismus sieht eine noch engere Integration von KI-Technologien vor. Mit der Weiterentwicklung von ML und NLP werden Journalisten in der Lage sein, noch schneller und präziser aufschlussreiche Geschichten aus Daten zu extrahieren. Die Entwicklung von benutzerfreundlichen Tools, die keine tiefe technische Expertise erfordern, wird es mehr Journalisten ermöglichen, diese Technologien zu nutzen (Knight 2015).

*Faktenprüfung und Entdeckung von Falschinformationen:* Interessant für den investigativen Journalismus ist außerdem die Möglichkeit, KI-Systemen bei der Überprüfung von Fakten und zur Identifizierung von Falschinformationen einzusetzen. In der Öffentlichkeit wird heute zwar vor allem das gegenteilige Potenzial diskutiert und KI mit dem Beginn einer neuen Ära der Desinformation in Verbindung gebracht. Tatsache ist aber, dass KI-Systeme beides können: Die Dualität der KI – als Werkzeug sowohl für die Erstellung als auch für die Aufdeckung von Falschinformationen – ist ein zentrales Paradoxon, das in der wissenschaftlichen Literatur ausführlich diskutiert wird.

KI-Systeme sind in der Lage, überzeugend gefälschte Bilder, Videos und Texte zu erzeugen, sogenannte „Deepfakes", die für Mediennutzer nur schwer von authentischem Material zu unterscheiden sind (Goodfellow et al. 2014). Insbesondere in Zeiten von Krisen, wenn schnelle und verlässliche Informationen rar sind, tragen solche artifiziell erzeugten Formate dazu bei, eine diffuse Informationslage noch diffuser zu machen und die öffentliche Meinung effektiv zu manipulieren (Parisi et al. 2019).

Auf der anderen Seite entstehen ständig neue, digitale Werkzeuge, um Fakten zu überprüfen und Falschinformationen zu identifizieren. KI-Systeme, die auf Faktenprüfung spezialisiert sind, nutzen oft maschinelles Lernen, um die Wahrhaftigkeit von Aussagen zu bewerten. Diese Systeme werden mit großen Mengen verifizierter Daten trainiert, um Muster zu erkennen, die typischerweise mit irreführenden oder falschen Informationen einhergehen. Das „ClaimBuster"-System, das von Hassan et al. (2017) entwickelt wurde, ist ein Beispiel für ein solches System, das Algorithmen verwendet, um potenziell irreführende oder falsche Aussagen in politischen Reden und Debatten zu identifizieren. Auch Zhou und Zafarani (2018) beschreiben Ansätze, die darauf abzielen, mit Hilfe von KI gefälschte Nachrichten zu identifizieren, indem sie stilistische und inhaltliche Merkmale analysieren, die für Falschinformationen charakteristisch sind. Darüber hinaus arbeiten Wissenschaftler an der Entwicklung von Systemen, die Deepfakes erkennen können, indem sie auf Unregelmäßigkeiten in Bildern oder Videos hinweisen, die für menschliche Betrachter nicht unbedingt wahrnehmbar sind (Li und Lyu 2018).

Die KI-gestützte Faktenprüfung steht freilich am Anfang. Eines der Hauptprobleme sind Verzerrungen von Trainingsdaten, die zu Verzerrungen in den Vorhersagen der KI führen können (O'Neil 2016). Darüber hinaus ist die Faktenprüfung oft kontextabhängig, was bedeutet, dass KI-Systeme Schwierigkeiten haben, Nuancen, subtile Bedeutungen oder Ironie zu erfassen, die jedoch für das Verständnis des Wahrheitsgehalts einer Aussage oftmals entscheidend sind (Graves

2018). Trotz dieser Herausforderungen ist die Zukunft der KI in der Faktenprüfung vielversprechend. Fortschritte im Bereich des Deep Learning können zum effizienteren Erkennen von Falschinformationen führen.

KI hat also das Potenzial, den investigativen Journalismus zu bereichern, indem sie neue digitale Recherche-Werkzeuge bereitstellt. Insbesondere bei der Analyse großer sowie komplexer Datenmengen und der Identifizierung von falschen Informationen kann die Technologie Journalist:innen in Zukunft unterstützen.

**Was erwartet uns in diesem Band?**

In den vergangenen Jahren sind im deutschsprachigen Raum viele bemerkenswerte investigative Recherchen veröffentlicht worden. Einige stammen von den Profis aus den Investigativ-Ressorts, andere sind die Arbeiten von Fachjournalist:innen, die einer Sache mit besonders viel Fleiß und Ausdauer auf den Grund gegangen sind. In diesem Band geben wir einen Überblick über besonders eindrucksvolle und lehrreiche investigative Recherchen.

Das Besondere dabei: Die Journalist:innen, die für die jeweiligen Geschichten stehen, stellen ihre Arbeit selbst vor und erklären, wie sie jeweils vorgegangen sind. Denn keine Recherche ist wie die andere. Die Profis[1] verraten uns zudem, welche Lehren sie aus ihrer Arbeit ziehen. Sie formulieren drei „goldene Regeln", an denen sich Nachwuchs-Journalist:innen orientieren können. Es gibt zwar keine „Formel", die man immer wieder anwenden konnte, aber aus den vielfältigen Erfahrungen der Autorinnen und Autoren dieses Bandes lassen sich nützliche Tipps destillieren.

Nach dieser Einführung geht es in den folgenden Beiträgen um Recherchen, die insbesondere im deutschen Sprachraum für Furore gesorgt haben. Den Anfang macht Oliver Hollenstein *(WAZ),* der in Kap. 2 einen Klassiker des deutschen Investigativ-Journalismus vorstellt: die **Cum-Ex-Recherche** um Aktiengeschäfte, bei denen Banken und Privatinvestoren eine Gesetzeslücke ausnutzten, die eine mehrfache Erstattung von Kapitalertragssteuern ermöglichte. Dadurch wurde der Staat um Einnahmen in Milliardenhöhe betrogen. Nach wie vor nicht abschließend geklärt ist dabei die Frage, inwiefern Olaf Scholz als damaliger Bürgermeister von Hamburg in diesen Skandal verwickelt ist.

Kap. 3: Einen der größten Wirtschaftsskandale Deutschlands war der Absturz des digitalen Zahlungsabwicklers **Wirecard** im Juni 2020. Das DAX-Unternehmen, das bereits als deutsches Paypal-Äquivalent gehandelt wurde, konnte einen Fehlbetrag von 1,9 Mrd. Euro in seiner Bilanzsumme nicht erklären. Das führte zu

---

[1] Wie die Autor:innen mit dem Thema „Gendern" umgehen, bleibt ihnen selbst überlassen.

einem Erdbeben: Wirecard-Chef Jan Marsalek flüchtete, Vorstandschef Markus Braun wurde verhaftet; das Unternehmen meldete Insolvenz an. Die darauffolgende Untersuchung um die fehlende Summe enthüllte ein Netz aus Betrug, Täuschung und Bilanzfälschung, welches der Wirtschaftsjournalist Felix Holtermann *(Handelsblatt)* aufarbeitet. Der Skandal, der bis heute die Gerichte beschäftigt, erschütterte das Vertrauen in die deutsche Finanzaufsicht und führte zu einer weltweiten Diskussion über die Effektivität von Wirtschaftsprüfungen.

Kap. 4: Ausgehend von einem gigantischen Kokainfund im Hamburger Hafen recherchierte Benedikt Strunz *(NDR)* zum **internationalen Drogenhandel**, der in Deutschland mittlerweile Dimensionen annimmt, die wir bislang nur aus Lateinamerika und den USA kennen. Tatsächlich scheint sich Deutschland und insbesondere Hamburg zu einer neuen Drehscheibe der internationalen Drogenmafia zu entwickeln – mit weitreichenden Folgen für Kriminalität und Korruption in der Hansestadt, die Strunz minutiös unter die Lupe nimmt.

Kap. 5: Mit den Hintergründen **islamistischen Terrors** in Deutschland befasst sich eine Recherche von Sascha Adamek *(RBB)*, der sich an die Fersen von Anis Amri heftete. Der Tunesier Amri, der als Asylbewerber nach Deutschland gekommen war, wurde zur zentralen Figur in einem der verheerendsten Terroranschläge in Deutschland, als er am 19. Dezember 2016 mit einem gestohlenen Lastwagen in einen belebten Weihnachtsmarkt am Berliner Breitscheidplatz steuerte, zwölf Menschen tötete und über fünfzig weitere verletzte. Nach dem Anschlag floh Amri und wurde vier Tage später bei einer zufälligen Polizeikontrolle in Italien erschossen. Adamek fand heraus, dass Amri den Behörden bereits vor dem Anschlag als Gefährder bekannt war und Verbindungen zur islamistischen Szene hatte. Seine Tat, für die später der „Islamische Staat" (IS) die Verantwortung übernahm, löste eine landesweite Debatte über die Effektivität der Sicherheits- und Überwachungsmaßnahmen in Deutschland aus und führte zu einer intensiven Diskussion über die europäische Migrationspolitik und die Integration von Geflüchteten.

Kap. 6: Um Misswirtschaft und unangemessene Vorteilsnahme im öffentlich-rechtlichen Rundfunk geht es in dem Beitrag „**Die Akte Schlesinger**" von Kayhan Özgenc. Der Chefredakteur des Online-Portals *Business Insider* legt die Verstrickungen und unangemessenen Verhaltensweisen innerhalb des Rundfunks Berlin-Brandenburg *(RBB)* unter der Intendantin Patricia Schlesinger offen. Scharfsinnig folgte Özgenc den Spuren im *RBB*, die zu fragwürdigen Entscheidungen und einer erheblichen Verschwendung von Gebührengeldern führten. Die Recherche wirft Fragen zur Verantwortung und Transparenz im öffentlich-rechtlichen Rundfunk auf, etwa im Hinblick auf eine mögliche Selbstbedienungsmentalität im öffentlich-rechtlichen Rundfunksystem.

Kap. 7: Der Figur Elon Musk widmet sich Sönke Iwersen, Leiter des Investigativ-Ressorts des *Handelsblattes*, der dank eines Whistleblowers auf die interne Mitarbeiterkommunikation von Tesla zugreifen konnte, die sogenannten **„Tesla-Files"**. Iwersen nimmt die Leser auf eine datengetriebene Reise ins Innere des Elektroauto-Konzerns mit und beleuchtet den Kommunikations- und Führungsstil von dessen charismatischen und exaltierten CEOs Elon Musk anhand interner E-Mails. Die Analyse großer Datensätze ermöglicht – jenseits des Hypes um Musk – einen aufschlussreichen Blick hinter die Kulissen des Konzerns zu blicken, wo eine fatale Fehlerkultur herrscht.

Kap. 8: Der Frage „Wer sprengte die **Nord-Stream-Pipeline**?" gehen die Journalisten Georg Heil *(Kontraste)* und Holger Stark *(Die Zeit)* in ihrem Beitrag über die Zerstörung der Nord-Stream-Gaspipeline nach. Die Sprengung der Pipeline in der Ostsee ist ein Mysterium, das etliche Journalist:innen der Anrainerstaaten zu lösen versuchen. Akribisch und mit großer Detailkenntnis zeichnen Heil und Stark, deren Redaktionen bei den Recherchen federführend waren, die Ereignisse nach, die zu diesem beispiellosen Angriff auf eine kritische Infrastruktur in internationalen Gewässern führte. Ihr Beitrag beleuchtet die Spurensuche vor Ort, die geopolitische Gemengelage sowie mögliche Motive hinter dem Angriff.

Kap. 9: Ein Paradebeispiel für eine grenzübergreifende Zusammenarbeit von Journalist:innen verschiedener Länder, die in Süddeutschland ihren Anfang nahm, sind die Recherchen zu den sogenannten **Panama Papers**. Frederik Obermaier und sein Kollege Bastian Obermayer, beide damals für die *Süddeutsche Zeitung* tätig, bekamen Daten zugespielt, die weltweit zu Aufsehen erregenden Enthüllungen führten, an denen rund 400 Journalist:innen aus über 100 Länder beteiligt waren. Die beiden Investigativ-Reporter führen die Leser:innen durch die komplexen Verstrickungen des bisher größten Datenlecks in der Geschichte der Finanzwelt. Ihr Text gibt einen fundierten Überblick über die Methoden, Herausforderungen und Folgen dieser bahnbrechenden investigativen Recherche, die das globale Verständnis von Steueroasen und Geldwäsche nachhaltig verändert hat.

Kap. 10: Ebenfalls in einer internationalen Kooperation entstanden Enthüllungen über die komplexen Beziehungen des Staates Zypern zu russischen Investoren, über die Maria Retter, Sophia Baumann und Timo Schober *(paper trail media)* unter dem Schlagwort „**Cyprus Confidential**" berichten. An der Recherche waren mehr als 270 Journalist:innen aus 69 Medienhäusern beteiligt. Die Autoren zeigen auf, wie die Mittelmeerinsel zu einem bevorzugten Ziel für russisches Kapital wurde – und welche politischen und wirtschaftlichen Verflechtungen daraus resultieren. Ihre Recherche erlaubt einen tiefgehenden Einblick in das Zusammenspiel von politischen Entscheidungen, internationalen Finanzströmen und gesellschaftlichen Strukturen, die sich auf Zypern permanent wechselseitig beeinflussen.

Kap. 11: Über russische Einflussversuche geht es auch in den sogenannten „**Vulkan Files**", die die Verbindung zwischen Hackern und der politischen Führung in Russland zur Cyber-Kriegsführung belegen. Zusammen mit IT-Spezialisten und Big-Data-Analysten enthüllt Hannes Munziger *(paper trail medial)* die Aktivitäten einer Hackergruppe, die mutmaßlich im Auftrag des Kreml agiert. Er nimmt uns mit in die Schattenwelt staatlich gesponserter Cyberoperationen und gibt einen Einblick in die digitalen Schlachtfelder der modernen Geopolitik. So wird deutlich, wie durch sorgfältige Datenanalysen Licht in die dunklen Ecken staatlicher Cyberkampagnen gebracht werden kann.

Recherche im Verbund ist, wie die letzten Beispiele zeigen, ein Zukunftstrend im investigativen Journalismus. Er bietet den kooperierenden Journalist:innen viele Vorteile und ist den Recherche-Ergebnissen in der Regel sehr zuträglich, sodass davon auszugehen ist, er sich auch in den kommenden Jahren fortsetzt. Zum Abschluss werden wir hier deshalb speziell auf zwei wichtige Recherche-Verbünde eingehen, die diesen Trend sowohl entscheidend mitgeprägt als auch institutionalisiert haben. Der eine steht für Kooperationen auf lokaler, der andere für Kooperationen auf internationaler Ebene.

Kap. 12: Wir beginnen im Lokalen: In einer Zeit, in der der Lokaljournalismus unter dem Druck wirtschaftlicher Zwänge und digitaler Transformationen steht, stellt das Projekt *Correctiv* einen innovativen Ansatz dar, um investigativen Journalismus auf lokaler Ebene neu zu beleben. Chefredakteur Justus von Daniels nimmt uns in seinem Beitrag mit auf eine Reise zur „**Journalistische Kollaborationen – auch im Lokalen**". Er erläutert, wie *Correctiv.Lokal* als Organisation, die sich der Aufdeckung von Missständen und der Förderung von Transparenz im Lokalen verschrieben hat, entstanden ist und welche Herausforderungen dabei zu bewältigen waren und sind. Durch kollaborative Recherchen, innovative Finanzierungsmodelle und den Einsatz digitaler Werkzeuge werden nicht nur lokale Medienlandschaften gestärkt, sondern auch die Bürgerbeteiligung und das demokratische Engagement gefördert.

Kap. 13: Zum Abschluss wenden wir uns nochmals den internationalen Kooperationen zu und legen den Focus auf den wichtigsten und zugleich ältesten journalistischen Recherche-Verbund: dem **International Consortium for Investigative Journalist (ICIJ)**. Scilla Alecci koordiniert für die *ICIJ* die Zusammenarbeit mit deutschen Journalist:innen bei groß angelegten grenzübergreifenden Recherchen. In Ihrem Beitrag schildert sie anhand von drei Bespielen, wie sie Kolleg:innen aus dem deutschsprachigen Raum bei Recherchen einbindet und wie die Kooperation mit Journalist:innen aus anderen Ländern verläuft. In ihren Beispielen geht es um die illegale Abholzung des Regenwaldes, den Schmuggel von gerodetem Tropenholz für die Ausstattung von Luxus-Jachten und die schmutzigen Geschäfte mit gefährlichen Billig-Implantaten in der Schönheitschirurgie. Ihr Text lädt dazu ein, mehr über die Rolle zu erfahren, wie hiesige Journalist:innen in internationale Investigativ-Recherchen eingebunden sind.

Alle Beiträge dieses Bandes verbindet die Aufdeckung unbequemer Wahrheiten. In den zumeist preisgekrönten Recherchen werden beispielhaft Ereignisse ans Tageslicht befördert, die andere unbedingt verschweigen oder unentdeckt lassen wollen. Diese Gattung des Journalismus ist schwieriger, komplexer und aufwendiger als das „Brot-und-Butter-Geschäft" des alltäglichen Nachrichtenjournalismus. Nicht ohne Grund gilt der investigative Journalismus deshalb als die Königsdisziplin der Branche. Als Leitspruch für gute investigative Stories mag daher das Motto von George Orwell dienen: „Journalismus druckt, was andere nicht gedruckt haben wollen: alles andere ist Öffentlichkeitsarbeit."

## Literatur

Ala-Fossi, M., Grönvall, J., Karppinen, K., & Nieminen, H. (2021). Finland: Sustaining professional norms with fewer journalists and declining resources. In J. Trappel & T. Tomaz (Eds.), The Media for Democracy Monitor 2021: How leading news media survive digital transformation (Vol. 1, pp. 153–196). Nordicom, University of Gothenburg. https://doi.org/10.48335/9789188855404-4

Ali, W., & Hassoun, M. (2019). Artificial intelligence and automated journalism: Contemporary challenges and new opportunities, International Journal of Media, Journalism and MassCommunications, 5(1), 40–49. https://doi.org/10.20431/2454-9479.0501004

Aucoin, J. (2005). The Evolution of American Investigative Journalism. University of Missouri Press.

Bastian, M., Obermayer, B., & Obermaier, F. (2016). Die Panama Papers: Wie eine Gruppe von Journalisten weltweit Politiker und Geschäftsleute bloßstellte. Der Spiegel, 44, 32–39.

BDSG. (2017). Bundesdatenschutzgesetz vom 30. Juni 2017 (BGBl. I S. 2097), das zuletzt durch Artikel 2 des Gesetzes vom 20. November 2019 (BGBl. I S. 1626) geändert worden ist.

Bennett, L. W., & Serrin, W. (2005). The watchdog role. In G. Overholser & K. H. Jamieson (Eds.), The Press (pp. 169–188). Oxford University Press.

Blach-Ørsten, M., Burkal, R., Mayerhöffer, E., & Willig, I. (2021). Denmark: High media independence and informal democratic traditions in the newsroom. In J. Trappel & T. Tomaz (Eds.), The Media for Democracy Monitor 2021: How leading news media survive digital transformation (Vol. 2, pp. 147–176). Nordicom, University of Gothenburg. https://doi.org/10.48335/9789188855428-4

Boczkowski, P. J. (2010). News at work: Imitation in an age of information abundance. University of Chicago Press.

Brinkley, A. (2010). The Publisher: Henry Luce and His American Century. Knopf Doubleday Publishing Group.
Broun, D. (2006). Carl von Ossietzky: A biography. Cologne: Kiepenheuer & Witsch.
Broussard, M. (2015). Artificial intelligence for investigative reporting. Digital Journalism, 3(6), 814–831. https://doi.org/10.1080/21670811.2014.985497
Carlson, M. (2015). The robotic reporter: Automated journalism and the redefinition of labor, compositional forms, and journalistic authority. Digital Journalism, 3(3), 416–431.
Carson, A. (2019). Investigative journalism, democracy and the digital age (1st ed.). Routledge.
Chambers, D. (2000). Critical approaches to the media: The changing context for investigative journalism. Routledge.
Cohen, S., Hamilton, J. T., & Turner, F. (2011). Computational journalism. Communications of the ACM, 54(10), 66–71.
deBurgh, H. (2003). Kings without crowns? The re-emergence of investigative journalism in China. Media, Culture & Society, 25(6), 801–820. https://doi.org/10.1177/0163443703256005
Diakopoulos, N. (2019). Automating the news: How algorithms are rewriting the media. Harvard University Press.
Dicken-Garcia, H. (1989). Journalistic standards in nineteenth-century America. The University of Wisconsin Press.
Donsbach, W., & Patterson, T. E. (2004). Political news journalists. In F. Esser & B. Pfetsch (Eds.), Comparing political communication: Theories, cases, and challenges (pp. 251–270). Cambridge University Press.
DSGVO. (2016). Verordnung (EU) 2016/679 des Europäischen Parlaments und des Rates vom 27. April 2016 zum Schutz natürlicher Personen bei der Verarbeitung personenbezogener Daten, zum freien Datenverkehr und zur Aufhebung der Richtlinie 95/46/EG (Datenschutz-Grundverordnung).
Emery, M., Emery, E., & Roberts, N. (1996). The Press and America: An Interpretive History of the Mass Media. Allyn and Bacon.
Ettema, S. J., & Glasser, T. L. (1988). Narrative form and moral force: the realization of innocence and guilt through investigative journalism. Journal of Communication, 38(3), 8–26.
Global Investigative Journalism Network. (2020). Abgerufen am 19.02.2024 von https://gijn.org/
Goodfellow, I. J., Pouget-Abadie, J., Mirza, M., Xu, B., Warde-Farley, D., Ozair, S., ... & Bengio, Y. (2014). Generative adversarial nets. In Advances in neural information processing systems (pp. 2672–2680).
Graves, L. (2018). Understanding the promise and limits of automated fact-checking. Reuters Institute for the Study of Journalism.
Greene, R. (1983). Foreword. In J. Ullman & S. Honeyman (Eds.), The reporters handbook: An investigator's guide to documents and techniques (pp. vii-xii). St. Martin's Press.
Gumbel, J. (1922). Vier Jahre politischer Mord. Verlag der Neuen Gesellschaft.
Gumbel, J. (1928). Vom Rechtsstaat zum Polizeistaat. Verlag der Neuen Gesellschaft.
Haller, M. (2016). Methodisches Recherchieren (8. komplett überarbeitete Auflage). UVK Verlag.
Hanitzsch, T., Hanusch, F., Ramaprasad, J., & de Beer, A. S. (2019). Worlds of Journalism. Journalistic Cultures Around the Globe.Columbia University Press.

Hassan, N., Arslan, F., Li, C., & Tremayne, M. (2017). Toward automated fact-checking: Detecting check-worthy factual claims by ClaimBuster. In Proceedings of the 23rd ACM SIGKDD International Conference on Knowledge Discovery and Data Mining (pp. 1803–1812).
Hofstadter, R. (1955). The Age of Reform. Knopf.
Horz-Ishak, C., & Thomass, B. (2021). Germany: Solid journalistic professionalism and strong public service media. In J. Trappel & T. Tomaz (Eds.), The Media for Democracy Monitor 2021: How leading news media survive digital transformation (Vol. 1, pp. 197–256). Nordicom, University of Gothenburg. https://doi.org/10.48335/9789188855404-5
Houston, B. (2010). The future of investigative journalism. Daedalus, *139*(2), 45–56.
Hunter Lee, M. (2011). Story based inquiry. Unesco.
Johannsdottir, V., Ölafsson, J. G., & Guðmundsson, F. I. (2021). Iceland: A small media system facing increasing challenges. In J. Trappel & T. Tomaz (Eds.), The Media for Democracy Monitor 2021: How leading news media survive digital transformation(Vol. 2, pp. 275–314). Nordicom, University of Gothenburg. https://doi.org/10.48335/9789188855428-7
Karadimitriou, A., von Krogh, T., Ruggiero, C. B., Bomba, M., Han Lo, W. (2021). Investigative journalism and the watchdog role of news media. Between acute challenges and exceptional counterbalances. In J. Trappel & T. Tomaz (Eds.), The Media for Democracy Monitor 2021: How leading news media survive digital transformation (Vol. 1, pp. 101–122). Nordicom, University of Gothenburg.
Kirn, W. B. (2003). Economic crisis, downsizing and „layoff survivor's syndrome". Journal of Contemporary Asia, 33, 449–464. https://doi.org/10.1080/00472330380000281
Knight, M. (2015). Data journalism in the UK: A preliminary analysis of form and content. Journal of Media Practice, 16(1), 55–72.
Knobel, B. (2018, April 13). The end of investigative journalism? Not yet.Columbia Journalism Review. Abgerufen am 10.05.2024 von https://www.cjr.org/analysis/newspapers-financial-crisis.php
Koenen, E. (2022, 20. Aug.). Geschichte des Journalismus: Lizenzpresse. Journalistikon. Das Wörterbuch der Journalistik. Abgerufen am 19.02.2024 von https://journalistikon.de/lizenzpresse/
Koopmanns, R., & Vogel, D. (2019). Cross-border collaboration in investigative journalism: The case of the European Investigative Collaborations (EIC) network. Digital Journalism, *8*(4), 473–492.
Kovach, B., & Rosenstiel, T. (2021). The Elements of Journalism (4th ed.). Crown.
Kurtz, H. (1994). *Media circus:* The trouble with America's newspapers. Three Rivers Press.
Li, K., & Sparks, C. (2018). Chinese newspapers and investigative reporting in the new media age. Journalism Studies, 19(3), 415–431. https://doi.org/10.1080/1461670X.2016.1192955
Li, Y., & Lyu, S. (2018). Exposing deepfake videos by detecting face warping artifacts. arXiv preprint arXiv:1811.00656.
Lindgren, A. (2016). Ester Blenda Nordström – The Pippi Longstocking of Journalism. Journalism Studies, 17(7), 951–962.
Lo, W. H., & Wong, T. C. (2021). Hong Kong: Free press under existential threat. In J. Trappel & T. Tomaz (Eds.),The Media for Democracy Monitor 2021: How leading news media survive digital transformation (Vol. 2, pp. 231–274). Nordicom, University of Gothenburg.
Ludwig, J. (2011). Investigativer Journalismus. Studienkolleg.

McChesney, R. W. (2016). Rich media, poor democracy: Communication politics in dubious times. University of Illinois Press.
Moore, M., & Ramsay, G. (2021). United Kingdom: Economic challenges, market consolidation and increasing professional insecurity. In J. Trappel & T. Tomaz (Eds.), The Media for Democracy Monitor 2021: How leading news media survive digital transformation (Vol. 1, pp. 455–520). Nordicom, University of Gothenburg. https://doi.org/10.48335/9789188855404-10
Munoriyarwa, A. (2018). Have they got news for us? The decline of investigative reporting in Zimbabwe's print media. Communication, 44(1), 71–88. https://doi.org/10.1080/02500167.2018.1441888
New York Times Co. v. Sullivan, 376 U.S. 254 (1964).
Nord, L., & von Krogh, T. (2021). Sweden: Continuity and change in a more fragmented media landscape. In J. Trappel & T. Tomaz (Eds.), The Media for Democracy Monitor 2021: How leading news media survive digital transformation (Vol. 1, pp. 353–380). Nordicom, University of Gothenburg. https://doi.org/10.48335/9789188855404-8
O'Neil, C. (2016). Weapons of math destruction: How big data increases inequality and threatens democracy. Scientific American, 315(2), 74–74.
Ossietzky, C. v. (1929). Geheime Aufrüstung in Deutschland. Die Weltbühne, 25(13), 337–340.
Padovani, C., Bobba, G., Baroni, A., Belluati, M., Biancalana, C., Bomba, M., Fubini, A., Marrazzo, F., Rega, R., Ruggiero, C., Sallusti, S., Splendore, S., & Valente, M. (2021). Italy: A highly regulated system in search of equality. In J. Trappel & T. Tomaz (Eds.), The Media for Democracy Monitor 2021: How leading news media survive digital transformation (Vol. 2, pp. 315–386). Nordicom, University of Gothenburg. https://doi.org/10.48335/9789188855428-8
Parisi, T., Cabrera, D. R., & Cheung, M. (2019). Deepfakes and cheap fakes: The manipulation of audio and visual evidence. In Proceedings of the 2019 Conference on Fairness, Accountability, and Transparency (pp. 317–326).
Pöttker, H. (2016, 22. Jul.). Pressefreiheit in Deutschland. Nutzen, Grenzen, Gefährdungen. Aus Politik und Zeitgeschichte. Abgerufen am 19.02.2024 von https://www.bpb.de/shop/zeitschriften/apuz/231303/pressefreiheit-in-deutschland/
Raddatz, F. (2008). Tucholsky: Eine Biographie. München: Carl Hanser Verlag.
Reinardy, S. (2012). Job security, satisfaction, influence work commitment. Newspaper Research Journal, 33(1), 54–70. https://doi.org/10.1177/073953291203300105
Schwarzschild, L. (2003). World in Trance: From Versailles to Pearl Harbor. Lanham: Rowman & Littlefield.
Seethaler, J., Hanitzsch, T., Keel, G., Lauerer, C., Steindl, N.E., & Wyss, V. (2019). Zwischen Kontinuität und Wandel: Journalismus in Deutschland, Österreich und der Schweiz. Studies in International, Transnational and Global Communications.
Solove, D. J. (2013). Introduction: Privacy Self-Management and the Consent Dilemma. Harvard Law Review, 126, 1880–1903.
Squires, J. (1993). Read all about it: The corporate takeover of America's newspapers. Times Books.
Steffens, L. (2019). The Shame of the Cities. Belt Publishing.
Stoltzfus, N. (2008). Resistance of the Heart: Intermarriage and the Rosenstrasse Protest in Nazi Germany. New Brunswick: Rutgers University Press.

Stray, J. (2019). Making artificial intelligence work for investigative journalism. Digital Journalism, 7(8), 1076–1097. https://doi.org/10.1080/21670811.2019.1630289

Trappel, J., & Tomaz, T. (Eds.). (2021a). The Media for Democracy Monitor 2021:How leading news media survive digital transformation (Vol. 1). Nordicom, University of Gothenburg.

Trappel, J., & Tomaz, T. (Eds.). (2021b). The Media for Democracy Monitor 2021: How leading news media survive digital transformation (Vol. 2). Nordicom, University of Gothenburg.

Underwood, D. (1995). When MBAs rule the newsroom. Columbia University Press.

Vandenberghe, H., & d'Haenens, L. (2021). The Netherlands: On media concentration and resilient freelance journalists. In J. Trappel & T. Tomaz (Eds.), The Media for Democracy Monitor 2021: How leading news media survive digital transformation (Vol. 1, pp. 257–296). Nordicom, University of Gothenburg. https://doi.org/10.4833 5/9789188855404-6

Waisbord, S. (2000). Watchdog journalism in South America: News, accountability, and democracy. Columbia University Press.

Weitz, E. D. (2007). Weimar Germany: Promise and Tragedy. Princeton: Princeton University Press.

Wilke, J. (2013, 18. April). Zensur und Pressefreiheit. Europäische Geschichte Online. Abgerufen am 19.02.2024 von http://ieg-ego.eu/de/threads/europaeische-medien/zensur-und-pressefreiheit-in-europa#section_6

Zhou, X., & Zafarani, R. (2018). Fake news: A survey of research, detection methods, and opportunities. arXiv preprint arXiv:1812.00315.

**Andrea Claudia Hoffman** ist Professorin für Investigativen Journalismus an der HAW Hamburg. Nachdem Sie als Journalistin lange Zeit selbst den Nahen Osten, Iran und Afrika bereist hat und von dort berichtete, hat sie sich als Wissenschaftlerin mit Kriegs- und Krisenberichterstattung und deren psychologischen Effekten beschäftigt. Hoffmann hat zudem zahlreiche Sachbücher über starke Frauen in Konfliktgebieten verfasst

# Teil II
# Herausragende Recherchen im deutschsprachigen Raum

# Die Akte Scholz: Wie sich die Cum-Ex-Recherchen zum Problem für den Bundeskanzler entwickelten

Oliver Hollenstein

Als Hamburger Bürgermeister traf sich der heutige Bundeskanzler Olaf Scholz in den Jahren 2016 und 2017 mehrmals diskret mit zwei Privatbankiers, die damals wegen Steuerbetrugs im Visier der Staatsanwaltschaft standen. Die Banker wurden verdächtigt, die Stadtkasse mit Hilfe von Cum-ex-Geschäften um einen dreistelligen Millionenbetrag erleichtert zu haben. Obwohl Scholz die Vorwürfe kannte und wusste, dass es Durchsuchungen bei der Bank gegeben hatte, lud er die einflussreichen Männer zu vertraulichen Unterredungen ins Rathaus ein und gab ihnen Tipps, wie sie mit den Steuervorwürfen umgehen sollten.

Die vertraulichen Gespräche zwischen Scholz und den Bankiers konnten wir – das heißt Oliver Schröm gemeinsam mit Christan Salewski und Manuel Daubenberger beim NDR und ich bei *Die Zeit* – im Jahr 2020 enthüllen. Damals war die zentrale Frage: Hat Olaf Scholz womöglich potenziellen Steuerbetrügern geholfen? Seither hat sich die Geschichte ausgeweitet. Scholz wurde Kanzler und Oliver Schröm und ich haben über die Jahre Dutzende Artikel, mehrere Filme und das Buch „Die Akte Scholz" zu dem Fall veröffentlicht.

In den Fokus ist dabei immer mehr das Verhalten von Scholz bei der Aufklärung gerückt: Die Treffen mit den verdächtigen Bankern hat Scholz der Öffentlichkeit und dem Parlament auf Nachfragen zunächst verschwiegen. Später hat er immer nur so viel zugegeben, wie wir ihm nachweisen konnten. Heute sagt der Kanzler, er könne sich an alles gar nicht mehr erinnern – allerdings gibt es zahlreiche

O. Hollenstein (✉)
Westdeutsche Allgemeine Zeitung (WAZ), Essen, Deutschland
E-Mail: oliver.hollenstein@funkemedien.de

© Der/die Autor(en), exklusiv lizenziert an Springer Fachmedien Wiesbaden GmbH, ein Teil von Springer Nature 2024
A. C. Hoffmann (Hrsg.), *Investigativer Journalismus in Deutschland*,
https://doi.org/10.1007/978-3-658-44673-4_2

Indizien, die diese Erinnerungslücken unglaubwürdig erscheinen lassen. Dadurch drängen sich Fragen auf: Wenn die Treffen mit den Bankiers so harmlos waren, wie Scholz heute glauben machen will, wieso hat er nicht sofort alles transparent aufgeklärt? Und hat Scholz das Parlament und einen Untersuchungsausschuss belogen?

Im Kern geht es in der Recherche also darum, wie vertrauens- und wie glaubwürdig der deutsche Bundeskanzler ist – und mit welchen Methoden sein Umfeld arbeitet. Für eine rasche Orientierung stelle ich zunächst einmal die wichtigsten Fakten und Zusammenhänge vor, wie sie zum derzeitigen Zeitpunkt – Frühsommer 2024 – bekannt sind. Anschließend werde ich auf unsere Recherchen eingehen und am Schluss zusammenfassen, was ich aus dieser Arbeit gelernt habe.

## 1 Die Story

Die Recherche trennt sich in zwei Stränge: Zunächst erläutere ich, was heute über die Vorfälle in den Jahren 2016 und 2017 bekannt ist, als Scholz als Bürgermeister von Hamburg war. Anschließend geht es darum, wie Scholz ab 2020 als Finanzminister und später als Kanzler auf unsere Recherchen reagierte.

**Half Scholz potenziellen Steuerbetrügern?**
Unstrittig ist heute: Olaf Scholz gewährte als Hamburger Bürgermeister den beiden Bankern Christian Olearius und Max Warburg mehrfach Audienzen, als gegen diese schon ermittelt wurde. Er sprach zu dieser Zeit zudem mit einem Parteifreund und Warburg-Lobbyisten über den Fall. Scholz ließ sich von potenziellen Steuerbetrügern erklären, warum sie sich für unschuldig hielten und warum sie es ungerecht fanden, dass das Finanzamt die erbeuteten Millionen zurückhaben wollte. Er nahm Unterlagen entgegen, rief einen der Banker von sich aus an und erklärte ihm, an wen er sich mit seinem Problem wenden könne. Und die Hamburger Finanzverwaltung entschied kurze Zeit später so, wie sich die Banker das gewünscht haben: Sie verzichteten auf die Rückforderung der erbeuteten Millionen.

Strittig wird es bei der Frage, ob Scholz damals mit seinem Verhalten in das Steuerverfahren gegen die Bank eingegriffen hat. Als Folge unserer Recherchen hat die Hamburgische Bürgerschaft einen Parlamentarischen Untersuchungsausschuss eingerichtet und die Vorfälle genau untersucht.

Die Opposition hält die politische Einflussnahme auf Basis der Indizien für bewiesen: Auf Rat von Scholz wandten sich die Bankiers damals an den Finanzsenator der Stadt, den heutigen Hamburger Bürgermeister Peter Tschentscher

(SPD). Der alarmierte die zuständigen Abteilungen der Finanzverwaltung, und wenige Tage später entschied eine Runde von Finanzbeamten, auf eine Millionenforderung gegen die Bank zu verzichten – obwohl das Finanzamt vorher das Gegenteil beabsichtigte. Später kämpften die Beamten mit Rückendeckung von Tschentscher gegen eine Weisung des Bundesfinanzministeriums, Geld von der Bank zu fordern. Und noch später wollten sie einen Deal mit der Bank aushandeln, als bereits ein erstes Gerichtsverfahren lief. Dieser Deal hätte der Bank Millionenzahlungen erspart.

Die Finanzverwaltung war also ungewöhnlich nachsichtig mit den gut vernetzten Bankern. Es stellt sich die Frage: Warum?

Aus heutiger Sicht war die Entscheidung der Beamten falsch. Sie folgten juristisch der Argumentation der Cum-ex-Täter, die später von Bundesgerichtshof und Bundesfinanzhof als abwegig abgeschmettert wurde. Und ihr wichtigstes Argument war gar kein steuerrechtliches, sondern ein politisches: Sie fürchteten, die Bank könne durch die Rückforderung der erbeuteten Steuermillionen in die Insolvenz rutschen. Das Kuriose: Es gab ein Gutachten, das genau das ausgeschlossen hatte. Aber es wurde ignoriert. Die Staatsanwaltschaft Köln hält diese Vorgänge bis heute für verdächtig. Sie ermittelt gegen eine der beteiligten Finanzbeamten und gegen zwei Hamburger SPD-Politiker, die für die Bank Kontakte in die Politik einfädelten.

Die Hamburger SPD wirft der Opposition dagegen politisches Theater vor. Die Entscheidung der Beamten sei später korrigiert worden, die Bank habe das Geld inzwischen mit Zinsen zurückgezahlt, es sei kein Schaden entstanden. Dabei verschweigt die SPD allerdings, dass die Rückforderung erst auf Basis von neuen Gesetzen und Gerichtsurteilen erfolgte und die Beamten bei ihrer ursprünglichen Entscheidung davon ausgingen, das Geld sei endgültig verloren. Sie hatten also schlicht Glück.

Für entlastet hält die SPD auch Scholz und Tschentscher. Die Beamten der Behörde hätten ihre Entscheidung ohne äußeren Druck getroffen. Von den Treffen zwischen den Bankern und Scholz wussten die Beamten laut ihren Aussagen im Ausschuss nichts. Zwar empfanden es mehrere Beteiligte als ungewöhnlich, dass Finanzsenator Tschentscher ein Schreiben der Banker an die Finanzbeamten weiterreichte. Von einer politischen Einflussnahme, erklärten sie, hätten sie aber nichts mitbekommen.

Die Hamburger Opposition hält es dagegen für wenig wahrscheinlich, dass die Beamten sich nicht doch davon beeinflussen ließen, dass der Finanzsenator persönlich ihnen noch einmal ein Schreiben der Bank zukommen ließ, in dem diese vor der Pleite bei einer Rückforderung explizit warnte. Mehrere Beamte hatten im Ausschuss erklärt, dass ihnen bewusst war, welche wichtige Rolle die Bank in der Stadt spiele.

Zudem verweist die Opposition auf die verdächtigen Verstrickungen der SPD in den Fall. Die Bank ließ sich damals von einflussreichen Mitgliedern der Partei beraten: Der ehemalige Zweite Bürgermeister der SPD, Alfons Pawelczyk, kassierte für seine Hilfe insgesamt fast 60.000 € von der Bank. Der damals einflussreiche Hamburger SPD-Bundestagsabgeordnete Johannes Kahrs organisierte mehrere Parteispenden aus dem Unternehmensreich der Warburg-Inhaber an die SPD. Auf einem Notizzettel, wem er zu Dank verpflichtet sei, schrieb Bankier Christian Olearius neben diesen beiden SPD-Größen auch den Namen Olaf Scholz.

**Wie hat Scholz auf die Enthüllungen reagiert?**
Eine alte Weisheit im Berliner Politbetrieb lautet, dass Politiker selten über den Skandal stürzen, sondern meist über dessen Aufklärung. Auch bei Scholz und seiner Cum-ex-Affäre ist in den vergangenen Jahren immer stärker sein Verhalten seit unseren Enthüllungen in den Fokus gerückt. Warum hat Scholz nicht von Anfang an die Wahrheit gesagt? Und hat er womöglich sogar das Parlament oder einen Untersuchungsausschuss angelogen?

Olaf Scholz hat in dem Fall immer nur so viel eingeräumt, wie er musste. Und inzwischen sind zahlreiche Ungereimtheiten bekannt. Die Wichtigsten:

- Im November 2019 fragte die Linksfraktion in der Hamburgischen Bürgerschaft die Senatskanzlei, ob es in dem Steuerverfahren Treffen zwischen dem Bürgermeister oder anderen Vertretern des Senats mit Vertretern von Warburg gegeben habe. Die schlichte Antwort war: Nein. Das war, wie wir heute wissen, unwahr: Scholz hat sich in seiner Funktion als Bürgermeister mehrfach mit Vertretern von Warburg getroffen und über deren Steuerverfahren gesprochen.
- Unsere ersten Fragen zu seinen Kontakten mit Olearius beantwortete Scholz Anfang Februar 2020 trotz mehrfacher Nachfrage nicht. Nach unserer ersten Veröffentlichung bestätigte Scholz' Sprecher Steffen Hebestreit dann den Kontakt mit den Warburg-Bankern: Es habe „ein Treffen mit Herrn Olearius im November 2017 gegeben, wie aus dem Kalender des Ersten Bürgermeisters hervorgeht". Heute ist klar: Das muss die Unwahrheit gewesen sein. Den Kalendereintrag gibt es nicht, er wurde durch einen technischen Defekt bereits im März 2018 gelöscht. Es stellt sich zudem die Frage: Wie konnte Hebestreit den Termin bestätigen, wenn Scholz sich, wie er heute angibt, nicht an das Treffen erinnern kann? Diese Frage beantwortet das Bundeskanzleramt nicht.
- Im Februar 2020 konnten wir zunächst nur eines von drei Treffen zwischen Scholz und den Bankern öffentlich machen. Zwei Mal musste Scholz im Frühjahr und Sommer 2020 nach unseren Berichten im Finanzausschuss des

Bundestages zu dem Thema aussagen. Bei beiden Sitzungen erwähnte Scholz die weiteren Gespräche mit Olearius nicht, auch von Erinnerungsschwierigkeiten war keine Rede. Auf die Frage nach weiteren Begegnungen mit dem Bankier erzählte er den Abgeordneten von belanglosen Treffen bei öffentlichen Veranstaltungen, verschwieg aber, dass er die Banker noch zwei weitere Male im Rathaus empfangen und mit ihnen über ihr Steuerproblem geredet hatte.
- Nachdem wir auf Basis weiterer Recherchen im September 2020 die beiden anderen Gespräche mit den Bankern öffentlich machen konnten, erklärte Scholz sein Schweigen mit Erinnerungslücken. „Konkrete Erinnerungen an die jeweiligen Treffen habe er nicht", heißt es im Protokoll der Sitzung des Finanzausschusses vom 9. September. „Aus eigener Erinnerung könne er nicht sagen, welche Treffen es gegeben habe. Er könne nur deshalb hierüber Auskunft geben, weil er seinen Kalender habe auswerten lassen." Diverse Oppositionsabgeordnete fühlten sich angeschwindelt. Bei den vorhergegangenen Sitzungen hatte Scholz den Eindruck erweckt, er erinnere sich sehr wohl an das eine bis dato bekannte Treffen – und hatte keinerlei Erinnerungsschwierigkeiten erwähnt. Zudem nahmen sie ihm nicht ab, ausgerechnet ein Treffen mit zwei einflussreichen Unternehmern zu vergessen, bei dem es um Steuerbetrug in dreistelligem Millionenbereich und die mögliche Pleite einer großen Bank ging.
- Dennoch blieb Scholz auch später bei seinen Befragungen im Parlamentarischen Untersuchungsausschuss der Hamburgischen Bürgerschaft bei seiner Erklärung: „Als Zeuge kann ich nur das sagen, woran ich mich erinnere. Zum Inhalt und zum Ablauf der besagten Gespräche aus den Jahren 2016 und 2017 habe ich keine detaillierte, aktive Erinnerung", erklärte er dort im April 2021. Das steht im Widerspruch zu den Protokollen der Ausschusssitzungen im Bundestag ein Jahr zuvor: „Alle, die ihn kennen würden, wüssten, dass er durchaus in der Lage sei, in einem Gespräch nicht erkennen zu lassen, welche Haltung er habe", wird Scholz im Protokoll der Sitzung des Finanzausschuss vom 4. März 2020 in indirekter Rede zitiert. „So sei es auch bei diesem Gespräch gewesen. Er habe sich angehört, was Herr Olearius zu diesem und anderen Themen zu sagen gehabt hätte. Mehr sei darüber nicht zu berichten. (...) Er könne für sich sagen, dass er sich immer korrekt verhalte. Das habe er auch in diesem Gespräch getan." Ähnlich äußerte sich Scholz, als er am 1. Juli 2020 noch einmal befragt wurde. Es „sei ein Gesprächstermin vereinbart worden, man habe über viele Dinge gesprochen", heißt es im Protokoll der Sitzung. „Er habe sich lediglich die Sicht der Dinge von Christian Olearius angehört."
- Als Scholz im Sommer 2022 bei einer weiteren Vernehmung im Untersuchungsausschuss auf die Widersprüche angesprochen wurde, wich er aus. Konkret an die Sitzung des Finanzausschusses und deren Verlauf könne er sich nicht erinnern.

Es gibt noch zahlreiche weitere Merkwürdigkeiten rund um den Fall: riesige Lücken in Akten und Emailpostfächern, die für Staatsanwälte auf „gezielte Löschungen" hindeuten; Finanzbeamtinnen, die von einem „teuflischen Plan" schreiben; Laptops mit brisanten Mails, die plötzlich nicht mehr im Safe sind. Sie alle aufzuzählen und einzuordnen, würde hier den Rahmen sprengen. Nachzulesen sind sie in unserem Buch „Die Akte Scholz".

## 2   Step by step

Den ersten Hinweis erhielten wir am 19. November 2019. Damals meldete sich Benjamin Frey bei Oliver Schröm. Frey war Kronzeuge der Kölner Staatsanwaltschaft und früherer Kanzleipartner von Hanno Berger, einem Initiator unzähliger Cum-ex-Geschäfte. Frey hatte eine Information, die uns aufhorchen ließ: Olaf Scholz sei in den Cum-ex-Skandal verstrickt, dafür gebe es zwei voneinander unabhängige Quellen.

Oliver Schröm war zu diesem Zeitpunkt bereits fünf Jahre mit der Aufklärung des Cum-ex-Falles beschäftigt, hatte ein breites Netzwerk zu Ermittlern und Insidern aufgebaut. Ich hatte bei *Die Zeit* über Jahre die Politik und Wirtschaft in Hamburg verfolgt, kannte das Hamburger Umfeld von Scholz und die wesentlichen Akteure und Zusammenhänge. Oliver und ich recherchierten damals gerade gemeinsam zu Betrug mit Krebsmedikamenten. Doch uns war klar, das Thema war noch größer. Mit dabei waren damals zudem Christian Salewski und Manuel Daubenberger vom *ARD*-Magazin *Panorama*, die schon seit Jahren mit der detaillierten Auswertung von Cum-ex-Fällen beschäftigt waren. Sie waren gerade in Akten auf die Merkwürdigkeit gestoßen, dass die Hamburger Behörden 2016 offenbar auf eine Steuerrückforderung gegen die Bank verzichtet hatten.

Der Hinweis auf Scholz war zunächst vage, es blieb unklar, was genau Scholz mit Cum-ex zu tun haben soll. Aber wir ahnten, wo sich ein Hinweis befinden könnte: Christian Salewski war in Ermittlungsakten schon vor längerem auf einen Hinweis gestoßen, dass Warburg-Mitinhaber Christian Olearius Tagebücher führte und die Ermittler diese im März 2018 bei der Razzia in seiner Privatvilla beschlagnahmt hatten. Seitdem schlummerten die Kladden oder Kopien davon wahrscheinlich in irgendeiner Asservatenkammer der Ermittlungsbehörden in Nordrhein-Westfalen.

Wir teilten uns also auf: Oliver Schröm versuchte mehr zu den Tagebüchern zu erfahren, Christian, Manuel und ich widmeten uns den Akten. Als wir im Januar 2020 eine neue Akte erhielten, wurden wir fündig: Teile der Tagebücher befanden sich in der Akte zum Verfahren gegen Christian Olearius. In dem Konvolut von vielen Tausend Seiten waren immer wieder einzelne Seiten des handschriftlichen Tagebuchs eingelegt. Da die Seiten nicht transkribiert waren, fehlte eine Suchmöglichkeiten, wir mussten also die gesamte Akte durchsuchen und die Seiten mühselig entziffern. Wir fanden in den Ausschnitten der Tagebücher schnell Hinweise, dass Olearius in seinem Steuerverfahren enge Kontakte zu den SPD-Politikern Johannes Kahrs und Alfons Pawelczyk pflegte.

Und schließlich hatten wir Glück und fanden für November 2017 einen besonderen Eintrag „Ich bin mit Bürgermeister Scholz verabredet. Pünktlich treffen wir um 17:00 Uhr in seinem Bürgermeister-Amtszimmer zusammen. Jetzt mit hellem Blauteppich ausgelegt. Kein Schreibtisch. Erst Plaudern. Ich erzähle von Neue Heimat, Hamb. Stadtwerke, Gellert. Dann berichte ich vom Sachstand bei Finanzbehörde, Staatsanwaltschaft. Ich meine, sein zurückhaltendes Verhalten so auslegen zu können, dass wir uns keine Sorgen zu machen brauchen."

Auch Scholz hatte sich also mit Olearius getroffen und mit ihm über das Steuerverfahren gesprochen. Dieses Treffen konnte zwar keinen Einfluss auf die Entscheidung 2016 gehabt haben, aber wir fanden es dennoch ziemlich merkwürdig, dass Scholz sich mit Bankern traf, gegen die wegen schwerer Steuerhinterziehung ermittelt wurde – und dass Scholz offenbar sogar mit ihnen über das Steuerverfahren gesprochen hatte.

Dann stießen wir auf eine weitere Merkwürdigkeit. Erst kurz zuvor hatte die Linksfraktion den Hamburger Senat nach Treffen zwischen Scholz und den Bankern gefragt, der Senat hatte verneint. Wir fragten uns: Warum hat die Hamburger Regierung das Treffen verschwiegen?

Wir wussten nun, dass wir eine Geschichte hatten – aber auch ein Problem. Die nächste *Panorama*-Sendung sollte am 13. Februar 2020 laufen, wenige Tage vor der Bürgerschaftswahl in Hamburg. Spitzenkandidat der SPD war damals Peter Tschentscher, der als Finanzsenator auch in den Fall verstrickt war. Wir mussten mit unseren Redaktionen – also damals *Die Zeit* und dem NDR – entscheiden, ob wir berichten.

Die Diskussionen verliefen kontrovers. Wir wussten: Unsere Recherche kann wie der Versuch wirken, die Wahl zu beeinflussen, wenn die Ergebnisse zehn Tage vor der Abstimmung veröffentlicht werden. Doch das Argument ließ sich auch umdrehen: Es würde den Ausgang der Hamburg-Wahl ebenso beeinflussen, wenn wir eine Recherche, die wir fertig haben, bewusst zurückhalten. Würde dann nicht der Vorwurf kommen, der als SPD-nah geltende *NDR* hätte die Partei vor der Wahl bewusst geschont?

Wir entscheiden uns, die Geschichte zu veröffentlichen – denn die Quellenlage war sehr gut: Wir hatten schriftliche Beweise, eine nachgewiesene Lüge des Senats, eine Reihe Merkwürdigkeiten, die Fragen an die Beteiligten mindestens rechtfertigten. Wir stellten also mit mehr als zehn Tagen Vorlauf umfangreiche Fragenkataloge an alle Beteiligten: die Behörden, Scholz, Tschentscher, Pawelczyk, Kahrs. Scholz, damals schon Finanzminister und Vizekanzler in Berlin, ließ die Fragen unbeantwortet. Mehrfach hakten wir in seinem Ministerium nach. Die Pressestelle bat um Fristverlängerung, antwortete aber wieder nicht. Vier Tage nach der ersten Anfrage sprach unser Kollege Christian Salewski Scholz bei einer Veranstaltung in Hamburg mit einem Kamerateam auf seine Treffen mit Olearius an. Doch Scholz' Sprecher Steffen Hebestreit drängte dazwischen, würgte Christian vor laufender Kamera ab. Bis heute wird das Video immer mal wieder auf *Twitter/X* geteilt, um die teils rüde Arbeit von Hebestreit zu dokumentieren.

Am 13. Februar 2020 erschien in *Die Zeit* unter dem Titel „Das Millionengeschenk" unsere Recherche. Der Artikel beschäftigte sich eingehend mit Olearius und den Cum-ex-Geschäften seiner Bank und er warf ein Schlaglicht auf die Entscheidung der Hamburger Finanzverwaltung. Der Öffentlichkeit war bis dato unbekannt, dass Hamburg auf Millionenforderungen verzichtet hatte. Außerdem zeigte der Text auf, dass der Bankier Kontakt zu Pawelczyk, Kahrs und Scholz gesucht und mit ihnen über das Verfahren gesprochen hatte. Die SPD-Politiker erfuhren daraus auch etwas, das sie nicht wissen konnten: dass Olearius Tagebuch führt. Und dass er seine Treffen dort verzeichnet hat. Abends lief der Beitrag in *Panorama*.

Im bis dato recht ruhigen Hamburger Wahlkampf schlug das Thema heftig ein. Bürgermeister Peter Tschentscher geriet in die Kritik, noch schlimmer wurde es, als das *Hamburger Abendblatt* enthüllte, dass die SPD ausgerechnet im Jahr 2017 umfangreiche Spenden aus der Warburg-Gruppe erhalten hatten. Die Opposition forderte einen Untersuchungsausschuss, zwischen den Koalitionspartnern Grünen und SPD gab es ruppigen Streit.

Doch im Hintergrund werkelten schon die Spindoktoren: die Anwälte von Warburg und Scholz-Staatssekretär Wolfgang Schmidt. Sie wagten nach einigen Tagen einen erstaunlichen Vorstoß, der den Bankern wenig brachte, Scholz und Tschentscher aber viel. Sie veröffentlichten den Tagebucheintrag von Olearius – und ein Satz wurde für uns zum Problem. „Ich meine, sein zurückhaltendes Verhalten so auslegen zu können, dass wir uns keine Sorgen zu machen brauchen", hatte Olearius geschrieben.

Wir hatten damals auf Rat der Medienjuristen nur indirekt zitiert und das Wörtchen „zurückhaltend" ausgespart, weil es nur eine Interpretation von Olearius war, kein Fakt. Genau diesen Punkt versuchten die Anwälte von Olearius nun auszunutzen. Sie lieferten zu dem Zitat eine Interpretationsanleitung: Trotz der offenbar ausgedrückten Erleichterung des Bankers stehe dort, dass Scholz zurückhaltend gewesen sei. Das entlaste ihn. Die Interpretation übernahmen zahlreiche Medien. „Cum-ex-Affäre: Tagebuch-Eintrag entlastet Scholz", titelte das *Hamburger Abendblatt* am nächsten Tag.

Für uns war das einigermaßen kurios. Der veröffentlichte Tagebucheintrag bestätigte vor allem die von uns berichteten Fakten: Es gab das Gespräch, Scholz und die Banker hatten über das Steuerverfahren gesprochen – und der Senat damit die Bürgerschaft angelogen.

Die von den Anwälten vorgegebene Interpretation war dagegen alles andere als zwingend. Man hätte viele Fragen stellen können: Was bedeutet zurückhaltendes Verhalten bei einem Politiker, der sich gerne rühmt, seine eigenen Gedanken gut verbergen zu können? War es möglicherweise gerade das zurückhaltende Verhalten, das die Bankiers beruhigte? Und ist ein zurückhaltendes Verhalten eigentlich die richtige Reaktion auf einen Bankier, der im Verdacht steht, die Staatskasse beklaut zu haben? Müsste sich ein Bürgermeister nicht ohne Interpretationsspielraum auf die Seite der Steuerzahler stellen?

Außerdem hatte Olearius über sein Gespräch mit Scholz notiert: „Die Deutsche Bank werde wohl geschont. Meine Interpretation – cui bono – auf uns abzulenken, sei wahrscheinlich. Das *Spiegel*-Gespräch sollte ich führen, mich aber maßvoll äußern. In Szene setzen in Sachen Wirtschaftsstandort Hamburg will er sich allein; Gutachten seien störend." Scholz hatte also offenbar nicht nur aufmerksam zugehört, sondern er hatte dem Bankier augenscheinlich regelrecht Tipps gegeben, was zu tun ist. Auch diesen Part veröffentlichen die Anwälte, aber niemand stolperte darüber.

Die Spindoktoren hatten ganze Arbeit geleistet, die Nähe zwischen der Hamburger SPD und vielen Hamburger Journalisten bewährte sich für die Partei einmal mehr, genaueres Hinsehen und Logik fielen in der aufgeheizten Wahlkampfphase hinten runter. Stattdessen brach nun ein Shitstorm über uns herein: Wir hätten das Zitat absichtlich verdreht, um den Wahlkampf zu beeinflussen.

Hamburger Medien und die SPD führten eine regelrechte Kampagne gegen uns, warfen uns sogar vor, mit der Geschichte die AfD ins Parlament gebracht zu haben. In Sozialen Medien wurden wir massiv angefeindet, in der Öffentlichkeit beschimpft. Die Kampagne weitete sich sogar gegen Kollegen aus unseren Häusern aus, die gar nichts mit der Recherche zu tun hatten. Hochrangige SPD-Mitglieder ließen die aktuell arbeitenden Kollegen deutliche Ablehnung spüren, Presseanfragen zu völlig anderen Themen wurden langsam oder mit schnippischen Bemerkungen beantwortet. Und Peter Tschentscher ließ es sich im ersten Interview nach der gewonnenen Wahl nicht nehmen, die angebliche Kampagne zu thematisieren: „Der *NDR* hat kräftig mitgemischt im Wahlkampf", sagte er dem *Abendblatt*.

Aber der Gegenwind spornte uns an. Wir recherchierten weiter – und noch während des Shitstorms gelang der Durchbruch. Eine Quelle vertraute Oliver Schröm die Tagebücher von Christian Olearius auf einem Datenträger an. Wir hatten nun nicht nur einzelne, unsystematische Blätter, sondern den gesamten Einblick. Wir werteten die Kladden aus und schnell war klar: Scholz hatte sich zwei weitere Male mit den Bankiers getroffen, ein Papier entgegengenommen und sogar mit ihnen telefoniert. Und das unmittelbar vor der fragwürdigen Entscheidung des Finanzamts.

Das Problem nur: Wir konnten die Geschichte noch nicht veröffentlichen. Über Informanten wussten wir, dass die Kölner Staatsanwaltschaft in Hamburg eine Durchsuchung plante. Im Fokus sollte die Finanzbeamtin Frau P. stehen, die auch in unserem Beitrag vorkommen sollte. Sie hatte einen ungewöhnlich engen Kontakt zu der Bank gepflegt. Hätten wir unsere Geschichte veröffentlicht, hätte Frau P. Beweise beiseiteschaffen können, das hätte die Ermittlungen behindern können. Also entschieden wir zu warten – obwohl die Gefahr groß war, dass die Geschichte uns weglaufen würde.

Anfang März musste sich Olaf Scholz zu den Vorgängen rund um Warburg im Finanzausschuss des Bundestages befragen lassen. Wir gingen davon aus, dass er die weiteren Treffen dort einräumen würde – und unsere Geschichte damit überflüssig würde. Doch so kam es nicht. Scholz erklärte, unsere Berichte seien „heiße Luft" gewesen. Er betonte, dass alles über das Treffen bekannt sei. Wer ihn kennen würde, wüsste, dass er durchaus in der Lage sei, bei einem Gespräch nicht erkennen zu lassen, welche Haltung er habe. So sei es auch bei diesem Gespräch gewesen. Er habe sich angehört, was Herr Olearius zu diesem und anderen Themen zu sagen gehabt hätte. Leider könne er über das bisher Gesagte hinaus nichts zu dem Treffen sagen. Das liege am Steuergeheimnis.

Bei den Abgeordneten bestand an diesem Tag kein Zweifel darüber, dass Scholz die Banker in der Sache nur einmal im Jahr 2017 getroffen hat. Cansel Kiziltepe, die für die SPD im Ausschuss saß, sagte auf Nachfrage des *NDR* nach der Sitzung in die Kamera: „Zwischen Olaf Scholz und Herrn Olearius gab es kein Treffen im Jahr 2016."

Auch bei einer zweiten Sitzung im Juni erwähnte Scholz die Treffen nicht. Auf Nachfrage berichtet er nur von einem beiläufigen Treffen in der Elbphilharmonie und einer Rede bei einem Bankjubiläum.

Im Sommer erfuhren wir dann, dass auch die *Süddeutsche Zeitung* inzwischen an die Tagebücher gelangt war. Wir beschlossen eine große Kooperation zwischen *SZ*, *NDR* und *Zeit*. Doch wir mussten wegen der Durchsuchung weiter warten.

Wir nutzten die Zeit, um alle Akten noch einmal auszuwerten, bereiteten uns mit langen internen Frage-Antwort-Stücken auf mögliche neue Shitstorms vor, versuchten zu antizipieren, wo sie uns dieses Mal angreifen würden. Dennoch war es ein ewiges Geduldsspiel.

Mitte August schließlich bekamen wir über Quellen mit, dass die Razzia in Hamburg abgesagt worden war. In letzter Minute war die Kölner Staatsanwältin von ihrem Vorgesetzten gestoppt worden. Am 3. September 2020 veröffentlichten wir also unsere Recherchen. Scholz musste sich wenige Tage später im Bundestag rechtfertigen und erklärte sein Schweigen mit Erinnerungslücken. In Hamburg nahm ihm die Opposition das nicht ab, sondern richtete einen Parlamentarischen Untersuchungsausschuss ein.

In der Folge haben Oliver Schröm und ich immer weiter recherchiert und Dutzende Geschichten veröffentlicht. Wir konnten enthüllen, wie die ursprünglich für die Warburg-Bank zuständigen Finanzbeamten von ihren Vorgesetzten ausgebremst wurden; wie tief Peter Tschentscher in den Fall involviert war; wie fürsorglich die Finanzbeamtin Daniela P. die Bank betreute; wie eng die Verbindungen zwischen der SPD und der Warburg-Bank waren; wie überfordert die Hamburger Finanzverwaltung mit komplexen Cum-ex-Geschäften war; wie die Finanzverwaltung noch 2019 versuchte, einen Deal mit der Warburg-Bank zu schließen; wie Scholz' Anwälte Druck auf die Staatsanwaltschaft ausübten; mit welch merkwürdigen Argumenten die Staatsanwaltschaft Ermittlungen gegen Scholz und Tschentscher ablehnte; wie Scholz in vertraulicher Sitzung im Bundestag durchaus noch Erinnerungen an mindestens ein Treffen vorgab; dass Scholz' Team sich bei seiner Verteidigung auf einen Kalendereintrag berief, den es gar nicht gibt; und schließlich welchen großen Einfluss die SPD im Hamburger Untersuchungsausschuss hat.

Lange Zeit waren wir die einzigen Journalisten, die kontinuierlich an dem Fall drangeblieben sind. Noch im Bundestagswahlkampf 2021 verhinderten Scholz' Spindoktoren erfolgreich, dass das Thema Cum-ex medial breiter diskutiert wurde. Die Sache sei kompliziert, der Fall geklärt, verbreiteten sie – und viele Kolleginnen und Kollegen waren nicht bereit, sich tiefer damit zu beschäftigen. Die Anwälte von Olearius bezeichneten uns als „rattenhaft verbissen", Hamburger Kollegen lästerten, wir hätten uns verrannt.

Das hat sich geändert. Seit Scholz Kanzler ist, recherchieren Kollegen unter anderem vom Spiegel, dem Handelsblatt und der Welt intensiv zu dem Thema. Zuletzt schürte die Welt neue Zweifel an der Glaubwürdigkeit von Scholz Erinnerungslücken, weil sie nach einer IFG-Anfrage interne Kommunikation aus dem Finanzministerium veröffentlichen konnten. Nur die Hamburger Medien üben weiter erstaunliche Zurückhaltung.

Auch mehr als vier Jahre nach unseren ersten Berichten ist das Thema noch nicht beendet. Der Untersuchungsausschuss in Hamburg arbeitet weiter, dort werden noch Tausende Mails gesichtet, die von der Staatsanwaltschaft beschlagnahmt wurden. In Berlin will die CDU ebenfalls einen Untersuchungsausschuss einrichten, um die bundespolitische Dimension des Falls zu beleuchten. Weil die Ampel diesen Plan vorläufig stoppte, muss darüber nun das Bundesverfassungsgericht urteilen. Und auch in Köln ermitteln weiter Staatsanwälte gegen Beteiligte aus Hamburg.

## 3 Take-away

Alle, die an dieser Recherche beteiligt waren, werden die Wochen nach der ersten Veröffentlichung wohl nie vergessen. Journalistenkolleginnen und -kollegen, die wir teils gut kannten, veröffentlichten bisweilen völlig absurde und sachlich falsche Vorwürfe, unsere Chefs wurden massiv angegangen, unsere Redaktionen bei völlig anderen Themen von den Pressestellen absichtlich ignoriert. Je nach persönlicher Konstitution und Erfahrung haben diese Wochen die Kollegen unterschiedlich mitgenommen, deswegen hat jeder auch etwas andere Schlüsse daraus gezogen. Was sind meine Lehren aus dieser Recherche?

Ich bereite mich seit dem Shitstorm im Februar 2020 sehr viel stärker auf Gegenkampagnen bei Veröffentlichungen vor. Wir hatten damals sehr gute, schriftliche Quellen, wir haben penibel alle Fakten gecheckt, sauber konfrontiert, vorsichtig formuliert, jedes Wort und jeden Satz juristisch gecheckt. Die Geschichte war korrekt und handwerklich sauber – und hat doch ein Einfallstor für die Gegenkampagne gelassen, das mir heute offensichtlich erscheint, damals aber im Vorfeld keinem der beteiligten Kolleginnen und Kollegen ins Auge gefallen war.

Seither gehört für mich zur Vorbereitung jeder Geschichte auch die Prüfung, wer sie mit welchem Argument angreifen wird – nicht nur juristisch, sondern auch politisch und medial. Ich versuche, die eigene Geschichte mit den Augen der Protagonisten zu betrachten, analysiere, mit welchen Argumenten und Narrativen sie dagegen vorgehen werden – und überlege dann, wie wir einfache Einfallstore vermeiden und wie wir im schlimmsten Fall argumentieren, wenn wir angegriffen werden.

Ich bin mir zudem stärker bewusst, wie viele Spindoktoren bei großen Geschichten im Hintergrund arbeiten und versuchen, Kolleginnen und Kollegen zu beeinflussen. Der mediale und politische Betrieb in Berlin wie in Hamburg ist eng verknüpft, es gibt viele Seitenwechsler, alte Weggefährten, unsichtbare Verbindungen. Das ist zwangsläufig so und soll keine Fundamentalkritik sein. Aber es spielt eine Rolle dabei, was politisch auf die Agenda kommt – und was nicht. Scholz' wichtigster Spindoktor Wolfgang Schmidt ist bei den Berliner

Politikbeobachtern bestens vernetzt und hat viel Zeit investiert, um Berichterstattung über Cum-ex zu vermeiden.

Schmidts Methode war so simpel wie effektiv: Verwirrung über Komplexität. Er hat die Journalisten zum Thema mit sehr langen, angeblich fundierten Papieren bombardiert, die alle nur eine Botschaft hatten: Es ist kompliziert, aber wenn man es verstanden hat, ist Scholz unschuldig. Und er hat gleichzeitig uns diffamiert, als Aktivisten beleidigt und sogar Unwahrheiten über uns verbreitet. Lange Zeit haben sich nur wenige Kollegen die Mühe gemacht, den Wust von Schmidt zu durchdringen und seine Einseitigkeit und Verdrehung zu entlarven. Noch weniger haben einmal nachgefragt bei uns.

Am Ende konnte Schmidt im politischen Berlin dadurch eine erstaunlich lange Zeit ein Narrativ festsetzen: Den Cum-ex-Skandal kapiert keiner, er ist zu kompliziert und Scholz vermutlich sogar unschuldig. Es war einer der wesentlichen Gründe, warum das Thema im Bundestagswahlkampf 2021 kaum eine Rolle spielte, kein Journalist Scholz mit dem Thema in einem öffentlichen Interview richtig konfrontiert und nachgehakt hat.

Das hat mir gezeigt: Von jedem Skandal und von jeder Geschichte bleibt – ob wir Autoren das wollen oder nicht – nur ein Satz hängen. Bei aller Akribie bei der Recherche sollte man sich beim Schreiben diesen Satz bewusst machen, antizipieren, welche Kernbotschaft die Recherche hat. Öffentliche Debatten werden nicht so sehr um Fakten geführt, sondern um Narrative. Wenn das eigene Narrativ kompliziert ist, das der Gegenseite sehr simpel, gerät man in die Defensive.

Gelernt habe ich auch, worauf es ankommt, wenn man mit einer Geschichte in die Defensive gerät: Professionalität und Rückendeckung aus der eigenen Redaktion. Weil Oliver Schröm und ich im Laufe der Recherche unsere Arbeit- und Auftraggeber gewechselt haben, wurden unsere Geschichten von vielen Redaktionen veröffentlicht: von *Die Zeit*, vom *NDR*, vom *Manager Magazin*, vom *Spiegel*, vom *Stern* und von der *Westdeutschen Allgemeinen Zeitung*. Wir haben dabei noch einmal mehr zu schätzen gelernt, was eine gute Dokumentation mit fähigen Factcheckern für ein unschätzbarer Vorteil bei investigativen Geschichten ist. Der Kollege Dennis Barg vom *Manager Magazin*, der auch unser Buch gefactcheckt hat, hat mir viele schlaflose Nächte erspart, weil ich wusste: Jede Kleinigkeit ist nochmal abgesichert.

Noch wichtiger habe ich es aber empfunden, dass eine Chefredaktion ohne Angst hinter den Geschichten steht, auch wenn es politisch mal ungemütlicher wird. Leider war das nicht in allen Redaktionen gleichermaßen ausgeprägt. Unser Dank gilt besonders Holger Stark, Sven Clausen und Gregor Peter Schmitz.

**Was ist investigativer Journalismus?**
Journalismus ist stark, wenn er gesellschaftlich bedeutsame Themen ans Licht bringt, die manche gerne verborgen hätten. Deswegen müssen Journalisten fundierte Sachkenntnis in ihren Fachgebieten haben und sich beharrlich immer tiefer in komplizierte Sachverhalte einarbeiten. Das kann man investigativen Journalismus nennen – oder schlicht guten Journalismus.

**Drei goldene Regeln (für Berufsanfänger):**
1. **Lasst euch eure Themen nicht ausreden!** Das ist zu kompliziert, das versteht keiner, das ist nicht neu, das kann man auch ganz anderes sehen: Viele Redaktionen neigen dazu, Themen abzumoderieren, besonders solche, die auf den ersten Blick sperrig scheinen oder bei denen es Ärger geben könnte. Manchmal stimmen diese Argumente, oft aber auch nicht. Nehmt Gegenargumente sportlich, lasst euch nicht frustrieren, sondern anspornen, die Sache tiefer zu durchleuchten, weiter zu recherchieren und den Skeptikern zu beweisen: Da ist was dran an meinem Thema! Stellt euch aber darauf ein, dass das vermutlich nicht in der Regelarbeitszeit funktioniert.
2. **Arbeitet im Team!** Niemand kann alles, im Team ist man immer besser als allein. Verschiedene Menschen haben verschiedene Talente, der eine schreibt vielleicht gut, der andere kann gut mit Zahlen und Statistik umgehen. Verschiedene Charaktere haben unterschiedliche Zugänge zu Quellen, der eine kann vielleicht der Kumpeltyp sein, der andere der nerdige Experte. Es erleichtert die Arbeit, wenn man sich die Recherche aufteilen kann und sich jeder in einen Aspekt einarbeitet. Und es wird immer besser, wenn man sich gegenseitig permanent hinterfragt, Hypothesen bildet, neue Wege brainstormt und diskutiert, diskutiert, diskutiert.
3. **Wechselt zum Schreiben die Perspektive!** So tief ihr euch in ein Thema eingearbeitet habt, so weit müsst ihr wieder zum Leser zurückgehen. Wenn ihr beginnt zu schreiben, vergesst alles, was ihr schon wisst. Die erste und wichtigste Frage ist: Was ist der Kern eurer Geschichte? Nur wenn ihr den in einem Satz erklären könnt, wird es gut. Denkt außerdem dran: Die Leserinnen und Leser kennen euer Thema nicht. Holt sie mit eurem Einstieg ab und begleitet sie im Text auf der Reise in die Tiefen eures Wissens. Vor der Veröffentlichung lasst schließlich unbedingt einen kritischen Unbeteiligten lesen: Versteht der oder die den Text? Und bleibt das hängen, was ihr euch als Kern eurer Geschichte überlegt habt? Vermutlich nicht. Aber das macht nichts. Überarbeiten macht jeden Text besser.

**Oliver Hollenstein** hat u. a. für die *Süddeutsche Zeitung*, *Die Zeit* und das *Manager Magazin* zu Themen im Grenzgebiet zwischen Wirtschaft und Politik recherchiert. Ein Faible hat er für Geschichten, die auf den ersten Blick sperrig daherkommen und erst bei genauerer Betrachtung große gesellschaftliche Relevanz bekommen. In der Chefredaktion der *Westdeutschen Allgemeinen Zeitung* ist er verantwortlich für die Ressorts Politik, Wirtschaft, Kultur und Region.

# Die Wirecard-Recherchen: Entzauberung eines deutschen Hoffnungsträgers

Felix Holtermann

Vor seinem Untergang feierten viele den Dax-Konzern Wirecard als deutsche Zukunftshoffnung. Dabei zeigte ein kritischer Blick bereits früh: Bei Wirecard passte vieles nicht zusammen. Aber erst nach der Pleite und dem Absturz der Aktie legten Recherchen die ganze Dimension des Skandals offen.

## 1 Die Story

Wirecard ist der größte Wirtschaftsskandal der deutschen Nachkriegszeit. In 20 Jahren wächst der Zahlungsabwickler aus Aschheim vom Finanz-Start-up zum Milliardenkonzern, wirft die Commerzbank aus dem Dax, ist mehr wert als die Deutsche Bank. Anleger lieben die Aktie, Banker hofieren das Management, die Politik gibt Schützenhilfe. Und dann ist binnen sieben Tagen und sieben Nächten alles aus.

Es sind investigative Recherchen zuvorderst der britischen Wirtschaftszeitung *Financial Times (FT)*, die dazu führen, dass die Wirklichkeit ans Licht kommt. Aber auch das *Handelsblatt* und einige andere Medien sorgen für Aufklärung. Das Fazit: Die Wirecard-Verantwortlichen schufen ein Traumreich, und weil dieses so schön bunt war, wollten (beinahe) alle glauben, was ihnen da vorgegaukelt wurde.

Schließlich versprach Vorstandschef Markus Braun, aus dem Zahlungsdienstleister aus dem Münchner Speckgürtel einen deutschen High-Tech-Konzern von

---

F. Holtermann (✉)
Handelsblatt, Düsseldorf, Deutschland
E-Mail: f.holtermann@handelsblattgroup.com

Weltrang zu formen, ein zweites SAP. Ein verführerisches Versprechen in einem Land, das zwar stolz ist auf seine Autobauer und Schraubenhändler, aber von der Angst geplagt wird, die digitale Zukunft verpasst zu haben.

Schon vor dem Untergang legten unsere Recherchen nahe, dass Brauns Versprechen die Substanz fehlte. Denn Wirecard war nie der hochinnovative und -profitable Konzern, als der er verkauft wurde. Moderne Technologien wie Blockchain oder künstliche Intelligenz spielten keine Rolle, das zentrale IT-System basierte auf einer jahrzehntealten Volksbanken-Lösung. Dafür war der Konzern abhängig von hochproblematischen Kunden und geplagt von Governance-Problemen, während die Zweifel an der Bilanzierung vor allem in Ostasien wuchsen. Wirecard war schon immer mehr Schein als Sein. Ein Schein, der sich nur mit erheblicher krimineller Energie aufrechterhalten ließ.

Wirecard, das waren gleich drei Unternehmen in einem: Nummer eins war die „saubere" Wirecard mit Partnern fürs Schaufenster, darunter Aldi, KLM und ÖBB – ein Zahlungsabwickler für Vorzeigekunden, mit denen freilich kein Geld verdient wurde. Nummer zwei war die „schmutzige" Wirecard, die früh komplexe (Auslands-)Konstruktionen aufbaute, um illegale Zahlungsströme zu verschleiern – darunter Geldwäsche für illegale Gambling- und Pornoseiten sowie für betrügerische Anlageportale. Nummer drei war die „fiktive" Wirecard, die Umsätze und Gewinne erfand, auch mithilfe der ersonnenen Geldwäschekonstruktionen – und deren Hintermänner sich hemmungslos aus dem Konzernvermögen bedienten.

Alle drei Wirecards bauten aufeinander auf und sind ohne die jeweils anderen Teile nicht denkbar. Doch erst nach dem Untergang wurde das ganze Ausmaß des Betrugs deutlich: Auch dank unserer Recherchen wurden die finanziellen und personellen Verstrickungen offenkundig.

Abgeschlossen ist der Fall nicht. Braun sitzt mit weiteren Topmanagern in Untersuchungshaft, andere Verantwortliche wie Asien-Vorstand Jan Marsalek sind auf der Flucht oder überraschend verstorben. Die Staatsanwaltschaft ermittelt, seit 2022 läuft in München der erste Prozess. Klar ist: Wirecard hat die Hälfte seiner Kunden erfunden und ein Viertel seiner Bilanzsumme gefälscht. Ein Börsenwert von bis zu 24 Mrd. Euro hat sich in Luft aufgelöst. Viele Kleinanleger beklagen den Verlust ihrer Lebensersparnisse. Wie wurde das möglich? Der Kampf um die Deutungshoheit ist entbrannt, wobei sich zwei Erzählungen gegenüberstehen.

Die erste beruhigt die Nerven: Wirecard ist demnach ein Betriebsunfall der Marktwirtschaft. Eine Bande von Betrügern kapert ein New-Economy-Start-up. Zunächst setzt das Management auf Zahlungsabwicklung und Geldwäsche für Trading, Gambling, Porno von legal bis illegal. Bald merkt es, dass es noch einfacher Geld verdienen kann: Statt in reales Geschäft zu investieren, befeuern die Manager die große Börsen-Story mit frischem Geld von Aktionären, Banken, Fonds. Damit stopfen sie Löcher, zweigen Hunderte Millionen Euro ab. Am Ende täuschen die Gangster mit hoher krimineller Energie alle Aufpasser, Anleger und Politiker. Und sehen nun ihrer gerechten Strafe entgegen.

Die zweite Erzählung ist beunruhigender: Wirecard ist kein Kriminalfall aus dem Aschheimer Gewerbegebiet, wo zwischen Bahngleisen und Autokino eine Gangsterbande ihr Unwesen trieb. Der größte Betrugsfall der Nachkriegszeit steht für mehr: Wirecards Absturz legt pars pro toto die Abgründe unseres Wirtschaftssystems offen und entlarvt vermeintliche deutsche Gewissheiten als Selbstbetrug. Der Fall ist damit nicht weniger als ein Lehrstück über Technologiegläubigkeit, Investorengier und Korruption, ein Sittengemälde über die Abgründe des Finanzplatzes – und ein Weckruf für den Zustand unseres politischen Systems.

Hält man die zweite Erzählung für deutlich näher an der Wahrheit, wie der Autor dieser Zeilen, lohnt der Fall Wirecard einen besonders intensiven Blick. Erst das journalistische Durchleuchten dessen, was in Aschheim, Berlin, Singapur und andernorts wirklich passiert ist – oder unterlassen wurde –, ermöglicht, die richtigen Lehren aus dem größten Bilanzbetrug Deutschlands zu ziehen.

## 2 Step by step

Es waren die Recherchen der *FT* und ihres Reporters Dan McCrum, die den entscheidenden Anstoß zum Auffliegen des Wirecard-Betrugs lieferten. McCrum hatte sich bereits 2015 kritisch mit Wirecard beschäftigt. Seine zentrale Artikelserie startete aber im Januar 2019 unter dem vielsagenden Artikel „House of Wirecard", eine Anspielung auf das Kartenhaus („House of Cards"), das der Konzern in McCrums Augen war.

In einer Kaskade von Artikeln hinterfragten McCrum und Kollegen die Erfolgsstory Wirecards. Es ging um Betrug, Geldwäsche und Bilanzmanipulation, zunächst in der Asienzentrale in Singapur. Auslöser der Recherchen war die interne Whistleblower-Beschwerde eines Wirecard-Mitarbeiters in Singapur, der sich in der Folge McCrum offenbarte.

Der Autor dieser Zeilen war somit „late to the party": Anfang 2019 fing er als Redakteur im *Handelsblatt*-Bankenteam in Frankfurt an, zuständig für die Digitalisierung der Finanzbranche. Im Frühjahr 2019 betraute ihn Ressortleiter Daniel Schäfer mit der Verantwortung für die Wirecard-Berichterstattung, an der Seite des altgedienten Finanzkorrespondenten in München, Christian Schnell. Die erste Aufgabe bestand darin, die *FT*-Berichterstattung auf mehreren Doppelseiten darzustellen und das kritische Bewusstsein gegenüber Wirecard auch in der Redaktion zu schärfen.

Das *Handelsblatt* hatte Wirecard in den Vorjahren nicht intensiv gecovert. Wenige Berichte hatten sich 2016 mit den Vorwürfen britischer Shortseller, dem sogenannten „Zatarra-Report", beschäftigt, andere mit den Visionen von Vorstandschef Braun. Als Wirecard 2018 in den Leitindex Dax einzog, titulierte das *Handelsblatt* Braun als „Aufsteiger des Jahres".

Dem Autor war Wirecard bereits 2016 bei seinem alten Arbeitgeber aufgefallen: Damals recherchierte er in der *WDR*-Wirtschaftsredaktion zu illegalen Glücksspiel-Seiten – und wunderte sich darüber, dass das vermeintliche Vorzeige-Fintech immer wieder als Abwickler verbotener Zahlungen in Erscheinung trat. Auch da die *Handelsblatt*-Chefredaktion 2019 keine zusätzlichen Ressourcen bereitstellte und der *FT*-Whistleblower unbekannt war, ging es nun darum, sich in kürzester Zeit eigene Zugänge zu erarbeiten.

Erster Ansatzpunkt war die Frage, wie Wirecard eigentlich sein Geld verdient. In der Öffentlichkeit erklärte Konzernchef Braun, Wirecard habe in der Frühphase vielleicht 90 Prozent seiner Geschäfte mit Porno- und Glücksspielanbietern gemacht, inzwischen sei ihr Anteil aber auf unter zehn Prozent gesunken. Selbst diese – höchstwahrscheinlich falschen – Zahlen ließen angesichts des stark gestiegenen Transaktionsvolumens ein Wachstum der Hochrisikobereiche vermuten. *Handelsblatt*-Recherchen belegen dann erstmals Wirecards tiefe Verstrickung in illegale Geschäfte.

Zunächst wird im Februar 2019 das Ausmaß eines europaweiten Cyberbetrugs-Netzwerks bekannt, das mindestens 100 Mio. Euro im Monat von Millionen Europäern erbeutet hat. Die Spezialität der Kriminellen: Betrug per Telefon und Internet mit fingierten Verkäufen von Aktien, Optionen, Bitcoins und anderen Finanzprodukten. Tatsächlich wird auf den Trading-Seiten gar nicht gehandelt, die Opfer vielmehr mit gefälschten Berichten zu weiteren Einzahlungen überredet – teils bis in die Privatinsolvenz.

Elfriede Sixt von der Opferschutzorganisation EFRI aus Wien berichtet dem *Handelsblatt* von den ersten Fällen mit Wirecard-Bezug. Eine umfangreiche Recherche beginnt. Über Monate hinweg recherchieren wir bei Beratungsstellen, Anlegerschutzvereinen, Anwälten und Staatsanwaltschaften in Deutschland und Österreich. Politische Unterstützung kommt vom einzigen profilierten Kritiker der involvierten Banken und Zahlungsabwickler: dem Linken-Finanzexperten Fabio De Masi.

Schnell wird klar: Wirecard ist der wichtigste Zahlungsabwickler des Betrugsnetzwerks. Immer mehr Geschädigte berichten dem *Handelsblatt*, den Betrügern auch deshalb ihre Lebensersparnisse überwiesen zu haben, da das bayerische Empfängerinstitut, die Wirecard Bank, Seriosität ausgestrahlt habe. Beschwerden beim Konzern, bei Polizei und Aufsicht blieben folgenlos.

Unter der Überschrift „Neue Probleme für Wirecard" berichten wir erstmals im Mai 2019 über die bisher größtenteils unbekannte, dunkle Seite des Dax-Konzerns – und die möglichen rechtlichen Konsequenzen. Der Wirecard-Aktienkurs bricht am selben Tag um rund 15 % ein, was zu Buchverlusten im Milliardenbereich führt und den Autor dieser Zeilen auf eine konzerninterne „schwarze Liste" unfreundlicher Journalisten bringt. Mit Folgen.

Kritische Berichterstattung zu Wirecard muss sich 2019 gegen den Mainstream-Tenor in den deutschen Medien durchsetzen. Noch im Spätherbst 2019, eine Sonderprüfung durch KPMG aufgrund der dubiosen Vorgänge in Asien hat längst begonnen, ist etwa am 29. November in der Zeitung *Welt* zu lesen: „Wirecard ist doch ein gutes Zeichen. (…) Die Aktie zeigt, dass Börse spannend sein kann und dass sie nicht – wie von vielen Verbraucherschützern stets gefordert – bierernst sein muss."

Die *Welt* weiter: „Es soll auch Leute geben, die Eintrittskarten für Mario Barth oder Helene Fischer erwerben. Da ist das Geld in einem Turbo auf Wirecard besser aufgehoben, und man lernt nebenbei vielleicht noch, was eine börsennotierte Firma so alles beeinflussen kann." (*Welt* 2019) Ja, lehrreich ist das Wirecard-Investment für viele Kleinanleger tatsächlich: Nicht wenige stürzt es in den Ruin. Eine besonders unrühmliche Rolle spielen Börsenmedien wie *Focus Money*, *Der Aktionär* oder *Finanztrends*, die teils bis kurz vor Schluss für die Aktie trommeln.

Die deutsche Wirecard-Manie äußert sich in einer ganzen Armee an hörigen Anlegern. Sie agieren als Marktschreier des Konzerns, jagen die verbliebenen Skeptiker auf Twitter, ätzen gegen skeptische Beobachter in Onlineforen und Kommentarspalten. Dabei hilft auch noch die Finanzaufsicht Bafin: Nicht nur stellt sie Strafanzeige gegen die *FT*-Journalisten wegen angeblicher Marktmanipulation, 2019 erlässt sie auch noch ein Leerverkaufsverbot für Wirecard-Aktien, ein in der Börsengeschichte einmaliger Vorgang.

Wird Wirecard von kriminellen Shortsellern aus dem Ausland angegriffen? Die Mehrheit scheint das zu glauben. Journalisten, die kritisch über Wirecard schreiben, darunter Heinz-Roger Dohms oder Melanie Bergermann von der *WirtschaftsWoche*, werden Ziel von Shitstorms. Der Autor dieser Zeilen findet eines Morgens ein an ihn adressiertes Paket in der Redaktion: Es enthält schmutzige Unterwäsche, Boxershorts, als Hinweis darauf, dass er ja mit den Shortsellern unter einer Decke stecke. Andere Zuschriften enthalten Beleidigungen, den Hinweis auf Anzeigen bei Polizei oder Bafin wegen angeblicher Marktmanipulation, manche machen sogar vor Morddrohungen nicht halt.

Auch der Konzern bleibt nicht untätig. Das *Handelsblatt* erreichen „presserechtliche Informationsschreiben" und Post von Anwälten. Braun selbst versucht Druck über die Chefredaktion auszuüben. Und wie nach dem Untergang klar wird, konzipiert ein angeheuerter PR-Experte – Dirk Große-Leege, Ex-Chefkommunikator von VW – sogenannte Maßnahmen mit Bezug auf kritische Journalisten.

In einer internen Mail an Wirecards Kommunikationschefin zieht er Anfang 2020 Bilanz: „Ich habe unsere Arbeit im Dezember nochmals nachvollzogen. Im Mittelpunkt stand unsere Diskussion (…), wie wir mit der Berichterstattung im *Spiegel* und Herrn Holtermann umgehen. Dabei haben wir zum einen presserechtliche Optionen besprochen. Wichtiger war jedoch unsere Hintergrundarbeit, um eine weitere Verbreitung der wilden Thesen zu verhindern." Was mit Hintergrundarbeit und diskutierten sonstigen Maßnahmen gemeint ist, will Große-Leege nicht erklären: Auf Anfrage nach der Pleite lehnt er einen Kommentar ab.

Besonders hart geht Wirecard gegen die *FT* vor. Im Juli 2019 fordert Braun die FT in einem in der Dax-Geschichte beispiellosen Brief auf, bis auf Weiteres keine Artikel mehr über den Konzern zu publizieren, und erklärt, „unwiderlegbare Beweise für eine Zusammenarbeit zwischen Mitarbeitern der ‚*Financial Times*' und Shortsellern" zu besitzen, wie das *Handelsblatt* berichtet.

Wirecard bezieht sich dabei auf einen von einem Privatermittler erstellten Audiomitschnitt, der im Juli in den Büroräumen des britischen Shortsellers Nick G. aufgezeichnet worden war. Nick G. prahlt darin mit angeblichem Insiderwissen zu bevorstehenden *FT*-Artikeln und früheren erfolgreichen Short-Aktionen. Andere Hinweise deuten auf einen engen Draht von FT-Investigativchef Paul Murphy zu Nick G. hin. Tatsächlich habe Murphy gegenüber Nick G. zuvor erwähnt, gerade mit Wirecard befasst zu sein, schreibt Reporter McCrum nach dem Untergang; Details zu geplanten Veröffentlichungen seien aber nicht besprochen worden.

Die FT leitet eine eigene Untersuchung durch eine externe Anwaltskanzlei ein. Diese wird Anfang Oktober 2019 abgeschlossen und bringt keine Hinweise auf Absprachen zwischen Reportern und Spekulanten. „Wir stehen zu unserem Journalismus", erklärt Chefredakteur Lionel Barber. Kurz darauf veröffentlicht McCrum den vielleicht zentralen Artikel im Fall Wirecard, in dem er das wichtige Geschäft mit Drittpartnern in den Fokus nimmt.

McCrum zeichnet das Bild eines Konzerns mit undurchsichtigen Bilanzen und zweifelhaften Partnern in Asien und im arabischen Raum: 2016 soll rund die Hälfte des Konzerngewinns über eine Partnerfirma aus Dubai namens Al Alam erzielt worden sein. Die *FT* kontaktiert 34 Kunden, deren Geschäfte laut eines internen Dokuments über Al Alam abgewickelt wurden. Das Ergebnis der Recherche ist erschreckend: Knapp die Hälfte hat den Namen Al Alam nie gehört, die restlichen schweigen, sind nicht auffindbar oder haben das Geschäft längst eingestellt.

Wir starten eine Anfrage bei großen Banken und Fondshäusern, unterstützt von *Handelsblatt*-Aktienexpertin Andrea Cünnen. Bisher hatten die Profi-Investoren stets geschwiegen, wenn wir sie um kritische Kommentare angefragt hatten. Nun gerät etwas in Bewegung: Die Schutzvereinigung für Wertpapierbesitz, der „Corporate-Governance-Papst" und Ex-DWS-Chef Christian Strenger, das Fondshaus Union Investment der Genossenschaftsbanken und die Sparkassen-Fondstochter Deka kritisieren das Gebaren von Wirecard. Erstmals äußert sich damit das „Who's Who" am Finanzplatz, was im Wirecard-Aufsichtsrat und beim wichtigen Geldgeber Softbank für Bewegung sorgt. Kurz darauf gibt der Konzern die Bilanz-Sonderprüfung bei KPMG in Auftrag.

„Alle unsere Geschäftsbeziehungen sind authentisch", sagt Braun dem *Handelsblatt* Anfang November 2019. Unsere Zweifel räumt das nicht aus. Noch im November erscheint unsere Recherche zur Singapurtochter von Wirecard, diesmal unterstützt durch Südostasien-Korrespondent Mathias Peer. Demnach hat EY in Singapur der wichtigen Asien-Tochter des Konzerns das Testat verweigert – eine Horror-Nachricht für Aschheim.

Zuvor hatten wir einen Tipp aus Shortseller-Kreisen erhalten. Umso wichtiger war es, die angeblichen Informationen besonders genau zu überprüfen. Im Unternehmensregister von Singapur finden wir nach aufwändiger Suche Dokumente der Prüfer. Diese wählen harsche Worte: „Wir können weder die Angemessenheit, Vollständigkeit und Richtigkeit des Jahresabschlusses feststellen, noch können wir den Umfang möglicher Anpassungen abschätzen, die in Bezug auf den Jahresabschluss der Gesellschaft erforderlich sein könnten." Das Urteil ist ein Vorzeichen des Kommenden.

Dass Wirecard sein Geschäftsgebaren trotz des wachsenden Gegenwinds nicht ändert, zeigt eine weitere *Handelsblatt*-Recherche Anfang März 2020. „Die Vergangenheit holt Wirecard ein", heißt es darin. Der Konzern „soll Zahlungen für illegale Geschäfte abgewickelt haben. Wie abhängig ist er von Risikobranchen?" Zwar dementiert Wirecard erneut. Doch wie tief der Konzern in illegale Geschäfte verstrickt ist, ist nun offenkundig.

Die Schlagzahl kritischer *Handelsblatt*-Artikel ist 2019 und Anfang 2020 hoch – und führt vermutlich zu einem denkwürdigen Treffen. Im Februar 2020 kann der Autor dieser Zeilen endlich den Mann sprechen, der als Phantom viele Wirecard-Fäden in den Händen hält: Vorstand Jan Marsalek. Dieser ist beim Treffen im Bayerischen Hof nervös. Marsalek misstraut Journalisten, nur ein anderes Medium, die „Süddeutsche Zeitung", trifft ihn vor dem Untergang. Nach monatelangem Graben organisiert Marsaleks PR-Berater schließlich das Treffen. Die Konzernkommunikation ist nicht eingebunden.

Der laut Pass 1,80 m große Manager wirkt real etwas kleiner und wartet am Beginn der Freitreppe zur Lobby. Es ist ein kalter Wintertag, doch auf Schal und Handschuhe verzichtet Marsalek. Dafür trägt er einen gut geschnittenen dunklen

Anzug, einen taillierten Mantel und die Haare wie immer raspelkurz geschoren. Während des Treffens zeigt er seine goldene Kreditkarte vor. Eigentlich soll es nur ein Kaffeetermin werden. Am Ende geht das Gespräch bis spät in den Abend. Marsalek hat viel zu erzählen; seine betrügerischen Geschäfte verschweigt er selbstverständlich. Den Vorstandschef nennt er „Kollege Braun." Dafür spricht Marsalek offen von den Hochrisikokunden, die Wirecard unter seiner Ägide groß gemacht haben.

„Wir diskutieren alle sechs Monate, uns von Hochrisikobereichen zu trennen", behauptet er. Das sei aber nicht so einfach. „Ohne manche Kunden, die seit 18 Jahren bei uns sind, weiß ich nicht, ob es uns noch gäbe", erklärt Marsalek offenherzig. Diese Kunden nun einfach abzuschießen, erschiene ihm als „machiavellistisch". Und: „Wenn Sie es durchrechnen, sehen Sie, dass ein Ersatz nicht so einfach ist." Der Grund: Mit den Hochrisikokunden lassen sich deutlich höhere Margen erzielen. Der Vorstand eines Dax-Konzerns gibt hier also offen zu, sich von geldwäscheverdächtigen Kunden weder trennen zu wollen noch zu können. Das bestätigt die schlimmsten Befürchtungen.

In den folgenden Monaten verschlechtert sich die Lage des Konzerns rapide. Am 18. Juni 2020 erklärt Wirecard das Vorliegen eines „Betrugsfalls erheblichen Ausmaßes". Der Grund: Der Wirtschaftsprüfer EY kann 1,9 Mrd. Euro an Konzernvermögen in Ostasien nicht auffinden. Zuvor hatte die Sonderprüfung von KPMG dem Aufsichtsrat zwar vor Augen geführt, dass das Kerngeschäft seit Jahren nicht profitabel ist, den Bilanzbetrug jedoch nicht aufgeklärt. Am 22. Juni wird Braun verhaftet. Marsalek ist da bereits auf der Flucht.

Von zwei Vertrauten des Ex-Vorstands erhält das *Handelsblatt* Einblick in Marsaleks Kommunikation vor und nach der Flucht. Demnach hat sich Marsalek bestens auf den Tag X vorbereitet. Während er seinen PR-Berater über seinen Verbleib täuscht und davon spricht, erst „in die Berge" zu fahren und sich „irgendwo [zu] verkriechen", dann, sich „auf den Weg nach Manila" machen zu wollen, um das verschwundene Konzernvermögen zu suchen, ist er in Wahrheit via Minsk in Moskau angekommen, seinem ersten Zufluchtsort. Wieder ist es das Handelsblatt, das im Juli 2020 dank der Kontakte des Russlandexperten Mathias Brüggmann als erstes über Marsaleks Fluchtort berichtet. Klartext spricht Marsalek im Chat mit einem zweiten Vertrauten: „Du warst der Erste, der gerne Consulting Fees von Wirecard angenommen hat, der an Geldwäsche-Lösungen gebastelt hat, etc."

Mit ihm hat Marsalek ein Paralleluniversum aufgebaut, von einer Villa in der Prinzregentenstraße 61 aus, direkt gegenüber dem russischen Generalkonsulat. Mehrere Vertraute berichten dem *Handelsblatt* nach Marsaleks Flucht von dem dortigen Firmenimperium. Noch vor der Durchsuchung durch die Staatsanwaltschaft wird in der Villa eingebrochen. Umso mehr wundert sich der Autor dieser

Zeilen, als er im Spätherbst 2020 selbst die Villa betritt. Ein Wirecard-Manager bringt ihn hin, hinzu kommt „Reporterglück": Bauarbeiter haben die Eingangstür offengelassen.

In der Villa finden sich unter anderem Dokumente von KPMG, die die Rolle des Sonderprüfers in einem neuen Licht erscheinen lassen: Demnach hat KPMG auch ein umstrittenes Finanzvehikel auf Mauritius beraten, mit dem Marsalek eine dreistellige Millionensumme aus dem Konzern herausgeschleust hatte, und das verschwiegen. Das *Handelsblatt* berichtet Ende November 2020 über die Verstrickung.

Mit der Zahl der Enthüllungen steigen auch die Tipps von Insidern und anderen Stellen an die Redaktion. Beispielsweise erhalten wir 2021 einen Hinweis aus Ermittlerkreisen auf eine verdächtige Überweisung über 80.000 Euro, mit der der abgetauchte Marsalek seiner Freundin den Verbleib in ihrer Münchner Jugendstilwohnung ermöglichen wollte. Die Spur des Geldes führt in die Vereinigten Arabischen Emirate – ein weiterer Zufluchtsort Marsaleks, wie später berichtet wird.

Im zweiten Halbjahr 2020 stoßen das *Handelsblatt*-Investigativteam um Sönke Iwersen, René Bender und Volker Votsmeier, später dann auch die Kollegen Lars-Marten Nagel und Michael Verfürden zum Wirecard-Team dazu. Die vergrößerte journalistische Manpower machte es unter anderem möglich, umfangreiche neue Datenquellen auszuwerten. Diese stellen Kontakte aus dem Konzern, aus dem Umfeld von Marsalek, dem später eingerichteten parlamentarischen Untersuchungsausschuss, dem Wirtschaftsprüfer EY und anderen Stellen dem Autor dieser Zeilen zur Verfügung. Dazu gehören unter anderem …

- Wirecard-interne Dokumente, die die Zahl der Mitwisser der Manipulationen offenlegen und eine noch größere Lücke in der Wirecard-Bilanz – eine Erkenntnis, über die das Handelsblatt in Kooperation mit dem *ZDF Magazin Royale* um Jan Böhmermann berichtet.
- Vertrauliche Dokumente aus dem Schattenfirmenreich Marsaleks, die zeigen, wie dieser eine dreistellige Millionensumme aus dem Konzern herausschleust, welche Rolle die dubiosen Treuhänder in Asien spielen und wie der „Bilanzbetrug 2.0" bei Wirecard orchestriert wird.
- E-Mails des Vorstands, die belegen, wie die Wirecard-Führung agiert, eine Rekonstruktion der letzten 48 h des Konzerns ermöglichen sowie einen Blick auf das Gebaren des Kronzeugen Oliver B.
- Berichte von Aufsichtsräten und engsten Mitarbeitern von Braun und Marsalek, die einen frischen Blick auf Brauns Agieren und Privatvermögen ermöglichen, auf Marsaleks wichtigste Helfershelfer und auf das (Nicht-)Handeln der anderen Vorstandsmitglieder.

- Dokumente des parlamentarischen Untersuchungsausschusses, darunter der geheime „Wambach-Bericht", die das Versagen des langjährigen Jahresprüfers EY offenlegen, das Handeln der Aufsichtsbehörden und die Unterstützung Wirecards durch Politik- und Geheimdienstkreise.

Diese Aufzählung ist nicht abschließend und umfasst nur einen kleinen Teil der Aufklärungsarbeit des *Handelsblatts*, das eine dreistellige Anzahl an Artikeln zum Fall publiziert. War die Redaktion vor dem Untergang häufig auf Gegenwind gestoßen, so stoßen die Recherchen nach der Pleite auf ein breites Leserinteresse.

Die Vielzahl an Quellen, die das *Handelsblatt* nach dem Untergang auswerten konnte, erleichterten zum einen die Bewertung der Insiderberichte und den kontinuierlichen Gegencheck der gewonnenen Erkenntnisse. Zum anderen machten sie die wohl umfangreichste Darstellung des Handelns der wichtigsten Akteure im Fall Wirecard möglich – und zeigten die Wegmarken, die zum größten deutschen Bilanzbetrug führten.

## 3 Take-away

Wirecard war aus Sicht vieler Beobachter ein deutscher Traum. Zwei Dekaden hielt er an, dann verwandelte er sich in einen Alptraum. Seither wird gestritten. Wie hätte man den Milliardenbetrug verhindern können? Wie das Debakel für den Finanzplatz vermeiden?

Fakt ist: Investigative Recherche hatte einen großen Anteil daran, die wahren Vorgänge offenzulegen. Zu den Lehren, die der Wirecard-Skandal bereithält, gehört, dass sich das kritische, journalistische Hinterfragen von Zahlen wie Erzählungen immer lohnt – auch und insbesondere bei Großkonzernen, die doch vermeintlich vielgeprüft und mit mannigfaltigen internen wie externen Kontrollmechanismen ausgestattet sind.

Von eisigem Gegenwind (Anwaltspost, Klagen, Drohungen, digitalen Attacken, „Spoofing" und Ähnlichem) sollten sich investigativ tätige Journalisten nicht verrückt machen lassen – so schwierig das im Einzelfall auch ist. Egal, auf welch persönlicher Ebene Angriffe auch geführt sein mögen: Es geht nie um sie selbst, sondern immer um ihre Recherchen. An oberster Stelle muss daher der Schutz jener stehen, die vor den gravierendsten rechtlichen wie persönlichen Risiken stehen: Whistleblower und Informanten.

Nun ist Bilanzbetrug keine deutsche Eigenart. Einzigartig am Fall Wirecard ist jedoch, wie lange die Kritiker warnten und wie hartnäckig sie hierzulande ignoriert wurden. Als 2001 der US-Energiekonzern Enron in einem Bilanzskandal unterging, dauerte es acht Monate vom ersten kritischen Artikel bis zum Kollaps. Bei Wirecard warnten die Kritiker 2008, 2010, 2016, 2017, 2018 und 2019 vor den Praktiken des Konzerns. Doch erst 2020 ist Schluss. Viele der frühen Warnungen hatten Substanz. Doch die Traumwandler am deutschen Finanzplatz ignorierten sie.

Beispiel Analysten: Die wachsenden Schulden und die hohe Profitabilität – Wirecard machte viermal mehr Rendite als die Konkurrenz – wurden von den Finanzexperten nicht hinterfragt. 2018 war der Konzern 24 Mrd. Euro wert, mehr als Commerzbank und Deutsche Bank zusammen: Wirecard machte da zwei Milliarden Euro Umsatz, die Deutsche Bank 25 Mrd. Auch das schien die Aktienexperten trotz aller Warnungen nicht zu wundern.

Beispiel Aufseher: Wie tief in den Amtsstuben geschlafen wurde, hat der parlamentarische Untersuchungsausschuss offengelegt. Millionenschwere Geldwäscheanzeigen wurden abgeheftet, statt weitergegeben. Tippgeber wurden abgewimmelt. Und die kritischen Journalisten der *FT*, die die schöne Traumwelt störten, wurden unter Generalverdacht gestellt.

Beispiel Prüfer: Die vielleicht unrühmlichste Rolle spielten die Wirtschaftsprüfer von EY. Sie segneten 2015 die Treuhandkonstruktion ab, die den Betrug erst ermöglichte. Trotz eigener Zweifel träumten die Prüfer bis kurz vor Schluss von neuen Mandaten, statt die Wahrheit ans Licht zu bringen.

Unsere Recherchen zeigten: Der Wirecard-Skandal ist nicht nur das Werk einer skrupellosen Gangsterbande. Der größte Betrugsfall der deutschen Nachkriegszeit steht für mehr. Betrogen wurde ein System, das betrogen werden wollte. Zu viele Akteure ließen die Luftschlossbauer in Aschheim zu lange gewähren.

Und natürlich gab es nicht nur systemisches Versagen im Fall Wirecard. So, wie sich Systeme auf Individuen stützen, macht individuelles Fehlverhalten systemische Fehler erst möglich. Die lange Wirecard-Geschichte zeigt: Es gab auch glückliche Fügungen, auf die der Konzern bauen konnte, Abzweigungen, die bei einer anders gestellten Weiche den Erfolgszug früher hätten zum Entgleisen bringen können.

Was uns zur guten Nachricht bringt: Dass, wenn das System versagt, der oder die Einzelne den Unterschied machen kann, zeigt der Fall wie unter dem Brennglas. Ja, der Finanzkapitalismus unserer Tage wirkt auf Außenstehende oft gesichtslos, wie ein großes mechanisches Uhrwerk, in dem Macht und Geld regieren und der Einzelne keinen Unterschied macht. Doch wie jeder Uhrmacher weiß: Das kleinste Rädchen, das aus der Reihe tanzt, kann das ganze Getriebe ins Stocken bringen. Im Fall Wirecard gab es viele Rädchen, die nicht rundliefen. Nur eines stoppte letzten Endes die Maschine.

Mut machen die positiven Beispiele: Investoren und Anlegerschützer, die sich nicht blenden lassen und Einblicke in Wirecards gigantischen Geldwaschsalon zutage fördern. Gewissenhafte Prüfer wie jene in Singapur, die das Testat verweigern, statt die Bilanz mal wieder freizuzeichnen. Politiker, die schon lange vor dem Untergang Wirecards Erfolgsgeschichte durchleuchten. Und kritische Journalisten, die trotz eisigem Gegenwind die schönen Zahlen hinterfragen.

Schlussendlich ist es ein Compliance-Mitarbeiter bei Wirecards Singapur-Tochter, der sich entscheidet, nicht mehr schweigen zu können über die unhaltbaren Zustände in der wichtigsten Einheit des Konzerns. Er wendet sich an die FT, bringt die Aufklärung ins Rollen und das Uhrwerk aus dem Takt.

Es ist ausgerechnet Marsalek, der den Mann aus Singapur im Gespräch mit dem Autor dieser Zeilen im Februar 2020 explizit erwähnt: Da sei dieser eine Compliance-Mitarbeiter aus Singapur. Aus enttäuschter Liebe zu einer Mitarbeiterin sei er abtrünnig geworden und durchgedreht; er habe das Unternehmen inzwischen verlassen, seine Aussagen seien keiner Rede wert. Auch diese Geschichte ist, wie so viele bei Wirecard, eine Lüge. Weniger als vier Monate später ist der Milliardenkonzern Geschichte.

Wir Journalisten sollten uns keinen Illusionen hingeben: Nicht nur die menschliche Fantasie ist unbegrenzt, auch die kriminelle Energie. Ein Fall Wirecard 2.0 ist daher alles andere als ausgeschlossen. Die Recherchen gehen weiter.

---

**Was ist investigativer Journalismus?**
Bestenfalls ist jede journalistische Recherche investigativ. Investigativer Journalismus geht die Extrameile, um Tatsachen offenzulegen, die im Verborgenen bleiben sollten.

**Drei „goldene Regeln":**
1. **Keine Angst vor den schweren schwarzen Sesseln!** Ganz egal, wie klein Ihr Medium sein mag, wie frisch Sie im Beruf sind, wie stark der Gegenwind ist: Investigativ recherchieren kann jeder.
2. **Teamarbeit bringt weiter!** Verstehen Sie investigative Recherche nicht als Einzelkampf. Kolleginnen und Kollegen aus Redaktion und Rechtsabteilung sowie externe Expertinnen und Experten können Ihnen wichtige Hilfestellungen geben.
3. **Quellenschutz geht über alles!** In digitalen Zeiten wichtiger denn je: Ihre Quellen müssen in jedem Fall vertraulich bleiben, auch innerhalb der Redaktion. Überlegen Sie genau, welche Datenspuren Sie hinterlassen – und welche Folgen Ihre Recherchen für Ihre Quellen haben.

## Literatur

Welt. (2019, 29. November).Wirecard ist doch ein gutes Zeichen. Abgerufen am 19.04.2024 von https://www.welt.de/wirtschaft/bilanz/article203909018/Fintec-Aktie-Wirecard-ist-doch-ein-gutes-Zeichen.html.

**Felix Holtermann** ist Diplom-Volkswirt, Wirtschaftsjournalist mit Schwerpunkt Technologie und Buchautor. Nach Stationen im Print und beim *WDR* arbeitet er seit 2017 beim *Handelsblatt*, zunächst in Düsseldorf und Frankfurt, heute in New York. Seine Arbeit wurde mehrfach ausgezeichnet.

# Tatort Hamburger Hafen: Recherchen zum internationalen Kokainhandel

Benedikt Strunz

Der Hamburger Hafen ist groß und unübersichtlich. Jahr für Jahr werden hier etwa acht Millionen Standard-Container umgeschlagen. Auf einem Gebiet von über 70 Quadratkilometern erstrecken sich Lagerhallen, Bahngleise, Terminalgelände, alte Schuppen, Speditionen und Parkplätze, auf denen sich Container stapeln. Mitten in diesem Gewirr hat der Hamburger Zoll eine Dienststelle, die Containerprüfanlage. Die Beamt_innen können hier Container röntgen und anhand der Bilder bestimmen, ob ein Container undeklarierte, illegale Ware geladen hat.

## 1 Die Story

An einem Freitagnachmittag im Februar 2021 röntgen die Zöllner_innen mehrere Container aus Paraguay. Eigentlich sollen sie Spachtelmasse enthalten, doch rasch wird klar, dass sich in den Metallkanistern auch Kokain-Blöcke befinden. Eigentlich sind derartige Funde in den vergangenen Jahren zur Normalität geworden, doch an diesem Freitag ist etwas anders. Rasch bemerken die Zöllner_innen, dass nicht nur einzelne Kanister in einem einzelnen Container mit Kokainbarren „geschwängert" sind. Die gesamte Ladung ist mit Drogen vollgepackt. Am Abend stehen die Zöllner_innen vor 16 t hochreinem Kokain – der größten Menge Kokain, die jemals in Europa sichergestellt wurde.

---

B. Strunz (✉)
NDR –Investigation, Hamburg, Deutschland
E-Mail: b.strunz@ndr.de

Spätestens seit diesem Abend steht fest: Deutschland spielt im internationalen Kokainschmuggel keine Nebenrolle mehr, vielmehr ist auch Hamburg in den Fokus der Kokainmafia gerückt. Die politischen und gesellschaftlichen Folgen dieser Entwicklung sind gravierend, und sie sind bis heute nicht ausreichend recherchiert und entsprechend auch nicht öffentlich verstanden.

Die „Hamburger 16 t" sind Ausdruck einer grundlegenden Verschiebung auf dem globalen Kokainmarkt. Meine ersten Recherchen zum Kokainhandel über den Hamburger Hafen führte ich vor etwa zehn Jahren durch. Bereits damals zeigten sich die ersten Anzeichen von dem, was einige Jahre später in Sicherheitskreisen unter dem Stichwort „Kokainwelle" diskutiert werden sollte. Vor zehn Jahren war es noch eine Sensation, wenn Fahnder 100 kg Kokain auf einen Schlag sicherstellten. Aus heutiger Sicht wirken solche Mengen lächerlich. Ganz Europa wird mittlerweile von Kokain überflutet. Im Jahr 2010 zogen Zoll und Polizei in Europa etwa 60 t Kokain aus dem Verkehr. 2022 lag diese Menge bei 332 t, das ist mehr als in den USA. Das enorme Anwachsen der Sicherstellungsmengen ist nicht auf verbesserte Kontrollen und Taktiken der Strafermittler_innen zurückzuführen. Vielmehr ist davon auszugehen, dass Zoll und Polizei prozentual heute genau so viel Kokain aufspüren wie früher. Immer noch gilt die Faustformel: Für jeden beschlagnahmten Kokainblock gelangen viele weitere unerkannt auf den europäischen Markt.

Der Anreiz für Kriminelle Organisationen in diesem Geschäft mitzumischen ist hoch und vieles spricht dafür, dass wir den Peak der Kokainwelle noch nicht erreicht haben. Wer heute in Cali, Bogota oder in Medellín größere Mengen Kokain kauft, der bezahlt für das Kilogramm etwa 2500 €. In Europa angelangt bringt dieses Kilo auf dem Großmarkt im Schnitt etwa 30.000 €.

In Europa mischt heute nahezu jede kriminelle Organisation mit einer gewissen Bedeutung direkt oder indirekt im Kokaingeschäft mit. In den vergangenen Jahren hatte ich in meinen Recherchen mit der 'Ndrangheta, den Hells Angels, der „Westbalkan-Mafia", der Mocro-Mafia, deutschen, türkischen, belgischen und irischen Banden, dem niederländischen Koks-Adel, Altonaer Jugendbanden und der Hisbollah zu tun. Der Kuchen ist groß genug. Die jüngsten verfügbaren Schätzungen der UN gehen davon aus, dass jährlich Kokain im Wert von 10 Mrd. Euro in Europa umgesetzt werden. Aus meiner Sicht spricht vieles dafür, dass diese Schätzung deutlich zu optimistisch angesetzt ist.

## 2 Step by step

Man muss kein „OK-Nerd" sein, um den journalistischen Reiz von Themen aus dem Umfeld der Kokainmafia zu erkennen. In den vergangenen Jahren gab es für mich kaum eine Recherche in diesem Feld, die nicht mit schillernden Details einer Welt aufwarten konnte, die wir gewöhnlich nur aus Filmen und Serien zu kennen glauben. Mal stieß ich mit meinen Kollegen auf Flugzeuge des Vatikans, die mutmaßlich zum Schmuggel eingesetzt werden sollten, mal auf Taucher, die im Hafenbecken von Gioa Tauro unerkannt Kokaintorpedos von Schiffen montierten oder auf korrupte Sicherheitsbeamte an internationalen Flughäfen, die mit Kokaingeldwäscher_innen gemeinsame Sache machten. Es ist insofern völlig legitim, dass wir uns als Journalist_innen für genau solche Geschichten interessieren.

Es wäre allerdings wenig klug, wenn wir bei der Darstellung solcher Aspekte der Organisierten Kriminalität stehen bleiben. Denn auch wenn uns das prominente Netflix-Serien glauben machen wollen: Die Organisierte Drogenkriminalität ist kein popkulturelles Phänomen und auch kein Boulevard-Thema. Die Kokainwelle ist längst zu einer Herausforderung für die Demokratie geworden, und zwar auch hier bei uns, in Europa. Und genau deshalb sollten wir uns für das Thema interessieren. Wie gesagt, es ist gar kein Problem, wenn wir uns in unseren Recherchen für extravagante Drogenbosse, ausgefallene Schmuggelmethoden oder für ausschweifende Koks-Partys in Berlin Mitte interessieren. Im Zentrum sollten aber die klassischen journalistischen Fragen stehen, nämlich: Welche Folgen hat die Kokainwelle für die Gesellschaft? Wer profitiert davon? Fällt die politische Reaktion auf diese Entwicklung adäquat aus? Und wenn nein, weshalb nicht? Und nicht zuletzt: Wohin fließt eigentlich das Geld, dass in diesem Geschäftsfeld umgesetzt wird?

Die Frage nach dem Verbleib der Gewinne aus dem Organisierten Drogenhandel ist für mich die Schlüsselfrage der gesamten Thematik. Jahr für Jahr werden in Europa zig Milliarden Euro mit Kokain erwirtschaftet. Diese illegalen Gewinne werden zum Teil gewaschen und fließen letztlich in Form von Investitionen in Güter, Immobilien oder Geschäftsanteile oder als Bankgeld in den legalen Wirtschaftskreislauf. Bereits diese kriminellen Investitionen sind hochproblematisch, da die Organisierte Kriminalität durch sie ihren Handlungsspielraum ausweitet. Deutlich gefährlicher ist aber der Verbleib des restlichen Geldes, das höchstwahrscheinlich den weitaus größeren Teil ausmacht. Dieses wird in kriminelle Geschäfte reinvestiert. Die astronomischen Gewinne aus dem Kokainhandel werden somit zum Steroid der Organisierten Kriminalität und begünstigen deren weiteres Wachstum.

Was das in der Praxis bedeutet, lässt sich heute in Hot Spots des Kokainhandels wie Rotterdam oder Antwerpen beobachten. Längst ist der Kokainhandel dort zu einem Motor einer stark differenzierten Schattenökonomie geworden, die alle Dienstleistungen und Produkte anbietet, die der globale Drogenhandel benötigt. Wer über die notwendigen Kontakte verfügt, der erhält heute in diesen Städten mühelos gefälschte Pässe, Maschinenpistolen und Handgranaten, Zugang zu Bunkerwohnungen, leistungsstarke Peilsender, Autos mit eingebauten Verstecken für Bargeld und Drogen, Laborutensilien, einschlägige Chemikalien und so weiter. Und natürlich findet sich dort auch ein weit verzweigter Markt für kriminelle Dienstleistungen aller Art, egal ob es sich dabei um Zugang zu gesicherten Containerterminals, Abfragen in Polizeidatenbanken, Einbrüche, Schmuggeltouren, komplexe Geldwäscheoperationen oder um Auftragsmorde handelt. Dieser von Kokaingeld aufgeblasene Markt steht nicht nur Drogenbanden zur Verfügung, sondern auch anderen Kriminellen und im Zweifelsfall auch Terroristen.

Die Organisierte Kriminalität ist auf Gewinnmaximierung ausgerichtet. Das heißt, dass Drogen banden versuchen, ihre kriminellen Geschäfte abzusichern und auszuweiten. Dies kann „leise" geschehen, etwa indem Verwaltungshandeln durch Korruption beeinflusst wird. Oder Gruppen gehen „laut" vor, wie dies heute in Belgien und in Holland der Fall ist: Hier stehen Drogenbanden in offenem Krieg miteinander und bekämpfen sich mit militärischen Waffen. Kollateralschäden, das heißt Opfer aus der Normalbevölkerung, werden dabei billigend in Kauf genommen. Die Gewalt der Organisierten Drogenkriminalität richtet sich aber nicht nur gegen die direkte Konkurrenz. Alle Vertreter_innen demokratischer Institutionen, vom Rechtsstaat über die Exekutive bis zur Freien Presse, sind theoretische und praktische Feind_innen der OK. In Belgien und in den Niederlanden ist die Situation so weit eskaliert, dass sich dort bereits Spitzenpolitiker mit ihren Familien in Safe Houses vor den Killerkommandos von Kokainbanden verstecken mussten. Und der Mord an dem Journalisten Peter De Vries erinnert uns daran, dass auch Journalisten zu Opfern der Organisierten Kriminalität werden können.

## 3  Take-away

Ich habe in den vergangenen Jahren zu verschiedenen Aspekten der Organisierten Kriminalität im Allgemeinen und zum Kokainhandel im Speziellen recherchiert. Im Folgenden gebe ich einige Tipps, von denen ich denke, dass sie bei Recherchen hilfreich sein können.

**Pflege deine Quellen**: Es gibt auch im Investigativ-Journalismus manchmal Themenfelder, die sich schneller erschließen lassen als andere. Zumeist ist das dann der

Fall, wenn wir auf „motivierte Quellen" stoßen, die ein starkes Interesse daran haben, uns mit bestimmten Informationen beispielsweise aus einer Behörde oder Firma zu versorgen. Bei Recherchen im Bereich der Organisierten Kriminalität sieht das oft anders aus. Die meisten Quellen haben in diesem Themenfeld vordergründig betrachtet überhaupt kein Interesse, mit Journalist_innen zu sprechen, geschweige denn vertrauliche Informationen mit ihnen zu teilen. Das ist nur zu verstehen, denn Strafermittlungsbehörden sind an Geheimhaltungspflichten gebunden, Täter_innen und kriminelle Organisationen haben ein genuines Interesse daran, ihre Netzwerke und Modi Operandi vor der Öffentlichkeit zu schützen und Opfer (und natürlich auch Täter_innen) sorgen sich um die eigene Sicherheit, wenn sie mit der Presse in Kontakt treten.

Das bedeutet nicht, dass man in der Quellenakquise nicht auch einmal Glück haben kann. In der Regel müssen systematische Zugänge in die Welt der Organisierten Kriminalität aber langfristig und arbeitsaufwendig erschlossen werden und es kann eine ganze Weile dauern, bis Journalist_innen ein stabiles Informations-Netzwerk aufgebaut haben. Dafür ist es notwendig Quellen im Bereich des Kokainhandels als solche zu identifizieren, sie zu erschließen und sie gewissenhaft zu pflegen. Im Falle der Justiz und der Strafverfolgungsbehörden ist das noch vergleichsweise leicht. Konkret geht es darum, die relevanten Akteur_innen von Polizei, Zoll und Staatsanwaltschaften auszumachen und sich mit ihnen auszutauschen. Das kann im Rahmen von Hintergrundgesprächen passieren oder im Rahmen von Tagungen, am Rande von Presseterminen oder im Zuge von Gerichtsverhandlungen. Für mich selbst sind diese Gespräche nicht nur wichtig, um zu lernen, wie Strafverfolger_innen aktuelle Entwicklungen einschätzen, mit welchen Problemen sie zu kämpfen haben und wie sie bestimmte Gruppen einschätzen. Ein regelmäßiger Austausch dient auch dazu, gegenseitiges Vertrauen aufzubauen.

In der Regel verabrede ich für derartige Gespräche Vertraulichkeit und halte mich so lange an diese Vereinbarung, bis ich mit meiner Quelle eine andere Verabredung getroffen habe. Wer Quellen im Bereich der Sicherheitsapparate aufbauen und pflegen möchte, braucht viel Geduld. Früher oder später werden sich Kontakte in Ermittlungsbehörden aber bezahlt machen. Und wenn dein Gegenüber von deiner fachlichen und journalistischen Expertise überzeugt ist, wird es ihm und ihr leichter fallen, mit dir auch vertrauliche Informationen zu teilen. Solide Quellen auf staatlicher Ebene sind bei Recherchen zur Organisierten Drogenkriminalität unerlässlich. Und wir sollten unseren Blick dabei nicht auf Zoll und Polizei verengen. Auch Drogenbeauftragte, Hafenverwaltungen, Innenministerien, Sozialarbeiter_innen, Nachrichtendienste, diverse UN-Einrichtungen, Entwicklungshilfe-Agenturen usw. sind in diesem Kontext von Interesse.

Eigentlich sollte es völlig klar sein, dass uns staatliche Akteur_innen dabei natürlich nur EINE Perspektive auf die Drogenkriminalität liefern. Und diese muss nicht notwendigerweise richtig sein. Ich habe immer wieder erlebt, dass Quellen aus Strafverfolgungsbehörden bestimmte Phänomene übertrieben oder sogar komplett falsch darstellten, meist mit dem Ziel, mehr personelle oder finanzielle Ressourcen zugewiesen zu bekommen, manchmal auch aus Geltungssucht. Zudem sollten wir nicht vergessen, dass natürlich auch Strafverfolger_innen bisweilen Gesetze brechen oder problematische Entscheidungen treffen und damit selbst in den Fokus unseres Rechercheinteresses geraten.

Es sollte deshalb unser Ziel sein, ein möglichst breites Quellenfeld zu erschließen. Auch Opfer von Organisierter Kriminalität sollten wir dabei identifizieren und mit ihnen über ihren Blick auf die Kokainwelle sprechen. „Opfer" des Kokainhandels finden sich dabei natürlich unter Menschen, die direkt oder indirekt von der Organisierten Kriminalität bedroht oder sogar angegriffen werden; sie finden sich aber beispielsweise ebenso in der „Hafenindustrie", die wegen steigender Kontrollkosten finanzielle Einbußen erleidet oder bei den Güterhändler_innen, die Sorge davor haben, ungewollt Kokaingeld zu waschen.

Eine besondere Herausforderung ist es, Täter_innen als Quellen zu gewinnen. Es gibt Faktoren, die uns dabei in die Karten spielen. Täter_innen, die als Kronzeug_innen die Seiten gewechselt haben, sind wahrscheinlich motivierter mit uns zu sprechen als solche, die nach verbüßter Haftstrafe nahtlos im Kokain-Geschäft weiterarbeiten möchten. Ich habe es zudem immer wieder erlebt, dass Täter_innen ihre Rolle in einem kriminellen Netzwerk (zu Recht oder zu Unrecht) öffentlich korrigieren möchten. Außerdem sind auch kriminelle Netzwerke nicht frei von Selbstdarsteller_innen und Narzisst_innen. Wer sich genauer auf Tik Tok oder Instagram umschaut, wird rasch bemerken, dass manche kriminellen Akteur_innen geradezu mit ihren (vermeintlichen) Taten prahlen. Und mittlerweile können wir auch in Deutschland bereits Gruppierungen ausmachen, die eine gezielte Öffentlichkeitsarbeit betreiben, um das „kriminelle Prestige" ihrer Organisation zu stärken und Nachwuchs zu gewinnen. Auch in diesen Fällen stehen die Chancen gut „einen Fuß in die Tür" zu bekommen.

**Wähle dein Thema**: Das Phänomen des globalen Kokainhandels ist komplex und die damit verbundenen gesellschaftlichen und politischen Folgen sind es auch. An dieser Stelle soll und kann kein Crash-Kurs gegeben werden, zur Orientierung sei aber einmal festgehalten: Der Kokainhandel ist ein arbeitsteiliges Geschäft, in dem sich eine Vielzahl von Akteur_innen tummeln. Betrachten wir den Kokaingroßmarkt, sehen wir auf krimineller Seite Gruppen in der Kokainherstellung, im Vertrieb, im Schmuggel, in der Zusammenführung von Angebot und Nachfrage („Broker_innen"), in der Bereitstellung von Geld („Investor_innen"), im Bereich des Bergens aus den Häfen („Türen"), im Großmarktvertrieb, in der finanziellen Abwicklung (Geldwäsche und Geld-Aufbewahrung), im Regeln von Streitigkeiten bis hin zu Morden und so weiter. Erreichen Kokainladungen erfolgreich den europäischen Markt, werden die Gebinde in der Regel auf dem Großmarkt weiterverkauft, bis die einzelnen Kokainblöcke gebrochen und hundertgrammweise weiterverkauft werden. Auch wenn wir unseren Fokus auf das richten, was passiert, wenn die Kokainbarren einmal den Großmarkt in Antwerpen, Rotterdam oder Amsterdam verlassen, haben wir es mit einer Unmenge an Beteiligten und entsprechenden journalistischen Zugängen zu tun: innereuropäische Schmuggler_innen, Garagen, die Autoverstecke einrichten, Bargeldkuriere, Bunkerhalter_innen, Straßenvertriebsstrukturen, Kokstaxis, Straßendealer_innen und so weiter. Betrachtet man auch die angeschlossenen kriminellen Dienstleistungen, den Strafverfolgungsapparat, die Opferseite, die Seite der Konsument_innen, die politische Reaktion, die öffentliche Gesundheit und so weiter, wird schnell klar, dass ein klarer thematischer Fokus notwendig ist. Über einige Themen der Organisierten Drogenkriminalität wurde in der Vergangenheit immer wieder berichtet, andere Themen sind eher unbearbeitet. Einige Beispiele für die zweitere Kategorie finden sich hier:

- *Inwiefern ist der europäische Kokainkonsum ein Treiber von Umweltzerstörung und Klimawandel?* Hintergrund: Der Anbau von Koka-Pflanzen erfolgt in der Regel auf gerodeten Urwaldflächen. Bei der Herstellung von Kokapaste und von Kokain werden große Mengen Chemikalien freigesetzt, die in der Regel schlichtweg ins Umland gekippt werden. Viele dieser Vorstoffe („percursor") stammen von europäischen Firmen. Auch bei der Bekämpfung von Koka-Pflanzen werden Chemikalien eingesetzt.
- *Welche Akteur_innen profitieren „legal" von der Kokainwelle?* Hintergrund: Der globale Kokainhandel generiert enorme Gewinne. Davon profitieren nicht nur Kriminelle, sondern auch legale Akteur_innen, die im besten Fall nichts davon wissen, wie unter anderem Rechtsanwält_innen, Uhren- und Schmuckhändler_innen, Immobilienmakler_innen, Notar_innen und so weiter.
- *Welche Rolle spielen Frauen im globalen Kokaingeschäft?* Hintergrund: Der Kokainhandel und die Organisierte Kriminalität werden in der Regel als typisch männlich-dominiert wahrgenommen, was sicher nicht falsch ist. Allerdings gibt es in der „OK" auch immer wieder äußerst einflussreiche weibliche Akteur_innen. Ihre Geschichte ist bislang noch nicht geschrieben.
- *Welche Staaten profitieren vom Kokaingeschäft?* Hintergrund: Von den enormen Gewinnen im Kokainhandel profitieren nicht nur kriminelle Organisationen und Privatleute, sondern auch Staaten. Dies trifft unter anderem auf Dubai und die Türkei zu, die aufgrund restriktiver Auslieferungspraktiken als Unterschlupf unterschiedlichster krimineller Unternehmer_innen dienen, die dort auch kräftig investieren. Und natürlich gilt dies auch für „Narcostaaten", in denen die Or-

ganisierte Kriminalität nicht mehr trennscharf von staatlichen Strukturen zu unterscheiden ist.
- *Wie wurde Kokain zur Alltagsdroge?* Hintergrund: Kokain galt lange Zeit als klassische High-Society-Droge. Heute wird Kokain in allen Schichten konsumiert. Wie es dazu gekommen ist, welche kulturellen Phänomene dabei eine Rolle gespielt haben und in welchem Ausmaß Kokain in Europa konsumiert wird, ist bislang wenig recherchiert.
- *Auf welchem Weg gelangt Kokain nach Europa?* Hintergrund: Es ist in den vergangenen Jahren viel über verschiedene Schmuggelrouten berichtet worden. Das Thema bleibt aber aktuell. Es ist davon auszugehen, dass die Sicherheit in Häfen zunehmen wird. Es stellt sich insofern die Frage, wie die Organisierte Kriminalität darauf reagieren wird. Schmuggelvarianten, die auf den Einsatz von Privatjets und Ubooten setzen oder auf die Westafrika-Route könnten an Bedeutung gewinnen und sind bislang wenig beleuchtet.

**Betrachte die Folgen**: Die Folgen des boomenden Kokainhandels fordern unsere demokratische Gesellschaftsordnung heraus. Insofern ist es mir in meinen Recherchen wichtig, aufzuarbeiten, wie die Organisierte Kriminalität auf ihr legales Umfeld wirkt, mit dem sich Leser_innen, Zuhörer_innen und Zuschauer_innen in der Regel deutlich besser identifizieren können. Beispiele für solche Berührungspunkte gibt es viele, wie sich an dem oben erwähnten 16 t-Fund zeigt. Einer der Hauptakteur_innen in diesem Fall ist ein Spediteur aus dem Harz, der mehr durch Zufall in Kontakt mit der niederländischen Kokainmafia geriet und der mit dem Transport der Drogen seine strauchelnde Firma sanieren wollte. Das Netzwerk um Jonas H., in dem auch bis dahin unbescholtene IT-Spezialisten und LKW-Fahrer involviert waren, war dabei so potent, dass es offenbar auch dazu in der Lage war, die niedersächsischen Strafverfolgungsbehörden zu infiltrieren. Zumindest gibt es glaubhafte Hinweise darauf, dass die Organisation über bevorstehende Polizeimaßnahmen informiert war.

Das Aufdecken und Beschreiben von Korruption ist eine wichtige journalistische Aufgabe. Im Umfeld der Kokainmafia mit ihren Milliardengewinnen ist heute keine staatliche oder private Institution mehr vor Korruption sicher. In meinen Recherchen bin ich beispielsweise auf den Fall von zwei Hamburger Terminal-Mitarbeiterinnen gestoßen, die jeweils 20.000 € von der Kokainmafia erhalten haben, um einfache Informationen weiterzugeben. Das Geld wurde an sie gezahlt, obwohl der Versuch, das Kokain aus dem Hafen zu bergen, letztlich scheiterte. Beide Frauen gerieten zufällig in den Kontakt mit der OK und führten bis dahin ein Leben, das man wohl am ehesten als „bürgerlich" bezeichnen würde.

Neben der Korruption ist der Einsatz von Gewalt ein Werkzeug der Kokainmafia, um die eigene Macht zu sichern und möglichst zu vergrößern. Das Ausmaß an Gewalt, das wir heute in den europäischen Kokain-Hotspots erleben, ist enorm. In Antwerpen oder Rotterdam ist der Einsatz von Maschinenpistolen und Handgranaten keine Seltenheit mehr, wobei Schießereien auch auf offener Straße und am helllichten Tag ausgetragen werden. Und auch in Hamburg erleben wir derzeit eine Serie von Schießereien, die sich im Umfeld des Kokainhandels zutragen. Diese Gewalt trifft immer wieder auch Unbeteiligte und früher oder später richtet sie sich auch gegen die Vertreter von Staat und Zivilgesellschaft.

Wer nach Beispielen sucht, wie die Organisierte Drogen-Kriminalität unsere Gesellschaft beeinflusst, wird schnell fündig. Kokain gilt bis heute als „Schickeria-Droge", die insbesondere hedonistisch konsumiert wird. Tatsächlich sind die Folgen einer schweren Kokainsucht mittelfristig mit den Folgen einer Heroinsucht vergleichbar. Auch die Geschichte der sozialpolitischen Folgekosten der Kokainwelle ist bisher ungeschrieben. Ebenso unterbeleuchtet ist die Frage, wie sich die Kokainwelle auf unser Wirtschaftssystem auswirkt. In den vergangenen Jahren haben mir Politiker_innen immer wieder davon berichtet, wie kriminelle Akteur_innen in Antwerpen in großem Umfang Gewinne aus dem Kokainhandel in Immobilien stecken und damit unbeabsichtigt die Preise nach oben treiben. Dieser Effekt dürfte sich nicht nur in Antwerpen bemerkbar machen. Der volkswirtschaftliche Schaden der Kokainwelle materialisiert sich aber beispielsweise auch in gesteigerten Kontrollkosten oder in der Behinderung von Lieferketten.

**Denke global**: Der Kokainhandel ist ein globales Phänomen. Ich habe das sehr deutlich im Rahmen einer Recherche zu zwei Geldkurieren festgestellt, die an der deutsch-belgischen Grenze mit 500.000 € erwischt worden waren. Gemeinsam mit meinen Kollegen recherchierte ich, woher die beiden das Geld hatten und wohin sie es bringen wollten. Im Zuge der Recherchen, für die wir nach Belgien, Frankreich, Israel, nach Benin und in den Libanon reisten, stellte sich heraus, dass die beiden jungen Männer für ein weltumspannendes Kokain-Geldwäschenetzwerk arbeiteten, das nicht nur mit lateinamerikanischen Kartellen, sondern auch mit der Hisbollah gemeinsame Sache machte.

Natürlich können wir als Journalist_innen nicht jedes Land bereisen, in das wir gerne fahren möchten. Das muss uns aber nicht von Recherchen im Ausland abhalten. Akten oder vertrauliche Informationen, für die man sich in Deutschland bisweilen ziemlich abmühen muss, lassen sich in manchen anderen Ländern über ein Telefonat oder durch eine Datenbank-Recherche abrufen. Und natürlich bietet es sich auch an, mit Kolleg_innen vor Ort zu telefonieren und Kooperationen zu verabreden. Gerade im Bereich der grenzüberschreitenden Kriminalität ist nicht nur ein Quellennetzwerk, sondern auch ein Netzwerk an sachverständigen Kolleg_innen im Ausland sehr wertvoll.

**Berücksichtige OSINT**[1]: Ich habe erwähnt, dass ich den Zugang zu Quellen und zu vertraulichen Informationen im Bereich des organisierten Kokainhandels für elementar halte. Natürlich sollten wir darüber hinaus aber nicht vergessen, dass viele nützliche Informationen auch über öffentliche Quellen zu erhalten sind. Dazu zählen beispielsweise Tracker für Schiffe und Flugzeuge, statistische Daten zu Abwasseranalysen, Import- und Exportdaten zu Chemikalien, die als Vorstoffe für die Kokain-Produktion genutzt werden, statistische Daten zur Anzahl von Funden, Dateien zu Kokainstempeln und so weiter. Geheime Landebahnen, Flugzeugwracks oder Koka-Plantagen lassen sich mit Satellitenbildern ausfindig machen und Container-Informationssysteme verschiedener Häfen sind ebenfalls öffentlich einsehbar. Wer sich für die Ankunft oder den Verbleib eines bestimmten Containers interessiert, kann hier sein Glück versuchen.

**Schütze dich und andere**: Organisierte Kriminalität gedeiht im Verborgenen. Genau deshalb ist es so wichtig, über dieses Thema zu berichten. Und genau deshalb setzten Kriminelle alles daran, ihre Strukturen und ihre Modi Operandi vor der Öffentlichkeit zu schützen. Als Journalist_innen können wir leicht zum Feind der Organisierten Kriminalität werden. Wir sollten dieses Thema auf nicht auf die leichte Schulter nehmen. Wer im Umfeld der OK recherchieren will, die und der muss sich schützen. Es sollte für diese Kolleg_innen Standard sein, die eigene Privatadresse sperren zu lassen.

Genauso selbstverständlich sollte es sein, Quellen, die vertrauliche Informationen aus einer kriminellen Organisation weitergeben, bestmöglich zu schützen. Wenn ich mich mit Quellen verabrede oder mich in Situationen begebe, die ich nicht einschätzen kann, treffe ich verschiedene Vorkehrungen. Ein simples, aber effektives Mittel ist es, Kolleg_innen ins Vertrauen zu ziehen und mit ihnen ein „Sicherheitsprotokoll" zu vereinbaren. Das heißt: Ich teile meinen Kolleg_innen mit, wann und wo ich mich mit einer Quelle treffe und vereinbare eine Rückmeldung bis zu einer bestimmten Uhrzeit. Falls ich mich nicht zurückmelde, sollte ein klares Prozedere vereinbart sein. In heikleren Situationen bitte ich Kolleg_innen mich zu begleiten und den Treffpunkt im Auge zu behalten.

Bei den Treffen mit mir unbekannten Quellen achte ich darauf, dass sie nicht an unbelebten Orten stattfinden; auch einen spontanen Wechsel des Treffpunkts lehne ich ab. Bei längeren Rechercherreisen ist eine detaillierte Planung des Rechercheablaufs oftmals nicht möglich. Umso wichtiger ist es, in seiner Redaktion daheim eine Ansprechperson festzulegen, die die Reise verfolgt und regelmäßig mit den

---

[1] Open Source Intelligence.

Rechercheur_innen Kontakt hält. Im Falle besonders heikler Recherchen sollten Jounalist_innen einen GPS-Tracker mit sich führen. Wer mit Organisierten Kriminellen zu tun hat, muss zudem darauf vorbereitet sein, dass sein Gegenüber nicht nur mit Gewalt und Korruption, sondern auch durch Erpressung seine Interessen durchzusetzen versucht. Situationen, die in irgendeiner Weise kompromittierend wirken könnten, sollten deshalb unbedingt vermieden werden. Wer einen guten Kontakt zu Strafermittler_innen hat, kann diese darum bitten, informiert zu werden, wenn der eigene Name von Kriminellen als „Ziel" genannt wird.

Zum Schluss noch ein persönliches Wort: Recherchen zum Kokainhandel können gefährlich sein. Letztlich müssen wir alle selbst entscheiden, welche Risiken wir zu akzeptieren bereit sind und welche nicht. Ich persönlich halte es für wichtig, die Organisierte Kriminalität so gut auszuleuchten, wie es nur irgendwie geht. Für noch wichtiger halte ich es aber, dass wir alle in unserem Job gesund bleiben. Wer das Gefühl hat, bedroht zu werden, sollte sich unverzüglich an die eigene Redaktion und im Zweifelsfall an die Polizei wenden.

**Was ist investigativer Journalismus?**
Kennzeichen des Journalismus ist es, Antworten auf gesellschaftlich relevante Fragen zu finden. Kennzeichen des Investigativ-Journalismus ist es, gehörigen Aufwand zu betreiben, um diese Antworten in einer befriedigenden Art und Weise zu erhalten.

**Drei goldene Regeln für die Recherche:**
1. **Erschließe und pflege Quellen in alle Richtungen**: Bei Recherchen im Bereich der Organisierten Kriminalität haben die meisten Quellen überhaupt kein Interesse, mit Journalist_innen zu sprechen. Deshalb müssen Zugänge in diese Welt langfristig erschlossen und aufgebaut werden. Staatliche Akteur_innen liefern dabei nur *eine* Perspektive, auch Opfer von OK sollten befragt werden. Täter_innen sind in der Regel besonders schwer als Quellen zu gewinnen, in der Regel gelingt Journalist_innen, sie bei ihrem Narzissmus zu packen.
2. **Kontaktiere Kolleg_innen im Ausland**: Natürlich können wir als Journalist_innen nicht jedes Land bereisen, aber das muss uns nicht von Recherchen im Ausland abhalten. Oft bietet es sich an, mit Kolleg_innen vor Ort zu kooperieren. Ein Netzwerk an sachverständigen Kolleg_innen im Ausland kann im Bereich der grenzüberschreitenden Kriminalität sehr wertvoll sein.

3. **Nutze OSINT-Tools**: Viele nützliche Informationen sind über öffentliche Quellen zu erhalten, die sich mit OSINT-Tools erschließen lassen. Dazu zählen beispielsweise Tracker für Schiffe und Flugzeuge, statistische Daten zu Abwasseranalysen, Import- und Exportdaten zu Chemikalien, die als Vorstoffe für die Kokain-Produktion genutzt werden, statistische Daten zur Anzahl von Funden, Dateien zu Kokainstempeln und so weiter. Geheime Landebahnen, Flugzeugwracks oder Koka-Plantagen lassen sich mit Satellitenbildern ausfindig machen.

## Literatur

Allum, Felia; Gilmour, Stan (2021): The Routledge Handbook of Transnational Organized Crime, Routledge.
BKA (2022): Bundeslagebild Organisierte Kriminalität.
EMCDDA (2022): European Drug Report.
Fleetwood, Jennifer (2014): Drug Mules – Women in the International Cocaine Trade, Palgrave Macmilan.
McDermott, Jeremy et al. (2021): The Cocaine Pipeline to Europe, Global Initiative Against Transnational Organized Crime.
Pérez, Ana Lilia (2016): Kokainmeere – Die Wege des internationalen Drogenhandels, Pantheon.

**Benedikt Strunz** ist Redakteur und Autor in der *NDR*-Investigation. Er arbeitet insbesondere zu den Themen Organisierte Kriminalität und Wirtschaftskriminalität. Seine Recherchen zur Organisierten Kriminalität haben ihn durch ganz Europa, nach Westafrika und in den Nahen Osten geführt. In den vergangenen zehn Jahren hat Strunz u.a. zu den Themen Umweltkriminalität, Korruption, Geldwäsche, Waffenhandel und insbesondere zum internationalen Drogenhandel recherchiert.

Als Teamleiter Internationales koordiniert Strunz internationale Investigativ-Projekte für den *NDR*. Er war an der Aufdeckung der „Panama Papers", der „Luxemburg Leaks" und zahlreicher weiterer Wirtschaftsskandale beteiligt. Strunz hält einen Doktor in Politischer Kommunikation. Für seine Scoops wurder er mit nationalen und internationalen Preisen ausgezeichnet. Seine Stories kann man auch als Podcast hören, sucht nach: „Organisiertes Verbrechen – Recherchen im Verborgenen".

# Die Akte Amri: Der Terroranschlag auf dem Berliner Breitscheidplatz & eine Recherche, die nie endet

Sascha Adamek

## 1    Die Story

13 Menschen tötet der tunesische Attentäter Anis Amri am 19. Dezember 2016 mit seinem Lkw-Anschlag auf den Berliner Weihnachtsmarkt. Es ist der bislang folgenschwerste islamistische Terroranschlag auf deutschem Boden. Mehr als hundert Menschen werden teils schwer verletzt. Amri kann am Tatabend des 19. Dezember 2016 fliehen. Vier Tage später wird er bei einer Polizeikontrolle in Sesto San Giovanni nördlich von Mailand erschossen, nachdem er das Feuer auf die Beamten eröffnet hatte. Bis heute ist unklar, wie er fliehen konnte und wer ihn dabei unterstützte. Auch nach sieben Jahren ist die Geschichte dieses Anschlags noch immer nicht auserzählt. Zwar konnten wir in Hunderten von investigativen Beiträgen und Filmen, die wir zu diesem Thema produzierten viele Details offenlegen. Wichtige offene Fragen – insbesondere zu seinen mutmaßlichen Helfern bleiben trotzdem.

Doch zurück auf Los. Bereits kurz nach dem Anschlag begannen Sicherheitsbehörden wie das Bundeskriminalamt und der für Terrorermittlungen zuständige Generalbundesanwalt die These vom Einzeltäter Amri zu verbreiten. Eine These, der wir von Beginn an misstrauten und das – wie wir noch sehen werden – zurecht. Wir, das war ein kurzfristig zusammengestelltes Team von vier Journalisten aus

S. Adamek (✉)
RBB, Berlin, Deutschland
E-Mail: sascha.adamek@rbb-online.de

© Der/die Autor(en), exklusiv lizenziert an Springer Fachmedien Wiesbaden GmbH, ein Teil von Springer Nature 2024
A. C. Hoffmann (Hrsg.), *Investigativer Journalismus in Deutschland*,
https://doi.org/10.1007/978-3-658-44673-4_5

unterschiedlichen Redaktionen des *RBB*: Susanne Katharina Opalka von *Kontraste*, Norbert Siegmund von der Abendschau sowie Jo Goll und ich von der Investigativ-Redaktion. Als Redakteur und Mit-Rechercheur stand uns zudem stets René Althammer von *RBB*24 Recherche zur Seite. Dass es uns bereits im ersten Jahr nach dem Anschlag gelang in Wochenabständen immer neue Details über die Tat und das damit verbundene Behördenwissen zu veröffentlichen war nur dank einer intensiven Teamarbeit möglich. Am Ende standen zahlreiche Beiträge – im Fernsehen für das *ARD*-Politikmagazin *Kontraste*, die *Tagesschau*, das *Mittagsmagazin* oder die *Tagesthemen* sowie Berlins Hauptnachrichtensendung *Abendschau*, im *ARD*-Hörfunk sowie Online-Berichte und Agenturmeldungen. Hinzu kamen vier lange Filmdokumentationen.

Dass das Interesse an diesem Ereignis und seinen Hintergründen sowohl im rbb als auch bei den mit uns konkurrierenden Medien groß war, muss an dieser Stelle nicht sonderlich hervorgehoben werden. Denn nicht zuletzt die überlebenden Opfer und Hinterbliebenen dieser Tat konnten und können keine Ruhe finden, solange sich die entscheidende Frage dieser Recherche nicht beantworten lässt: Hätte dieser Anschlag verhindert werden können? Diese für die Opfer und Hinterbliebenen schmerzhafteste und drängendste Frage war unser Antrieb, den offiziellen Darstellungen zu dem Anschlag zu misstrauen. Unser Misstrauen stützte sich vor allem auf die Tatsache, dass der Täter keineswegs aus dem Nichts kam – und entsprechend auch seine Tatvorbereitungen nicht gänzlich unentdeckt geblieben sein konnten, so jedenfalls lautete unsere Arbeitshypothese: Der junge islamistische Flüchtling hatte seit seiner Ankunft in Deutschland im Sommer 2015 bis zu seiner Tat immerhin rund 40 Behörden beschäftigt. Darunter nicht nur Ausländerbehörden, Einwohnermeldeämter, Sozialämter oder Gerichte, sondern auch mehrere Landeskriminalämter, Verfassungsschutzämter in den Bundesländern, das Bundeskriminalamt und sogar das Bundesamt für Verfassungsschutz. Der Blutspur ging eine Behördenspur voraus und bereits kurz nach dem Anschlag erreichten uns Hinweise aus Polizeikreisen, dass der Attentäter eben kein Unbekannter war. Die Recherche entwickelte sich seither kaskadenartig. Nach einigen Veröffentlichungen meldeten sich neue Zeugen oder Hinweisgeber. Die Behörden wiederum verfolgten und verfolgen zum Teil bis heute die These vom Einzeltäter. Wenn es nach ihnen gegangen wäre, wären sämtliche Akten zu seiner Person und dem Vorgang bereits mit dem Tod Amris vier Tage nach der Tat in Italien für alle Zeit geschlossen worden. Ziel der Recherche war es entsprechend von Beginn an, möglichst viel von dem Aktenwissen deutscher Behörden zu erhalten, um es wie in einem gigantischen Puzzle übereinander legen zu können. Am Ende waren wir im Besitz von Ermittlungsakten, die ausgedruckt mehrere Zehntausend Seiten ergeben hätten.

## 2 Step by step: Die Recherchen (mit reichlich Gegenwind)

Gab es Zweifler und Kritiker an unserer Arbeit innerhalb unseres Senderkosmos? Ja, die gab es. Gleich nach Vorlage eines ersten Thesenpapiers für eine mögliche Kooperation mit anderen *ARD*-Anstalten wenige Wochen nach dem Anschlag wurde uns gespiegelt, einschlägige Kollegen hätten kein Vertrauen in unsere Arbeit. In dem Papier hatten wir die Leitfrage gestellt, ob dieser Anschlag zu verhindern gewesen wäre: „Wie konnte der als Gefährder eingestufte Anis Amri unter dem Radar der Behörden hindurchrutschen? Oder stand er doch bis zum Schluss unter geheimer Beobachtung?" Auch hatten wir eine klare Arbeitshypothese formuliert: „Der Anschlag wäre zu verhindern gewesen, wenn alle beteiligten Behörden zeitnah und den aktuellen Erkenntnissen entsprechend gehandelt hätten."

Dass wir trotzdem mit aller Kraft ein erstes großes Recherche- und Filmprojekt starten konnten, haben wir der Entscheidung des damaligen Leiters der Abteilung Dokumentationen im *RBB*, Johannes Unger zu verdanken. Er ließ sich von den Misstrauensbekundungen der Kollegen nicht verunsichern und so konnten wir in unserem *RBB*-Rechercheteam loszulegen.

Leider haben wir spätestens zum zweiten Jahrestag des Anschlags erleben müssen, dass das anfänglich große Interesse an dem Thema selbst in unserer Rundfunk-Anstalt langsam abebbte – und dass trotz immer neuer offener Fragen, die wir nach und nach angingen. Dieses „Schon wieder Amri"-Gefühl hat uns durchaus irritiert. Es ist ein Hinweis, dass auch in öffentlich-rechtlichen Sendern eine zweifelhafte Aufmerksamkeits-Ökonomie um sich greift, die nicht immer die politische Relevanz ins Zentrum rückt. Zudem ist sie redaktionellem Kahlschlag geschuldet: Wo früher auch in regionalen Nachrichten-Redaktionen „Experten" für bestimmte Themenbereiche zuständig und ansprechbar waren, wird das gegenwärtig nicht mehr in dem Umfang ermöglicht. So ist es schwieriger geworden, komplexe Themenvorschläge zu unterbreiten und die Redaktion dafür zu gewinnen. Berichtet haben wir trotzdem.

Eine Begebenheit soll an dieser Stelle nicht unerwähnt bleiben, da sich Derartiges niemand in unserem Team auch nach jahrzehntelanger investigativer Arbeit hätte vorstellen können. Wir haben durch Verfolgung der Untersuchungsausschüsse und entsprechende Aktenkenntnis gezielt Beamte aus diversen Sicherheitsbehörden für Interviews gewonnen, von denen wir wussten, dass sie bei den Befragungen offenherzig und selbstkritisch mit dem Behördenhandeln umgingen. Bei einem Hintergrundgespräch in einer obersten deutschen Sicherheitsbehörde gaben wir freimütig preis, welche Interviewpartner wir bislang für ein Filmprojekt über den Anschlag gewonnen hatten. Der Beamte, mit dem wir sprachen, wandte sich nach dem Hintergrund gezielt an die von uns genannten Interviewpartner mit der Bitte, nicht mit uns zu sprechen. Der unlautere Versuch dieses hohen Beamten verlief nicht ganz wie von ihm erhofft: denn erstens ließ sich bis auf eine Ausnahme niemand von einem Interview abbringen und zweitens erfuhren wir prompt von seinem Versuch.

Eines sei noch vorweggestellt: Die Darstellung einiger Rechercheschritte wird in diesem Kapitel unterbleiben müssen – zum Schutz derjenigen, die uns Zugang zu als vertraulich eingestuftem Behördenwissen ermöglicht haben. Im Folgenden werden wir nun anhand von drei Beispielen aus den jahrelangen Recherchen unterschiedliche investigative Vorgehensweisen vorstellen:

A. Schriftliche Anfragen und Klagen auf Aktenherausgabe
B. Beschaffung und Auswertung vertraulicher Akten.
C. Persönliche Annäherung an wichtige Zeugen und Akteure.

Aus diesen Fallgestaltungen ist bereits zu ersehen, wie vielfältig die Vorgehensweisen investigativen Arbeitens sind. Im vorliegenden Fall sind es sehr aktive Formen der Informationsgewinnung. Andere Formen investigativer Informationsgewinnung wiederum beruhen auf jahrelangen Kennverhältnissen mit Akteuren aus dem Sicherheitsapparat. Diese müssen gepflegt werden, damit ab und an wichtige Informationen „vom Laster fallen". Im Fall Amri war das Gegenteil der Fall: Immer wieder galt es für uns, aber auch für kritische Bundestagsabgeordnete, die Mauern des Schweigens deutscher Sicherheitsbehörden zu überwinden.

**A. Welche Behörden überwachten wann die Terror-Moschee? – Schriftliche Anfragen und Klagen auf Aktenherausgabe**
Bereits wenige Tage nach dem Anschlag traf sich Norbert Siegmund mit einem Informanten aus einer Berliner Sicherheitsbehörde. Die Person war sehr erbost, dass ausgerechnet die Person Anis Amri diesen Anschlag begehen konnte, der die Behörden zuvor intensiv beschäftigt hatte. Und er präsentierte Fotos aus der polizeilichen Überwachung der Fussilet-Moschee, die Amri beim Betreten des Hauses zeigten. Die Enthüllung der Existenz von Observationsfotos war ein erster „Scoop" in der Affäre, zumal sich schon jetzt andeutete, dass sich der Attentäter in dem Beobachtungsobjekt „IS-Moschee" offenbar unmittelbar vor dem Anschlag „den Segen" für die Bluttat geholt hatte. Damit war der bis dahin stärkste Hinweis auf Behördenversagen in der Welt, was die verantwortlichen Innenpolitiker und Polizeiführer in Berlin zunächst allerdings als „Ente" abzuwiegeln versuchten.

Norbert Siegmund bereitete daraufhin eine ausführliche schriftliche Anfrage zu den entscheidenden Fragen an die Berliner Polizei vor. Ziel war es, herauszufinden, wann die Fussilet-Moschee videoüberwacht wurde und wie häufig Amri darauf zu sehen war.

Zwei Details spielen bei diesen Anfragen eine gewichtige Rolle: Die Moschee Fussilet 33 galt den Berliner Sicherheitsbehörden seit Jahren als Treffpunkt der salafistischen und teils gewaltbereiten dschihadistischen Szene. Akteure aus der Moschee waren an der Schleusung von Terroristen in das syrische Kriegsgebiet beteiligt und sind deshalb verurteilt worden. Auch der von Behörden als Statthalter des IS in Deutschland eingeschätzte Islamist mit dem Kampfnamen Abu Walaa predigte hier. Die Senatsinnenverwaltung hatte bereits 2015 ein Verbotsverfahren für den Moscheeverein angestrengt, was aber aufgrund der Dauer-Erkrankung eines Beamten nicht weiterverfolgt worden war. Das Behördenhandeln rund um die Fussilet-Moschee ist also per se für die Öffentlichkeit hoch relevant. Wie wir gleich sehen werden, versuchten die Behörden mit eben diesem Argument den Spieß umzudrehen: Auskünfte über die Ermittlungsarbeit rund um die Fussilet gefährdeten die Ermittlungsarbeit und somit die Allgemeinheit. Diese Argumentation konnten wir erfolgreich kontern: Denn erstens war die Fussilet-Moschee bereits kurz nach dem Anschlag von ihren Betreibern aufgegeben worden und zweitens gab es kein Ermittlungsverfahren gegen den Attentäter, weil dieser bereits tot war. Dagegen gab es – wie wir noch sehen werden – jede Menge Gründe für deutsche Sicherheitsbehörden, uns gegenüber zu mauern. Insbesondere, wenn es um mögliche Helfer Amris ging – die den Behörden ebenfalls bestens bekannt waren. Die erste Anfrage bezog sich auf die Tatsache, dass Amri seit dem 21.9.2016 nicht mehr von der Polizei observiert worden war, weil ihn die Berliner Polizei – anders als die Staatsschützer aus NRW für nicht mehr gefährlich hielt. Die erste Anfrage sei hier im Wortlaut wiedergegeben:

1. Auf Basis welcher Rechtsgrundlage wurde nach dem 21.09.2016 gegenüber der Fussilet-Moschee eine Observationskamera betrieben und die Moschee videoüberwacht? (Verfahren nach ASOG oder StPO?, Gerichtsbeschluss?)
2. Wann, in welcher Intensität (Stunden pro Tag) und in welchen Zeiträumen nach dem 21.09.2016 erfolgte die Observation der Moschee?
3. In welcher Frequenz und jeweils zu welchem Zweck wurden die Bilder ausgewertet?
   a. für evtl. StPO-Verfahren?
   b. im Dienste der Gefahrenabwehr?

4. Wann war in dem Zeitraum zwischen dem 21.09.2016 und dem 22.12.2016 Anis Amri auf den Observationsbildern zu sehen?
5. Wann wurden die Bilder, auf denen Anis Amri zu erkennen ist, von der Polizei ausgewertet?
6. Wann wurde Anis Amri von der Polizei auf den Bildern erkannt?

Ein Pressesprecher der Berliner Polizei antwortete prompt und eindeutig: „Sehr geehrter Herr Dr. Siegmund, zu Ihrer heutigen Anfrage teile ich Ihnen mit, dass die Polizei Berlin zu den drei gestellten Fragen nicht Stellung nehmen wird, da die Fragen im unmittelbaren Zusammenhang mit dem laufenden Ermittlungsverfahren stehen, das sich mit dem Anschlag auf dem Breitscheidplatz am 19.12.2016 befasst. Die Federführung für dieses Ermittlungsverfahren liegt bei der Generalbundesanwaltschaft, die als einzige Behörde Presseauskünfte zu diesem Verfahren geben darf."

Die Berliner Polizeibehörde mauerte also komplett und verwies auf den Generalbundesanwalt, der wiederum ebenso mauerte. Ausschließlich zu den Rechtsgrundlagen teilte man mit, die Observation sei sowohl auf Basis der Gefahrenabwehr als auch nach dem „Allgemeinen Gesetz zum Schutz der öffentlichen Sicherheit und Ordnung in Berlin" ergangen. Wir schienen in einer Sackgasse gelandet zu sein. Aber konnte man die Berliner Polizei so einfach bei der Beantwortung wesentlicher Fragen zu ihrem Versagen davonkommen lassen?

### *RBB* gewinnt die Klage gegen die Berliner Polizei

Norbert Siegmund entwarf am Ende eine Klageschrift, die der *RBB* beim Verwaltungsgericht Berlin einreichte. Damit sollte die Polizei juristisch gezwungen werden, die Fragen zu beantworten. Die Klage begründete der *RBB* mit einem erheblichen öffentlichen Interesse an der Frage, ob hinsichtlich der Überwachung der – als Stützpunkt des sogenannten Islamischen Staates bekannten – Fussilet-Moschee Versäumnisse der Berliner Polizei vorlägen, die den Anschlag möglicherweise begünstigt hätten. Wir begründeten diesen Verdacht mit den bisherigen Recherchen, wonach die Fussilet-Moschee zwar von der Polizei videoüberwacht worden war, das Material aber vor dem Anschlag nicht ausgewertet worden war. Wir argumentierten auch, dass das Vorhandensein einer Überwachungskamera offenbar unter dem Druck unserer Berichterstattung über die Existenz von Observationsfotos mittlerweile von der Polizei im Berliner Abgeordnetenhaus berichtet worden war.

Auch das übliche Argument der Behörden, dass es sich um laufende Ermittlungen handele, konnten wir aushebeln, denn mit dem Tod des Attentäters gab es kein laufendes Ermittlungsverfahren, das einer Auskunftsertilung entgegenstehen konnte. Verfahren gegen mögliche Mittäter waren überdies von der Auskunft nicht berührt. Auch sei die observierte Moschee selbst bereits geschlossen. Insofern sei die Polizei verpflichtet, die Daten herauszugeben. Das sei zur Klärung der Verantwortlichkeiten und zur Bekämpfung der hohen abstrakten Terrorgefahr auch im Interesse der öffentlichen Sicherheit erforderlich. Die Klage beim Berliner Verwaltungsgericht war erfolgreich. Das Gericht sah die Argumentation, dass durch die Veröffentlichung der gewünschten Daten Ermittlungen gefährdet würde, ja gar eine Ausforschung der Arbeitsweise, Methodik und operativen Tätigkeit der Bundesanwaltschaft und des BKA ermöglicht werde als „nicht hinreichend substantiiert" an. Das Urteil des Berliner Verwaltungsgerichts vom 26.01.2017 darf getrost als wegweisend angesehen werden, denn hier hat ein Gericht die Behörden gezwungen, nachrichtendienstliche und polizeiliche Erkenntnisse und Methoden gegenüber der Presse offenzulegen, weil das öffentliche Interesse als „überwiegend" eingestuft wurde.

Die Polizei versuchte jedoch sogar noch nach dem Urteil, die Herausgabe der Daten zu verzögern, bis wir ihr mit dem Gerichtsvollzieher drohen mussten. Immerhin hatten die Behörden unterdessen unter dem Druck der Ereignisse in der öffentlichen Sitzung des Innenausschusses des Abgeordnetenhauses am 23. Januar erklärt, die Auswertung der Observationskamera habe ergeben, dass Anis Amri am 28. November 2016, am 10., 13. sowie am 19. Dezember, dem Tag des Anschlags vor der Fussilet-Moschee zu sehen gewesen sei. Im Laufe der nächsten Wochen bekamen wir heraus, dass Amri noch bis eine Stunde vor dem Anschlag in der Fussilet-Moschee gewesen war, um zu beten und sich womöglich den Segen für die Tat abzuholen. Die nunmehr auf ein gerichtliches Urteil hin erteilte Antwort der Berliner Polizei hatte es in sich: „Im Zeitraum vom 21. September bis zum 22. Dezember 2016 lagen die Voraussetzungen für gefahrenabwehrrechtliche Maßnahmen für mehrere Personen des jihadistisch-salafistischen Spektrums vor, die sich in diesem Bereich aufhalten. Daher erfolgten während des gesamten Zeitraums observationsunterstützende technische Maßnahmen, um diese Personen beim Betreten und Verlassen des Objektes festzustellen. Ab dem 21. September 2016 gehörte AMRI nicht mehr zu diesen Personen." Der Hinweis, dass Amri nicht mehr zu diesen Personen gehörte, warf allerdings weitere Fragen auf: Auf welcher Rechtsgrundlage betrieb man die Kamera dann überhaupt weiter – schließlich war sie konkret mit der Gefahrenabwehr im Fall Anis Amri begründet worden.

**„Ein schwarzer Tag für einen Polizisten"**
Die Polizei räumte jedenfalls damit ein, Anis Amri ab dem 21. September nicht mehr überwacht zu haben. Ein brisantes Eingeständnis vor dem Hintergrund, dass das ebenfalls mit seiner Person betraute Landeskriminalamt NRW ihn durchgängig für hoch-

gradig gefährlich hielt. So schilderte uns der damalige Leiter des Staatsschutzes im LKA NRW Klaus-Stephan Becker im Interview, wie er und seine Kollegen den Abend des Anschlags erlebten (*ARD* 2021). Während die Berliner Polizei noch rätselte, ob es überhaupt ein Anschlag ist, wusste Klaus-Stephan Becker sofort, auf wen die Tat passte: „Ich habe am gleichen Abend schon an Anis Amri gedacht. Das hatte natürlich damit zu tun, dass wir uns im LKA Nordrhein-Westfalen ja sehr lange mit dieser Person beschäftigt hatten und ich auch wusste, dass er zu der Zeit schon nach Berlin gegangen war. Wir haben Herrn Amri wirklich von Anfang an für sehr gefährlich gehalten, also kein 0815-Gefährder, sondern wir haben ihn schon von Anfang an als ausgesprochen problematisch und gefährliche Personen eingeschätzt" (*ARD* 2021). Auch der damalige LKA- Direktor Uwe Jacob habe direkt nach dem Anschlag gesagt: „Hoffentlich war das nicht Amri" (*ARD* 2021). Becker ist noch Jahre nach dem Anschlag betroffen und betreten, vor allem, wenn er an die Opfer und Hinterbliebenen denkt, denen man das Ausmaß des Versagens gar nicht erklären könne: „Das ist für einen Polizisten, der so etwas erlebt, natürlich ein schwarzer Tag" (*ARD* 2021).

**B. Mögliche Mittäter und ein Terrorplaner – Beschaffung und Auswertung vertraulicher Akten**
Auf mehreren Festplatten hatten wir im Laufe der Zeit Ermittlungsakten aus diversen deutschen Behörden, inklusive des Bundesnachrichtendienstes vorliegen. Das systematische Lesen und Sortieren beschäftigte unsere Kollegin Susanne Katharina Opalka nicht selten bis spät in die Nacht.

Wie wir bereits wussten, hatte sich Amri häufiger in der Fussilet-Moschee aufgehalten. Was sich aber in den Räumen der spartanischen Radikalenmoschee abgespielt hatte, entzog sich unserer Kenntnis. Bis zu jenem Tag, als uns Video-Material aus dem Mobiltelefon Amris zugespielt wird. Es zeigt teilweise beim Staatsschutz registrierte islamistische Gefährder, die „Allahu Akbar!" skandieren und sich derweil mit Hanteln fit machen. Ein anderes Video zeigt Amri als Vorbeter. Es sind Bilder, die einen Einblick in die krude Welt der jungen Islamisten ermöglichen.

**Amri-Freund fotografierte Monate zuvor den genauen Tatort**
Andere Bilder bieten neue Hinweise auf mögliche Mittäter. Sie stammen aus dem Handy des Islamisten Bilel ben Ammar. Eine Überwachungskamera eines Imbiss-Restaurants zeigt ihn und Amri in einem angeregten Gespräch einen Tag vor dem Anschlag. Aus den Akten geht auch hervor, dass später gleich drei verschiedene Ermittler glauben, auf mehreren U-Bahn-Überwachungsvideos vom Abend des Anschlags den Amri-Kumpan Ben Ammar in Tatortnähe zu erkennen. Dieser be-

streitet das bei Vernehmungen. Dabei spricht vieles für seine Verwicklung. So fallen uns Fotos in die Hände, die ben Ammar offenbar schon Monate zuvor vom Tatort gemacht hatte und zwar exakt von der Stelle, an der Amri den LKW in den Weihnachtsmarkt lenkte. Dass Ben Ammar und ein weiterer mit Amri bekannter, gefährlicher Islamist kurz nach dem Anschlag einfach abgeschoben wurden, bleibt bis heute ein Rätsel.

**Die Ermittlungen zum IS-Auftraggeber „versandeten"**
Offen bleibt bislang auch, welche Person aus dem IS den Anschlag beauftragt haben könnte. 2021 fanden wir in zugespielten Akten Hinweise auf den möglichen Planer des Berliner Anschlags. Sein Kampfname lautet den Ermittlungsakten zufolge „Abu Bara´a Al Iraqi", sein bürgerlicher Name: Ali Hazim Aziz. Er war Chef einer geheimen IS-Spezialeinheit für Terroranschläge im Ausland. Aus Abu Dhabi erhielten laut den Akten Geheimdienste und das Bundeskriminalamt frühzeitig einen brisanten Hinweis. Schon am Silvestermorgen 2016, zwölf Tage nach dem Anschlag, meldete ein Agent des Bundesnachrichtendienstes vertraulich den „Hinweis auf den Auftraggeber des Berliner Weihnachtsmarktanschlags" aus einer – wie es hieß – „ausgesprochen zuverlässigen nachrichtendienstlichen Verbindung". Der IS-Kommandant, der den Auftrag für den Anschlag gab, sei ein Mann namens Abu Baraá al Iraqi, der regelmäßig zwischen der Türkei und Syrien pendele. In den Wochen darauf verdichtete sich die laut der „Fachdienststelle als zuverlässig bewertete" Information: Es heißt, al Iraqi „organisiert die Arbeit des IS in Deutschland." Es werden weitere Alias-Namen genannt. Aus einer nordirakischen Quelle wird uns nun auch ein Foto zugestellt. Es zeigt einen etwa 45-jährigen Mann mit Vollbart. Was bei den Ermittlungen laut Aktenlage auf den Hinweis des BND-Mitarbeiters folgte, überrascht uns. Die Ermittler vom Bundeskriminalamt recherchierten im Internet über den Mann – ergebnislos.

Als später der Bundestag Fehler und Versäumnisse der Sicherheitsbehörden beleuchtet, fragt im Untersuchungsausschuss der damaligen FDP-Abgeordnete Benjamin Strasser nach dem Hinweis. Doch der zuständige BND-Beamte bezeichnete die Spur nun als – wörtlich – „banal" bzw. „nicht wertig". Den Ausschuss überzeugte das nicht. Im Herbst 2020 dann gibt ein BKA-Mann zu, dass das Bundeskriminalamt hier nicht viel weiter ermittelt habe. Strasser hakte nach, fragte, ob das bedeute, dass der Hinweis aus Abu Dhabi „versandet" sei. Der befragte BKA-Beamte bestätigte das. Für uns bedeuteten diese Vorgänge, dass weitere Recherchen durchaus Sinn machen würden. Es sollte eine der vielen „Drehtür-Momente" sein, in denen die Aktenrecherche den Versuch der Annäherung an mögliche neue Zeugen überhaupt erst ermöglichte.

## C. Das Netzwerk des Täters – Persönliche Annährung an wichtige Zeugen und Akteure

Wo BKA-Ermittlungen „versandeten", verfolgen wir die Spur weiter. Meine Kollegen Jo Goll und Norbert Siegmund reisen in das kurdische Autonomiegebiet im Norden Iraks. Vor allem die Kurden hatten mit einem hohen Blutzoll den IS in Syrien und Irak militärisch bekämpft und am Ende entscheidend die Niederlage des IS herbeigeführt. Dabei hatten sie offenbar auch den Geheimdienst der Terrororganisation im Visier. Vor Ort erfahren wir: Irakische Sicherheitsbehörden kannten den Mann, den das BKA als mutmaßlichen Auftraggeber des Weihnachtsmarktanschlags erfolglos im Internet gesucht hatte. Der IS-Terrorist Abu Baraa stehe auf der irakischen Fahndungsliste ganz oben. In der Zentrale der sozialdemokratischen Regierungspartei PUK, der Patriotischen Union Kurdistans gibt uns Parteivorstand Sadi Ahmed Pire ein brisantes Interview. Seine Informationen über den Terrorplaner Abu Baraa al-Iraqi passen genau zu jenen, die vor fünf Jahren die BND-Quelle als Auftraggeber des Weihnachtsmarktanschlags genannt hatte. Pire bezeichnet Abu Baraa als „einen der Top-Organisatoren der Terrorakte im Ausland. Besonders für Deutschland, Frankreich und Großbritannien. Das heißt: Deutschland war included." Überdies war der Name Abu Baraa al-Iraqi schon lange kein unbekannter beim BKA. So hatte nach unserer Aktenlage der Verbindungsbeamte des BKA in Abu Dhabi frühzeitig weitere, „ergänzende Informationen zur Personenbeschreibung und zum Hintergrund" geliefert. Der Name sei bereits gefallen, als es um den wahrscheinlichen Auftraggeber der Pariser Anschläge von 2015 ging. Damals hatte das BKA unter dem Codewort „Galaxy" zusätzliche Sicherheitsvorkehrungen für Deutschland geplant.

Die Geschichte des mutmaßlichen Terrorplaners des Berliner Anschlags gehört zu denen, die noch immer offen sind. Aber auch das Netzwerk um Amri musste uns interessieren. Die Befragung von Menschen aus seinem damaligen Umfeld in NRW und Berlin sollte sich als besondere Herausforderung erweisen. Allein die Tatsache, Klarnamen und mögliche Aufenthaltsorte aus Ermittlungsakten zu kennen, bedeutet eine hohe ethische Verantwortung. Aus Gründen des Schutzes derjenigen Zeugen, die bereit waren, mit uns zu sprechen, kann an dieser Stelle auf einzelne Personen nicht weiter eingegangen werden. Allerdings lassen sich einige Situationen schildern, um klarzumachen, wie schwierig die Annährung an unmittelbare Zeugen, die ja bereits auch von Sicherheitsbehörden bereits vernommen worden waren, sich darstellt. Eine Episode betraf die Moschee selbst, von der wir uns auch filmisch ein Bild machen wollten. Ich fuhr dort nach der offiziellen Schließung mit einem Kameramann hin – unter der Legende, dass ich für eine Freundin ein Ladenlokal für einen Antiquitätenhandel suche und an der Immobilie in guter Innenstadtlage interessiert sei. Wir würden auch gern ein paar Bilder drehen, damit meine Bekannte besser planen könne. Ein junger Mann öffnete uns die Türen und während ich mit ihm Small-Talk hielt, konnte mein Kollege in völliger Ruhe Bilder der Räumlichkeiten machen.

**Klinkenputzen bei Terrorverdächtigen**
Mehrfach klingelte ich gemeinsam mit Jo Goll an der Tür von ehemaligen Amri-Freunden. Es entwickelten sich meist freundliche, ausgeruhte Gespräche, nachdem wir den Personen Anonymität zugesichert hatten und unser Anliegen vorgetragen hatten. Wir waren zuweilen vom Mitteilungsbedürfnis dieser meist sehr jungen Männer überrascht. Mit eher gemischten Gefühlen nahmen wir in den Jahren darauf zur Kenntnis, dass einige auch nach dem Tod Amris noch in die Vorbereitung schwerer Terrorplots verwickelt gewesen waren – wir also mit durchaus gefährlichen Menschen gesprochen hatten. In einem Fall öffnete uns in einer Stadt im Ruhrgebiet statt des von uns gesuchten Zeugen ein Familienangehöriger, beschimpfte und bedrohte uns lautstark, sodass wir die Beine in die Hand nahmen. Das Learning aus solchen Begebenheiten sollte sein: ein Security-Mann wäre bei solchen ungeplanten Hausbesuchen durchaus von Nutzen.

Aber nicht immer gehen solche Gespräche schnell von der Hand. Wir machen uns auf die Suche nach IS-Verbindungen von Attentäter Amri. Wir hätten gern mit Abu Walaa gesprochen, dem sogenannten Statthalter des IS in Deutschland. Vor dem Anschlag hatte es in seiner Hildesheimer Moschee eine Razzia gegeben, denn er warb junge Männer für den Kampf in Syrien an. BKA-Ermittler sahen Hinweise, dass der Imam bei einer Privataudienz Amri den Segen für den Anschlagsplan erteilte, was Abu Walaa allerdings bestreitet. Fast sechs Wochen vor dem Anschlag wird der mutmaßliche Deutschlandchef des IS verhaftet – und später wegen anderer Terrorvorwürfe zu zehneinhalb Jahren Haft verurteilt. Eine Interviewanfrage lehnt er allerdings ab.

**Interview hinter Panzerglas-Scheiben**
Anders reagiert ein anderes wichtiges Mitglied der Abu-Walaa-Gruppe, der zugleich ein enger Wegbegleiter von Anis Amri im Jahr vor dem Anschlag war: Boban S. ist zu acht Jahren Haft verurteilt und sitzt in der JVA Bochum ein. Er soll junge Muslime Richtung IS-Kampfgebiete geschleust haben, darunter mehrere spätere Selbstmordattentäter. Zwei jugendliche Gruppenmitglieder verübten 2016 in Essen einen Anschlag auf einen Sikh-Tempel mit vielen Verletzten. Mindestens 15 Anhänger der Gruppe wurden in die Kampfgebiete des IS geschleust. Mehrere starben unter anderem bei Selbstmordanschlägen. Die Zwillingsbrüder

Kevin und Mark K. aus dem Ruhrgebiet rissen bei ihren Anschlägen im Irak mehr als einhundert Menschen mit in den Tod. Radikalisiert wurden sie mutmaßlich unter anderem auch von Boban S., der das allerdings bestreitet. Dieser ließ sich auf unsere Interviewanfrage ein. Dennoch war über Wochen unklar, ob das Interview wirklich zustande kommt. Denn zunächst müssen das Justizministerium und die JVA selbst Ihr Einverständnis erklären. Dazu mussten wir einerseits das öffentliche Interesse an solch einem Interview begründen, andererseits blieb es der Abwägung der Justizbehörden vorbehalten, zu entscheiden, ob ein solches Interview die Resozialisierungsmöglichkeiten des Gefangenen negativ beeinflussen könnte oder gar den Anstaltsfrieden. Am Ende stimmten die Behörden zu und Boban S. selbst stellte als einzige Bedingung, dass sein Gesicht unkenntlich gemacht würde. Aus Sicherheitsgründen waren wir durch eine Panzerglasscheibe von dem Islamisten getrennt.

Uns war klar, dass Boban S. eine eigene Agenda hat, indem er mit uns spricht. Selbstverständlich planten wir neben vielen Fragen zu Amri auch Fragen zu seinen eigenen Taten ein. Als Zeitzeuge in einem solchen Film gehört es dazu, den Zuschauern eine Einordnung zu geben wo dieser Mensch steht. Also fragten wir: „Wie stehen sie denn zu der Gewalt, die der IS gezeigt hat in den letzten Jahren?"

Boban S. antwortete: „In den letzten Jahren war das ja so, die haben ja, ich habe mich immer gefragt, wieso die so grausige Hinrichtungen haben und ich habe mir gedacht, vielleicht versuchen sie damit nur irgendwelche Leute einzuschüchtern. Also das war eher so ein Thema, was ich verdrängt habe. Also damit habe ich mich nicht so beschäftigt. Ich habe mir auch so was nicht anschauen wollen" (*ARD* 2021).

Auch Fragen zu seiner persönlichen Verantwortung wich er aus. Die Möglichkeit, das Interview zu nutzen, sich vom Terror und vom Extremismus loszusagen, nutzte Boban S. nicht. Und auch als Kronzeuge für Amris Terrorpläne mochte er jedenfalls nicht einstehen. So sagte er, er habe Amri zwar persönlich für „unberechenbar gehalten", aber er hätte niemals gedacht, dass er „so was Hemmungsloses machen könnte. Ich hätte niemals gedacht, dass er überhaupt einen Anschlag hier macht" (*ARD* 2021).

Stattdessen berichtete Boban S. ausführlich über die Vertrauensperson VP-01, die das nordrhein-westfälische LKA in die Islamistengruppe geschleust hatte, um undercover Informationen über die Gefährlichkeit zu gewinnen. Es handelt sich um einen Mann, der früher selbst dem kriminellen Milieu angehörte und seit 2015 als verdeckter Informant für das nordrhein-westfälische LKA arbeitete. In der Gruppe um Amri in Nordrhein-Westfalen war er bestens integriert. So erfuhren die Behörden sehr frühzeitig, dass Amri in der Gruppe kein Geheimnis aus internationalen Kontakten und seinen Terrorplänen machte. Das hatte laut unseren

Akten die eingeschleuste VP01 auch unverzüglich gemeldet. Der Mann mit dem Namen Murat Cem berichtete sogar Monate vor dem Anschlag, dass Amri überlege, in Paris Kalaschnikows zu besorgen und, dass er im Internet nach Anleitungen zum Bau von Bomben suche. Boban S. versuchte allerdings in unserem Interview den Spieß umzudrehen und behauptete, ausgerechnet VP-01 habe versucht, die Gruppe zu Gewalttaten zu animieren: „Der hat sehr oft über irgendwelche Anschlagsszenarien gesprochen. Manchmal war das so, mit dem Messer Leute schlachten, war auch schon mal Sprengen in der Luft oder so, hat er immer wieder versucht, anzusprechen. Wenn er das gleiche mit Anis gemacht hat, was er mit mir gemacht hat, dann hat er ihn auf jeden Fall radikalisiert. Es war nämlich so, dass er öfters, dass er auf Anschlag-Szenarien, wie heißt es, kam. Fing einfach an über irgendwas zu reden, irgendwelche Anschläge, irgendwie Leute dazu zu bewegen. Und ich habe ihm auch und den anderen gesagt, lass das, ist nicht wichtig. Hör auf damit" (*ARD* 2021).

Murat Cem, die VP-01, bestritt ein solches Vorgehen später bei Befragungen mit Nachdruck. Niemandem gelang es wie ihm, für so lange Zeit und derart nah an die Gruppe heranzurücken. Ein riskanter Job, wie sich später herausstellte: Ein halbes Jahr vor dem Anschlag bekamen Abhörspezialisten des *NRW*-Staatsschutzes mit: Amri verdächtigt den Informanten VP-01. Und drohte telefonisch, ihn zu töten, zu schlachten wie ein Schwein – so der Originalmitschnitt von Amris Anruf – ein Anruf, der uns im Originalton ebenfalls zugespielt worden war: „Ich schlachten dich, scheiße. Scheiße... Ich schlachten dich, scheiße. Wenn ich gucken dich, ich schlachten dich." VP-01 war auch bei einem Treffen Amris mit Abu Walaa in Hildesheim Weihnachten 2015 anwesend. Es steht die These, dass sich Amri hier eine Art Segen für seine Anschlagspläne abholte. VP-01 berichtete auch wie Boban S. nach einer versehentlichen Personenkontrolle Amris durch die Polizei in Berlin am 20. Februar 2016 seine Gefährten in der Dortmunder Madrasa-Moschee warnte. Amri habe ihn angerufen und mitgeteilt, er sei kontrolliert worden: „,...,wir' sollten alle Handys wegschmeißen, ‚uns' nicht mehr zusammen sehen lassen und aufpassen" (Landtag Nordrhein-Westfalen 2022, S. 63).

VP-01 war definitiv eine glaubwürdige und zuverlässige Quelle, der auch in anderen Verfahren eine wichtige Zeugenfunktion erfüllte. Trotzdem versuchte das Bundeskriminalamt bereits zu Jahresbeginn 2016 Zweifel an seiner Glaubwürdigkeit zu säen und ihn möglicherweise ganz aus dem Spiel nehmen zu lassen (Landtag Nordrhein-Westfalen 2022, S. 65 ff.). Auch eine Bitte des NRW-LKA an das BKA, den Fall des Gefährders Amri an sich zu ziehen, wurde dabei abgelehnt – was das BKA übrigens bestreitet.

Der LKA-Beamte aus Nordrhein-Westfalen, der für den Gefährder Amri und die VP-01 maßgeblich zuständig war, berichtete bereits im Februar 2016 drei Staatsanwälten der Bundesanwaltschaft von einem brisanten Vieraugengespräch mit einem leitenden Beamten für Terrorismusbekämpfung im BKA. Der habe ihm die Hintergründe für die andauernde Kritik an VP-01 durch das BKA offenbart: „Er habe die Anweisung bekommen, man müsse das Problem VP01 und LKA Nordrhein-Westfalen beseitigen; die VP01 müsse aus dem Spiel genommen werden. Die mache zu viel Arbeit, die solle kaputtgeschrieben werden; das sei mit allen abgestimmt" (Deutscher Bundestag 2021, S. 1157). Er nannte sogar den damaligen Bundesinnenminister Thomas de Maizière als Namen, der prompt alles dementieren ließ. Der angesprochene BKA-Beamte selbst behauptete nach der brisanten Aussage des LKA-Beamten aus NRW zunächst, er könne sich an „ein solches Vieraugengespräch" gar nicht erinnern. Später räumte der BKA-Mann schließlich doch ein, er könne nicht ausschließen, dass es stattgefunden habe – allerdings nicht mit diesem Inhalt. Es habe nie eine solche Anweisung von oben gegeben. Der NRW-Beamte hatte den Sachverhalt aber bereits kurz danach in schriftlichen Notizen niedergelegt und sie wie gesagt, sogar Staatsanwälten mündlich berichtet. Das bestätigte wiederum einer der Zeugen, Oberstaatsanwalt Dieter Killmer: Er habe keinen Zweifel an der Glaubwürdigkeit dieser Aussage, da der LKA-Beamte aus NRW zu dieser Zeit ja gar nicht wissen konnte, dass Amri Monate später einen Anschlag begehen würde und diese Aussage im Zuge der Aufklärung entsprechend brisant sei. Der Staatsanwalt schloss eindeutig: „… dann hätte ich keinen Zweifel daran, dass es dieses Vieraugengespräch dem Grund nach gegeben hat" (Deutscher Bundestag 2021, S. 1157).

## 3   Take away

Der Fall Amri bleibt bis heute einer mit vielen offenen Enden. Das Handeln leitender Beamter in der Terrorismusabteilung des BKA zu dieser Zeit gehört bis heute zu den nicht aufgeklärten Sachverhalten rund um den Anschlag. Auch die weiter oben beschriebene Geschichte des mutmaßlichen Auftraggebers Abu Baraa al-Iraqi, der bei der irakischen Polizei, aber auch beim BKA spätestens seit den Ermittlungen um die Pariser Anschläge von 2015 bekannt war, erscheint uns nicht auserzählt – ebenso die Frage, welche Helfer und Mitwisser Amri in seinem Netzwerk hatte. Die Arbeitshypothese, dass es eine „schützende Hand" einer staatlichen Institution über Amri im In- oder Ausland gegeben haben könnte, ist weder verifiziert, noch falsifiziert.

Das muss nicht immer so bleiben: Wir Rechercheure jedenfalls geben die Hoffnung nicht auf, irgendwann auf weitere Zeugen zu treffen, die uns mit neuen Erkenntnissen helfen, auch die letzten dunklen Ecken dieses blutigen Terrorakts auszuleuchten. Wir wollen alle Zusammenhänge rund um den Anschlag am Breitscheidplatz verstehen. Vor allem interessiert uns, welche Motive hinter dem Handeln im Bundeskriminalamt steckten. Das bedeutet auch: Wir bleiben an der Geschichte dran.

---

**Was ist investigativer Journalismus?**
Investigativer Journalismus bedeutet aktive Informationsgewinnung – auch gegen den Willen und die Interessen des Berichterstattungsobjektes. Sein Ziel ist kritische Berichterstattung.

**Drei goldene Regeln:**
1. **Das „Schlechte" zu denken,** kann der Beginn einer guten Story sein
2. **Pflege und schütze deine Kontakte,** aber sei dir immer der Absichten deiner Informanten bewusst
3. **Bleibe bis zum Ende der Recherche misstrauisch** gegen deine eigene These

---

## Literatur

ARD. (2021). Weihnachtsmarkt.Anschlag: Die Ermittler. www.youtube.com oder in ARD-Mediathek. Abgerufen am 19.04.2024 von https://www.ardmediathek.de/video/weihnachtsmarkt-anschlag-die-neuen-spuren/folge-2-die-ermittler-unterm-radar/rbb-fernsehen/Y3JpZDovL3JiYi1vbmxpbmUuZGUvd2VpaG5hY2h0c21hcmt0LWFuc2NobGFnLzIwMjEtMTItMTlUMDI6Mjk6MDBfMWZjNjdhNjMtZDAwMy00NmIyLWI5ZjMtNGQ1NTc5MzQ2ZmFmL3dlaWhuYWNodHNNodHNtYXJrdF9hbnNjaGxhZy1kaWVfbmV1ZW5fc3VyZW4tZm9sZ2VyX3VudGVybV9yYWRhcg.

Deutscher Bundestag. (2021). Beschlussempfehlung und Bericht des 1. Untersuchungsausschusses der 19. Wahlperiode gemäß Artikel 44 des Grundgesetzes (DS 19/30800) v. 21.06.2021.

Landtag Nordrhein-Westfalen. (2022). Schlussbericht des Parlamentarischen Untersuchungsausschusses I („Fall Amri") zu dem Auftrag des Landtags Nordrhein-Westfalen vom 1. Juni 2017, Drucksache 17/17 v. 24.03.2022.

---

**Sascha Adamek** ist Journalist, Buchautor und Filmemacher. Er arbeitet für die Investigativ-Redaktion *RBB24 Recherche* und erstellte zahlreiche Beiträge und Dokumentationen für Fernsehen, Hörfunk und Online-Medien. Auch veröffentlichte er mehrere Sachbücher. In seinem Buch „Scharia-Kapitalismus" legte er zuletzt eine umfassende Analyse der Finanzierung des politischen Islam in Deutschland und seiner Folgen für die Gesellschaft vor.

# Die Akte Schlesinger: wie wir der Misswirtschaft im RBB auf die Schliche kamen

Kayhan Özgenç

## 1 Die Story

Es ist ein wohl beispielloser Absturz: In nur wenigen Wochen wurde im Sommer 2022 die renommierte und prominente Journalistin Patricia Schlesinger, die Millionen Deutsche vom TV-Bildschirm kennen, zum Synonym für Misswirtschaft, Filz und Verschwendung im öffentlich-rechtlichen Rundfunk. Angesichts diverser Vorwürfe musste Schlesinger Anfang August zunächst von ihrem Amt als ARD-Vorsitzende und wenige Tage später auch als *RBB*-Intendantin zurücktreten. Es ging um luxuriöse Dienstwagen mit Massage-Sitzen, feudale Abendessen, teure Berater, heimliche Boni, üppige Ruhegeldansprüche – und das alles auf Kosten der Gebührenzahler.

Ausgelöst wurde das alles durch die Recherchen von *Business Insider*. Unser erster Bericht zum RBB-Skandal erschien Ende Juni, bereits Anfang August verlor Schlesinger ihren Job. Ich habe bei einer Affäre selten so eine Dynamik erlebt. Fast täglich tauchten neue Vorwürfe auf, Schlesinger wiederum verstrickte sich in Widersprüche und fiel durch ein fatales Krisenmanagement auf, was ihren rasanten Absturz beschleunigte.

Zu Schlesingers Abwehrkampf in der Affäre gehörten auch massive Attacken auf *Business Insider*. Intern beim *RBB*, aber auch öffentlich, griff sie die Recherchen an und sprach unter anderem von einer Kampagne gegen ihre Person. Diese

K. Özgenç (✉)
Business Insider, Berlin, Deutschland
E-Mail: kayhan.oezgenc@businessinsider.de

© Der/die Autor(en), exklusiv lizenziert an Springer Fachmedien Wiesbaden GmbH, ein Teil von Springer Nature 2024
A. C. Hoffmann (Hrsg.), *Investigativer Journalismus in Deutschland*,
https://doi.org/10.1007/978-3-658-44673-4_6

Strategie verfing allerdings nicht, weil nach kurzer Zeit auch andere Medien in den Fall einstiegen und bei ihren Recherchen ebenfalls auf schwere Verfehlungen der Intendantin stießen.

In einer Affäre geht es vor allem um die Glaubwürdigkeit der Protagonisten. Dieses Kriterium entscheidet im Wesentlichen darüber, ob man eine Krise übersteht. Schlesinger hat zügig den Kampf um ihre Glaubwürdigkeit verloren. Und auch den Rückhalt in der *ARD*: Kein einziger aus der Führungsetage stellte sich hinter sie. Schlesinger war zum damaligen Zeitpunkt turnusgemäß die *ARD*-Vorsitzende, also die prominente Sprecherin der Intendantenriege. Um weiteren Schaden vom öffentlich-rechtlichen Rundfunk abzuwenden, drängten die anderen Intendanten die Frau zum Rücktritt als *ARD*-Vorsitzende. Sie dachte zunächst, ihren *RBB*-Job könnte sie dennoch behalten. Doch der öffentliche Druck war zu groß: Am 7. August 2023 erklärte sie in wenigen Zeilen ihren Rücktritt.

Neben der Intendantin mussten weitere hochrangige *RBB*-Mitarbeiter gehen. Demnach gehörten auch Direktoren zum System Schlesinger. Die Aufarbeitung der Affäre dauert bis heute an. Die Staatsanwaltschaft Berlin ermittelt gegen mehrere Personen. Die Vorwürfe lauten: Untreue und Vorteilsnahme.

Der Fall Schlesinger hat für große Empörung gesorgt, weil wir alle den öffentlich-rechtlichen Rundfunk mit unseren monatlichen Beitragsgeldern finanzieren. *ARD* und *ZDF* stehen ohnehin seit Jahren immer stärker unter Druck, müssen sich für ihr Programm und die Finanzen rechtfertigen. Die offensichtliche Verschwendung von Gebührengeldern beim *RBB* hat die *ARD* deshalb ins Mark getroffen und eine Grundsatzdebatte über den öffentlich-rechtlichen Rundfunk ausgelöst, die bis heute andauert.

Bei *Business Insider* haben wir uns bewusst dafür entschieden, sehr stark die Fakten bei der Berichterstattung in den Vordergrund zu stellen. Es ging nicht um ein *ARD*-Bashing, keine grundsätzlichen Angriffe auf den öffentlich-rechtlichen Rundfunk, sondern saubere, professionelle Recherchen. Nüchtern aufgeschrieben, ohne Polemik. Das hat unter anderem dafür gesorgt, dass wir sehr viel Zuspruch von vielen RBB-Mitarbeitern erhalten haben. Sie haben sich sogar in persönlichen Briefen dafür bedankt, dass wir durch unsere Enthüllungen den *RBB* vom System Schlesinger befreit haben.

## 2     Step by step

Die Geschichte, die Patricia Schlesinger aus dem Amt fegen und die *ARD* erschüttern wird, beginnt mit einem Zufallsfund. Bei der Messe Berlin stoßen Wirtschaftsprüfer im Frühsommer 2022 auf einen merkwürdigen Vorgang. Es geht um einen Beratervertrag für einen gewissen Gerhard Spörl in Höhe von mehr als 100.000 €. Das lukrative Honorar bekam er vor allem für Medien-Coaching des

Vorstands. In den internen Dokumenten fanden die Wirtschaftsprüfer Hinweise darauf, dass sich der Messe-Aufsichtsratschef Wolf-Dieter Wolf massiv für den Beratervertrag eingesetzt haben soll.

Dieser Vorgang war der Ausgangspunkt unserer Recherche. Denn Wolf war zugleich auch Verwaltungsratsvorsitzender beim *RBB* und somit der Chef von Intendantin Patricia Schlesinger, der Ehefrau des früheren *Spiegel*-Redakteurs Spörl. Wir stellten uns die Frage, warum Wolf sich persönlich für Spörl so stark gemacht hatte. Was hatte der in Berlin bestens vernetzte Immobilienunternehmer davon? Durch Quellen beim *RBB* erfuhren wir, dass eine freundschaftliche Nähe zwischen Wolf und Schlesinger bestehen soll. Und nicht nur das: Mit Unterstützung von Schlesinger erhielten mehrere Immobilien-Experten, die in Geschäftsbeziehungen mit Wolf standen, Beraterverträge für den geplanten Millionen-Bau des *RBB*: das Digitale Medienhaus.

Als wir Ende Juni und Anfang Juli die Recherchen dazu veröffentlichten, stand erstmals der Verdacht der Vetternwirtschaft im Raum: der Beratervertrag für Schlesingers Ehemann auf der einen, die Beraterverträge für Wolfs Gefolgsleute auf der anderen Seite. In der Story berichteten wir auch über Abendessen, zu denen Schlesinger hochrangige Gäste aus Politik, Wirtschaft und Kultur in ihre Berliner Privatwohnung eingeladen hatte. Die Kosten wurden über den *RBB* abgerechnet.

Nun stiegen auch andere Medien in den Fall ein. Der *Tagesspiegel* sprach erstmals vom „Schlesinger-Filz". Die Intendantin stand also unter Druck. Aber wie reagierte sie? Mit einem guten Krisenmanagement kann man in solch einer Situation die Affäre kleiner, mit einem schlechten Krisenmanagement weitaus größer machen. Schlesinger entschied sich für die zweite Variante. Denn in einer internen Belegschaftssitzung wurde sie von Mitarbeitern mit den Vorwürfen konfrontiert. In ihren Statements griff sie nicht nur Business Insider an, bezeichnete unsere Berichterstattung unter anderem als „Fake News" und kündigte zudem rechtliche Schritte an. Daneben machte sie klar, dass sie von den Mitarbeitern zutiefst enttäuscht sei, die Informationen an uns gegeben hätten. Sie dulde keine Verräter im *RBB*, drohte den eigenen Mitarbeitern mit schwerwiegenden Konsequenzen.

Dieser Auftritt zu Beginn der Affäre war ein entscheidender Fehler von Schlesinger und forcierte ihren Absturz. Denn viele Beschäftigten zeigten sich nach der Sitzung bestürzt vom unprofessionellen Verhalten ihrer Chefin. Statt auf die Vorwürfe einzugehen, beschimpfte sie Journalisten und Mitarbeiter. Innerhalb des Senders war Schlesinger zu dem Zeitpunkt ohnehin umstritten. Das lag auch daran, dass sie als Intendantin eine kräftige Gehaltserhöhung erhalten hatte, während zeitgleich die Belegschaft massive Einsparungen beklagte.

Neben dem misslungenen Auftritt vor den Mitarbeitern scheiterte auch Schlesingers fulminant angekündigter presserechtlicher Gegenschlag. Der prominente

Medienanwalt Christian Schertz wurde losgeschickt. Kurz darauf ging bei uns ein Schreiben von Schertz mit der Aufforderung zur Unterlassung einiger weniger Sätze in einem Artikel über Schlesinger ein. Wir wiesen die Unterlassungsansprüche als unbegründet zurück und kündigten an, uns entsprechend zur Wehr zu setzen, falls es zu einer gerichtlichen Auseinandersetzung kommen sollte. Doch von Schertz und dem *RBB* hörten wir nichts mehr. Denn ein wichtiger Zeuge, der Schlesinger entlasten sollte, weigerte sich, eine eidesstattliche Versicherung abzugeben. Offenbar wollte er vor Gericht nicht lügen. Kurz darauf legte Schertz das Mandat nieder. Er soll sich von Schlesinger getäuscht gefühlt haben.

Die gescheiterte juristische Attacke erschütterte die Glaubwürdigkeit der *RBB*-Intendantin. Am Anfang der Affäre stand auf der einen Seite eine prominente und renommierte Journalistin, demgegenüber mit Business Insider eine junge, weniger bekannte Medienmarke. Nun erhärteten sich unsere Recherchen, während Schlesinger in immer neue Erklärungsnöte geriet.

Beim *RBB* wuchs der Unmut über die Chefin. Die *Welt* berichtete von einem Brandbrief, in dem sich Personalrat und Redaktion an Schlesinger richten. Alle Anschuldigungen müssten demnach aufgeklärt werden, „um das erschütterte Vertrauen wieder herzustellen". Deutlich wurde in dem Schreiben die Sorge „um das Ansehen des *RBB* und unsere Unternehmenskultur". Denn: „Als Mitarbeitende werden wir in Mithaftung genommen für Vorkommnisse, die nichts mit uns zu tun haben, die aber geeignet sind, unsere Glaubwürdigkeit zu erschüttern."

Angesichts des Drucks kündigte Schlesinger nun eine interne Untersuchung an, für die die Compliance-Beauftragte des *RBB* die Kanzlei Lutz Abel beauftragte. Die Vorwürfe gegen den öffentlich-rechtlichen *RBB* führten dann zu ersten personellen Konsequenzen. Der Vorsitzende des Verwaltungsrats, Wolf-Dieter Wolf, ließ sein Amt im Kontrollgremium des Senders bis zum Abschluss der Aufklärung ruhen. Das gab der Rundfunkrat nach einer nicht-öffentlichen Sondersitzung bekannt. Zur Begründung hieß es, man wolle jeden „Anschein einer Einflussnahme auf die vollständige Aufklärung der Vorwürfe" vermeiden. Nur wenige Tage später teilte der *RBB* teilt in einer Pressemitteilung mit, dass er den Neubau des Digitalen Medienhauses am Standort Berlin vorläufig ruhen lässt. Also genau dem zentrale Bauprojekt, bei dem umstrittene Berater involviert waren.

Seit Mitte Juli gab es jeden Tag neue Schlagzeilen in der *RBB*-Affäre. Intendantin Schlesinger, die Chefs von *RBB*-Rundfunkrat und *RBB*-Verwaltungsrat verärgerten fraktionsübergreifend den Landtag: Bei einer Sondersitzung zu den Vorwürfen erschienen sie nicht, obwohl Brandenburg die Rechtsaufsicht über den *RBB* inne hat. Ein Sender-Sprecher rechtfertigte ein die Abwesenheit mit dem laufenden Compliance-Verfahren und damit, dass alle vom Landtag Eingeladenen schriftliche Stellungnahmen eingereicht hätten.

Das Krisenmanagement von Schlesinger wurde immer chaotischer. Während sich die Intendantin im Parlament nicht der Öffentlichkeit stellen wollte, gab sie dem *Tagesspiegel* ein am 22. Juli 2022 Interview, über das sich viele wunderten. Denn dort präsentierte sich Schlesinger als Opfer, sprach von einem „Kampagnencharakter" in der Berichterstattung über die Affäre. Auch über unsere Quellen innerhalb des Senders echauffierte sie sich: „Was mich geärgert hat: Wir haben eine Compliance-Beauftragte, eine Revision und ein Justitiariat, wenn man etwas zum Wohle des *RBB* verändern will, dann kann man sich dahin wenden. Dass man rausgeht, und dann auch noch zur *Springer*-Presse, fand ich bemerkenswert" (*Tagesspiegel* 2022). Nur bei einem Punkt gab sie sich ein wenig einsichtig. Schlesinger bot an, mit dem Verwaltungsrat noch einmal über ihren Vertrag und dem damit verbundenen Gehalt zu sprechen. Zuvor war Schlesinger für ihre Gehaltserhöhung um 16 % auf 303.000 € kritisiert worden.

Bei den Mitarbeitern war inzwischen die Verärgerung über ihre Chefin so groß, dass sich mehrere Informanten mit uns vertraulich in Verbindung setzten. Eine Quelle hatte Zugang zum Fuhrpark des Senders und spielte uns Unterlagen zum geheimen Leasing-Vertrag für den Dienstwagen der Intendantin zu. Unsere Story über ihren Dienstwagen brachte Schlesinger weiter in die Bredouille und es entstand auch das Trigger-Wort für die *RBB*-Affäre – die Massage-Sitze. Fortan das Synonym für eine abgehobene Intendantin, die offensichtlich verschwenderisch mit dem Geld der Gebührenzahler umgegangen ist.

Laut den Dokumenten gab Schlesinger nach einigen Monaten im Amt im Frühjahr 2017 die erste Bestellung für einen Dienstwagen in Auftrag. Kurz darauf schickte Audi ein Angebot für einen mondscheinblauen A8 mit 435 PS und samtbeigen Innenraum. Als Extras boten die Ingolstädter u.a. „Akustikglas" und belüftete Sitze mit „Massage-Funktion" an. Inklusive der Sonderausstattung von 40.340 € hatte das Fahrzeug einen Gesamtwert von 145.830 €.

Der Audi A8 wäre unter normalen Umständen mit monatlichen Leasing-Kosten von knapp 1500 € verbunden gewesen und hätte damit das Budget des *RBB* gesprengt. Doch die VW-Tochter bot einen Sonderrabatt für die Mietdauer von zwölf Monaten an. Demnach gewährte Audi der öffentlich-rechtlichen Rundfunkanstalt einen „Regierungspreis" in Höhe von monatlich 486,65 € und reduzierte die Rate sogar noch einmal auf 457,21 €. Hersteller wie Audi, BMW und Mercedes-Benz bieten sogenannte „Behördenkonditionen" an, um dafür einen Marketingeffekt zu erzielen. „Die Vorzugspreise für die Fahrzeuge von Frau Schlesinger wurden aufgrund des Werbewerts ihrer Präsenz in Kunst und Kulturkreisen gewährt", erklärt ein Audi-Manager.

Die Intendantin einer *ARD*-Anstalt wurde so zur Markenbotschafterin eines Autoherstellers. Trotz strenger Compliance-Regeln nahm der *RBB* den Nachlass von fast 70 % an, unterschrieb dafür eine Verpflichtungserklärung. Darin heißt es: „Der Mieter versichert, dass das für Frau Patricia Schlesinger bestellte Fahrzeug zur ordnungsgemäßen Wahrnehmung der regelmäßigen Dienstaufgaben benötigt und eingesetzt wird. Der Mieter verpflichtet sich, Stillschweigen gegenüber Dritten, bezüglich der ihm eingeräumten Preise/Lieferbedingungen zu bewahren. Bei Missachtung dieser Klausel behält sich die Vermieterin vor, den Mieter zukünftig nicht mehr zu den gewährten Vorzugskonditionen zu beliefern bzw. den Vertrag zu kündigen."

Mit solchen Tricks gelangte Schlesinger an einen noblen Dienstwagen auf *RBB*-Kosten. Massagesitze habe sie aber selbstverständlich nie selbst bestellt, sagte ihr Sprecher auf Anfrage. Auf ein anderes Sonderprivileg legte Schlesinger hingegen viel Wert: Wie aus einer vertraulichen Vereinbarung zwischen ihr und dem öffentlich-rechtlichen Sender hervorging, stand ihre Limousine mit Fahrer nicht nur für die dienstliche Nutzung zur Verfügung. Schlesinger durfte ihre Chauffeure sogar für private Zwecke einsetzen. Bei anderen *ARD*-Anstalten ist dies untersagt.

Opulente Dinnerabende, luxuriöser Dienstwagen, dubiose Beraterverträge sowie der Verdacht auf Filz und Vetternwirtschaft: In wenigen Wochen war Schlesinger in einen spektakulären Affärenstrudel verstrickt. Aus der *ARD*-Führungsriege war ihr in dieser Phase keiner bei Seite gesprungen. Ganz im Gegenteil: Die anderen Intendanten zeigten sich intern schockiert über das Krisenmanagement der *RBB*-Chefin und bereiteten ihre Absetzung als *ARD*-Vorsitzende vor. Am 4. August war es dann so weit: In der 20-Uhr-Ausgabe der *Tagesschau* teilte Chefmoderator Jens Riewa mit, dass der RBB seinen Vorsitz innerhalb der *ARD* abgibt. Damit trat auch Patricia Schlesinger als *ARD*-Chefin ab. *WDR*-Intendant Tom Buhrow übernahm.

Nach dem Abgang als *ARD*-Vorsitzende hoffte Schlesinger darauf, *RBB*-Intendantin bleiben zu können. Das zeigte, wie realitätsfremd sie in dieser Krise war. Denn nur drei Tage später, am 7. August, war es auch beim *RBB* vorbei. Am Abend erklärte sie in einer kurzen Mitteilung ihren Rücktritt. Zuvor waren an diesem Tag erneut mehrere Medienberichte erschienen. Dabei deckten wir auf, dass Schlesinger zusätzlich zu ihrem Gehalt von 303.000 € im Jahr 2021 vom *RBB* noch Bonuszahlungen in Höhe von mindestens 20.000 € erhalten hatte. Bei anderen *ARD*-Anstalten ist ein solcher Bonus unüblich. Daneben erfuhren wir von unseren *RBB*-Quellen, dass Schlesinger ihren Luxus-Dienstwagen und ihre beiden Chauffeure auch für private Zwecke nutzte und auch an ihren Ehemann, den ehemaligen *Spiegel*-Journalist Spörl, auslieh. Dieser ließ sich zu Geschäftsterminen in Schlesingers Audi A8 fahren. Demnach nutzte Spörl den *RBB*-Fahrer ausgerechnet für seinen umstrittenen Beraterjob bei der Messe Berlin.

Auch andere Medien berichteten an diesem Tag über die Affäre. *Bild* enthüllte Details zu den Abendessen, die Schlesinger auf Kosten der Gebührenzahler bei sich zuhause abhielt. Bis zu 136,65 € pro Gast sollen die Essen der Recherche zufolge gekostet haben. Auf Anfrage der Brandenburger Staatskanzlei hatte Schlesinger zunächst nur „23,12 € bis 56,53 €" als durchschnittlichen Essenspreis genannt. Vor einer Woche korrigierte sie sich auf „69,20 € brutto pro Gast für Essen und Getränke". Und es ging auch um Schlesingers Büro. Demnach ließ die Intendantin nach ihrem Einzug in die Chef-Etage des Berliner Funkhauses diese für 650.000 € renovieren. So wurde unter anderem der Teppich ihrer Vorgängerin rausgerissen und mit italienischem Parkett ersetzt. Daneben wurde das Büro mit einer Wandbegrünung und einem Massagesessel ausgestattet. Die neuen Enthüllungen waren der sprichwörtliche Tropfen, der das Fass zum Überlaufen brachte.

Schlesinger war weg, aber die Affäre noch lange nicht vorbei. Denn nun kamen viele Dinge aus der Ära Schlesinger ans Tageslicht, die jahrelang geheim blieben und jetzt für Empörung sorgten. Bei *Business Insider* verfolgten wir weiter unsere Recherchen, weitere Mitarbeiter aus dem *RBB* meldeten sich bei uns mit Hinweisen. Auch andere Medien recherchierten weiter. Und dann mischte nun auch der *RBB* selbst mit bei der Aufklärung. In den dramatischen Wochen bis zum Sturz von Schlesinger hatte der *RBB* kaum über die Vorgänge berichtet. Wenn die Affäre dann doch kurz in den Nachrichten auftauchte, dann stellte man sich hinter Schlesinger. Es war eine bizarre Situation, die gerade viele aus dem Osten stammende Mitarbeiter an DDR-Verhältnisse erinnerte.

Einzige Ausnahme war das *Medienmagazin* bei *RadioEins*. Dort berichtete der Journalist Jörg Wagner kontinuierlich über die Affäre, stellte auch den Sender-Verantwortlichen unangenehme Fragen. Er traute sich das, was in der Redaktion unter Chefredakteur David Biesinger nicht erwünscht war: kritische Berichterstattung. Das änderte sich erst nach dem Rücktritt von Schlesinger. Nun wurde ein Rechercheteam gegründet, das innerhalb des Senders dem Verdacht auf Vetternwirtschaft nachgehen sollte. Gerade Biesinger galt bei vielen Mitarbeitern als Wendehals, weil sich der Schlesinger-Getreue plötzlich an die Spitze der Aufklärung stellte.

Neuer Intendant wurde der langjährige Verwaltungsdirektor Hagen Brandstäter. Ich habe ihn wenige Tage nach seinem Amtsantritt selbst erlebt. Wir waren beide im Medienmagazin von Jörg Wagner zu Gast. Bei seinem Auftritt wirkte Brandstäter fahrig, nervös, überfordert mit der neuen Aufgabe. Als er das Studio wieder verließ, war mir klar, dass Brandstäter nicht lange an der Spitze bleiben würde.

Brandstäter gehörte dem System Schlesinger an, das den Sender über Jahre führte und dabei Rundfunkbeiträge in Millionenhöhe verschwendete – sei es beim geplanten Bau des Digitalen Medienhauses oder auch bei den eigenen Gehältern.

Denn nun kam ein zuvor heimliches Bonussystem ans Tageslicht. Schlesinger, die Direktoren und etliche Führungskräfte (darunter Chefredakteur Biesinger) erhielten zusätzlich zu ihrem Fixgehalt vom *RBB* Boni-Zahlungen. Was in der Privatwirtschaft als durchaus üblich gilt, gibt es in der öffentlich-rechtlichen *ARD*-Welt sonst nirgendwo. Mit Wut reagierten viele *RBB*-Mitarbeiter auf die Bonus-Enthüllungen aus dem eigenen Sender.

In dieser Lage war Brandstäter als Krisenmanager völlig überfordert. Der neue Intendant, der selbst Boni bekommen hatte, beharrte in der Öffentlichkeit darauf, dass es beim *RBB* kein Bonussystem gegeben hätte. Er sprach dagegen von „variablen Gehaltsanteilen". Seine Glaubwürdigkeit war erschüttert, und das gleich zu Beginn der dringend notwendigen Aufklärung beim *RBB*.

Mit Entsetzen blickten die anderen *ARD*-Intendanten nach Berlin und entschlossen sich dann zu einem Schritt, der in der Geschichte des öffentlich-rechtlichen Rundfunks einmalig ist: Die übrigen *ARD*-Anstalten entzogen der Geschäftsleitung des RBB das Vertrauen. „Wir, die Intendantinnen und Intendanten der *ARD*, haben kein Vertrauen mehr, dass der geschäftsführenden Leitung des Senders die Aufarbeitung der diversen Vorfälle zügig genug gelingt", teilte *WDR*-Intendant Tom Buhrow mit. Das Statement war ein deutliches Signal an Brandstäter und das amtierende Team der Geschäftsleitung, ihre Ämter niederzulegen. Mit Blick auf die öffentlichen Debatten, die Rücktritte und den internen Unmut der Belegschaft sagte Buhrow der dpa: Es scheine beim *RBB* so zu sein, „dass er so instabil ist, dass man sagen kann, es besteht die Gefahr, dass sich die Strukturen des *RBB* anfangen aufzulösen." Brandstäter meldete sich kurz darauf krank und schied aus. Als neue Intendantin kam Mitte September Katrin Vernau vom *WDR* zum *RBB*, sie trieb die Aufklärung beim Sender nun voran.

Bei unseren Recherchen enthüllten wir weitere Vorgänge beim *RBB*. Besonders brisant waren dabei die Regelungen zum sogenannten Ruhegeld. Das finanzierte bei Direktoren die Lücke zwischen dem Ende eines Vertrages und dem Eintritt ins Rentenalter, ohne dafür arbeiten zu müssen. Der *RBB* garantierte seinen Direktoren ein Ruhegeld zwischen 45 und 60 % ihres Grundgehalts. Brandstäter etwa standen pro Monat von rund 12.500 € zu. Daneben enthielten die Verträge großzügige Klauseln zur Anrechenbarkeit von anderen Einkünften. So hätte die frühere Chefjuristin des *RBB*, Susann Lange, bei einem geschätzten Ruhegeld von mehr als 100.000 € pro Jahr weitere 100.000 € dazuverdienen können, ohne Abstriche bei der Versorgung machen zu müssen. Lange hätte bis zum Renteneintritt einen Anspruch auf 1,8 Mio. € gehabt.

Die neue Intendantin Vernau trennte sich von den Direktoren aus der Schlesinger-Ära. Brandstäter und Lange klagten gegen ihre Kündigungen. Daraufhin erklärten zwei Richter des Berliner Arbeitsgerichts unabhängig voneinander die Dienstverträge der beiden *RBB*-Direktoren für „sittenwidrig" und damit für nichtig. Grund seien die vereinbarten Ruhegelder, die den Managern ab dem Tag ihres Ausscheidens gezahlt werden sollten. Im Fall Lange sprach der zuständige Richter von einem „wucherähnlichen Rechtsgeschäft", einem groben Missverhältnis zwischen Leistung und Gegenleistung.

Auch Schlesinger pocht vor Gericht auf ihr Ruhegeld. Die Ex-Intendantin hat vor dem Landgericht gegen den *RBB* geklagt und die Auszahlung ihres Ruhegeldes in Höhe von 18.400 € pro Monat verlangt. Der Sender wiederum fordert von Schlesinger Zahlungen von rund 270.000 €. Dabei handelt es sich vor allem um die Rückforderung von Boni für mehrere Jahre. Offen ist auch noch, ob es in der Affäre zu Anklagen kommt. Die Berliner Generalstaatsanwaltschaft, die im August 2022 die Ermittlungen gegen Ex-Intendantin Patricia Schlesinger, ihren Ehemann Gerhard Spörl, den ehemaligen *RBB*-Verwaltungsratsvorsitzenden Wolf-Dieter Wolf und zwei anderen Personen an sich gezogen hatte, hält sich zum Stand des Verfahrens betont bedeckt.

## 3 Take-away

Für *Business Insider* war die *RBB*-Affäre die bislang größte Story in der noch jungen Geschichte unserer Medienmarke. Als wir kurz nach den ersten Hinweisen merkten, wie groß die Story werden kann, haben wir uns ganz bewusst entschieden: Wir werden diese Recherche möglichst sachlich und nüchtern aufschreiben. Zudem werden wir bei Anfragen und Interviews immer wieder betonen, dass es sich hierbei nicht um eine Abrechnung mit dem öffentlich-rechtlichen Rundfunk handelt, sondern um konkrete Missstände beim *RBB*. Ich habe in mehreren Statements auch gesagt, dass wir die Arbeit von vielen Kolleginnen und Kollegen bei *ARD* und *ZDF* schätzen.

Wir haben uns also frühzeitig eine Strategie überlegt, weil wir genau wussten, dass eine Mediengeschichte immer Gefahren birgt. Denn ein Konkurrent berichtet über den anderen, was immer genügend Spekulationen über mögliche Eigeninteressen beinhaltet. In unserem Fall ging es um ein Unternehmen des Springer-Konzerns und eine Anstalt des öffentlich-rechtlichen Rundfunks, die sich nicht immer freundschaftlich gegenüberstehen, um es vorsichtig auszudrücken. Wir wussten demnach zu Beginn der Affäre, dass schon bald der Vorwurf im Raum stehen könnte: Will *Springer* der *ARD* mit dieser Story womöglich gezielt schaden? Genau diese Karte spielte dann auch Schlesinger, als sie von einer Kampagne sprach. Die Anschuldigungen liefen allerdings ins Leere, weil wir uns in der Berichterstattung auf konkrete Verfehlungen fokussiert und keine Generaldebatte über die *ARD* verlangt hatten. Auf Kommentare hatten wir gänzlich verzichtet.

Natürlich hat uns auch das misslungene Krisenmanagement von Schlesinger in die Hände gespielt. Immer wieder merken wir bei Recherchen, dass sich Informanten vermehrt melden, wenn sie über das Fehlverhalten ihrer Führungskräfte entsetzt sind. Das war in diesem Fall besonders stark ausgeprägt. Mir wurde in diesem Zusammenhang öfter die Frage gestellt: Wäre Schlesinger noch im Amt, wenn sie ein besseres Krisenmanagement gemacht hätte? Ich glaube nicht. Aber ihr Absturz wäre nicht so brutal gewesen, ihr Name bis heute nicht dermaßen verbrannt.

**Was ist investigativer Journalismus?**
Investigative Journalisten sind Wahrheitssucher. Es geht darum, durch hartnäckige Recherchen der Wahrheit so nahe wie möglich zu kommen, und auf diese Weise Missstände aufzudecken.

**Drei goldene Regeln**
1. **Gehe auf Wahrheitssuche, aber nicht auf Jagd.** Es nicht darum, jemanden zur Strecke, sondern die Wahrheit ans Licht zu bringen.
2. **Mache dir klar, was die Motivationen deiner Quellen** sind: Warum brechen sie Regeln, um dir Informationen zu geben. Wenn du das weißt, kannst du die Quellen besser einschätzen.
3. **Der Informant ist heilig.** Wenn er nachts um drei anruft, gehe ans Telefon. Schütze deinen Informanten. Hinterlasse nie verbrannte Erde, das ist keine Story wert.

## Literatur

Tagesspiegel (2022, 22. Juli). Interview mit RBB-Intendantin Patricia Schlesinger „Ich habe nach bestem Wissen und Gewissen gehandelt". Abgerufen am 19.05.2024 von https://www.tagesspiegel.de/gesellschaft/medien/ich-habe-nach-bestem-wissen-und-gewissen-gehandelt-6105772.html.

**Kayhan Özgenç** ist seit 2022 Chefredakteur des Online-Wirtschaftsmagazins *Business-Insider*. Zuvor leitete Özgenç das Investigativ-Ressort der *Bild am Sonntag*. Frühere Stationen waren das Nachrichtenmagazin *Focus*, wo er u. a. als Leiter der Parlamentsredaktion, Büro-Leiter sowie schließlich als Investigativ-Chef tätig war. Er volontierte bei der *Verdener Aller-Zeitung* und studierte danach bis 1997 Sozial- und Wirtschaftsgeschichte, Politik und Kriminologie in Hamburg.

# Teil III
# Herausragende Internationale Recherchen

# Die Tesla-Files: Der Schlüssel zu Elon Musks Welt voller Angst und Verschwiegenheitsklauseln

Sönke Iwersen

## 1 Die Story

Die Geschichte der Tesla-Files beginnt als klassische Heldenreise. Ein junger Mann findet sich unverschuldet in einer Lage, in der er handeln oder fliehen muss. Er entscheidet sich für den Weg des Mutigen, dann stößt er auf Herausforderungen, die unlösbar scheinen.

Lukasz Krupski ist noch keine sechs Monate bei Tesla, als er für seinen Arbeitgeber buchstäblich ins Feuer greift. Am Samstag, dem 30. März 2019, präsentiert Tesla im norwegischen Lillestrøm sein neues Model 3. Um 14:30 Uhr bricht in der Vorführungshalle ein Feuer aus.

Krupski arbeitet nur wenige Meter entfernt. Die Hitze im Nacken schreckt ihn auf, dann sticht ihm der Geruch von brennendem Plastik in die Nase. Krupski wendet sich um, sieht Flammen aus einem Model 3 schlagen. Das Elektroauto steht vor einem Vorhang, hinter dem sich ahnungslose Besucher tummeln.

Später wird Krupski sagen, dass ihm in diesem Moment keine Zeit zum Denken blieb. Der Techniker hastet hinüber, reißt ein brennendes Schnellladegerät aus dem Motorraum und schleudert es zur Seite. Dann fasst er erneut ins Feuer, zieht brennende Kabel aus dem Auto, wirft auch sie zu Boden. Seine Kollegen ersticken die Flammen mit Lappen und Tüchern.

Es ist eine Rettung in letzter Sekunde. Hätte sich das Feuer weiter gefressen, wäre auch die Lithium-Batterie in dem Model 3 in Brand geraten – ein Szenario,

---

S. Iwersen (✉)
Handelsblatt, Düsseldorf, Deutschland
E-Mail: s.iwersen@handelsblattgroup.com

© Der/die Autor(en), exklusiv lizenziert an Springer Fachmedien Wiesbaden GmbH, ein Teil von Springer Nature 2024
A. C. Hoffmann (Hrsg.), *Investigativer Journalismus in Deutschland*,
https://doi.org/10.1007/978-3-658-44673-4_7

vor dem selbst Feuerwehrleuten graut. Es gab schon Fälle, in denen Rettungskräfte nicht anders konnten, als eine Grube auszuheben. Die füllten sie dann mit Wasser und schoben den brennenden Tesla hinein.

Zwei Tage nach dem Vorfall berichtet der norwegische Landeschef Thomas Widen an Elon Musk. „Feuer in Lillestrøm – Heldenhafter Kollege Lukas Krupski", steht in der Betreffzeile. Ob Musk seinem Supermitarbeiter vielleicht etwas mitteilen möchte? Musk schreibt wenige Stunden später an Krupski: „Danke. Und herzlichen Glückwunsch zur Rettung des Tages!"

Krupski wiegelt ab. Das Feuer zu ersticken, bevor es um sich griff, sei für ihn eine Selbstverständlichkeit gewesen, antwortet er Musk. Der hakt nach: „Können wir irgendetwas tun, um die Dinge in Zukunft besser zu machen?" Es ist der Anfang von Krupskis Ende bei Tesla.

Der Held des Tages hält seinen Arbeitsplatz für ein Dauerrisiko: Es gebe zu wenig Feuerlöscher. Weil die Autos so dicht beieinander stünden, flögen beim Schleifen leicht Funken und geschmolzenes Metall auf andere Fahrzeuge und Mitarbeiter. Die Zertifikate für die Hebebühnen, unter denen die Mechaniker liegen, seien abgelaufen. Und so weiter, und so weiter.

Als er all das an Musk schreibt, gibt es Ärger. Ein Vorgesetzter sagt Krupski, er solle seine Mails künftig mit ihm abstimmen. Als Krupski deswegen bei Musk nachfragt, hat der schon das Interesse verloren. Der Konzernchef wimmelt ihn ab, schreibt, er könne sich nur um wichtige Dinge kümmern.

Krupski versucht, seine Verbesserungsvorschläge ohne Musk voranzutreiben. Er stößt Treffen zur Arbeitssicherheit an. Ein Manager beteuert, das Führungsteam werde sich kümmern. Dann, am 16. April 2019, wundert sich Krupski über seinen Arbeitsrechner. Er läuft merkwürdig langsam.

Der Techniker drückt die Tasten Strg/Alt/Entf, öffnet den Task-Manager. Krupski entdeckt ein Programm, das im Hintergrund läuft: Code42. Eine Überwachungssoftware. Der Hersteller preist Code42 als Werkzeug gegen Mitarbeiter, die „eine Bedrohung für ihren Arbeitgeber" darstellen.

Nun geht es nur noch bergab für Krupski. Er wird versetzt: in den Keller der Auslieferungsabteilung. Mit seinen Kollegen darf er nicht mehr sprechen. Ein Vorgesetzter sagt, es gebe Beschwerden, dass Krupski sein Arbeitsumfeld negativ beeinflusse. Er verplempere zu viel Zeit mit der Frage, „ob Dinge richtig sind oder nicht".

Krupski erhält eine Abmahnung, dann eine zweite. Der Ärger schlägt auf seine Gesundheit. Er schläft kaum, fühlt sich mehr und mehr unwohl. Am 23. September 2020 bricht Krupski zusammen, muss in die Notaufnahme. Später beginnt er eine Psychotherapie.

Krupski erkennt, dass er bei Tesla keine Zukunft hat. Viele Monate vergehen, ohne dass sich etwas ändert. Krupski fragt sich, was in einem Rechtsstreit mit seinem Arbeitgeber passieren würde. Gibt es Dokumente, die seine Stellung stützen könnten? Am 2. November 2021 sitzt Krupski am späten Abend zu Hause an seinem Schreibtisch. Er loggt sich in Teslas IT-System ein und stöbert. Da fällt ihm eine Datei aus der Finanzabteilung ins Auge. Auf gut Glück klickt Krupski sie an. Die Datei öffnet sich.

Krupski versteht nicht, warum. Er ist Wartungstechniker, arbeitet auf der untersten Stufe in der Tesla-Hierarchie. Warum sollte er Zugang zu Dokumenten aus der Finanzabteilung haben? Er schließt die Datei, sucht weiter. Und was immer er jetzt anklickt – nahezu alles ist einsehbar.

Es ist die Geburtsstunde der Tesla-Files. Im IT-System des Autobauers klafft ein riesiges Loch. Aus seiner Sicht seit mehr als zwei Jahren gemobbt, hat Krupski kein Vertrauen mehr, dass sein Arbeitgeber verantwortungsvoll mit seiner Entdeckung umgehen wird. Er sammelt Daten, auf Teufel komm raus. Wer weiß, wofür sie einmal nützlich sein können.

Noch während er kopiert, informiert Krupski die Behörden. Erst die US-Börsenaufsicht SEC, dann die Verkehrsbehörde NHTSA. Er wendet sich an Datenschützer in den USA und Europa. Er kontaktiert erste Journalisten. Doch wenn Krupski auf den ganz großen Knall wartet, wird er enttäuscht. Dann, am 4. November 2022, meldet er sich beim Handelsblatt.

Seine Tesla-Files umfassen inzwischen mehr als 100 Gigabyte. 23.398 Dateien, darunter Listen, die Gehälter und Privatanschriften von mehr als 100.000 aktuellen und ehemaligen Mitarbeiterinnen und Mitarbeitern zeigen. Einen Geheimbericht mit Problemen des Cybertrucks, des Hoffnungsträgers des Unternehmens. Und zahllose als vertraulich gekennzeichnete Dokumente. 1388 PDFs, 1015 Excel-Tabellen und 213 Power-Point-Präsentationen.

Wie ist das möglich? Die meisten der Tesla-Files sind in dem Projektmanagement-System Jira gespeichert. Jira ist in der Wirtschaft weit verbreitet. Nach Angaben des Herstellers Atlassian nutzen mehr als 100.000 Unternehmen diese Software. Darunter sind Tesla-Konkurrenten wie Audi und BMW ebenso wie die Deutsche Bank und der Kurznachrichtendienst Twitter, später X genannt.

Ursprünglich setzten vor allem Entwickler Jira ein. Nutzer können sogenannte Tickets mit konkreten Aufgaben erstellen und anderen Personen zuweisen, die dann gemeinsam Lösungswege erarbeiten und in Jira zentral sammeln. Das soll die Zusammenarbeit verschiedener Teams und Standorte vereinfachen.

Tesla allerdings nutzt Jira auf ganz breiter Ebene. Die Tickets in den Tesla-Files enthalten auch Dateien zu Batteriemodulen, Versicherungsansprüchen und dem

Kundenservice. Sie tragen Zusätze wie „Business Critical" oder „HR-Confidential" – schon dies Zeichen für nötige Vorkehrungen zwecks Vertraulichkeit. Solche Zeichen allerdings wurden offenbar nicht beachtet.

Und so liegen nun Informationen aus dem Innersten von Tesla offen. Allen voran: Details zum Autopiloten. Die Vision, selbstfahrende Fahrzeuge zu bauen, sei der eigentliche Kern seines Unternehmens, sagt Elon Musk (2018): Ihre Umsetzung entscheide darüber, „ob Tesla viel Geld wert ist oder praktisch null".

Im November 2021, als Krupski die ersten Dateien kopierte, erreichte die Marktkapitalisierung von Tesla 1,2 Billionen Dollar. Das war mehr als BMW, Ford, General Motors, Honda, Mercedes, Toyota und Volkswagen zusammen. Unsere Recherche zeigt, wie es zu diesem Zeitpunkt wirklich um den Autopiloten stand.

Die Tesla-Files enthalten mehr als 2400 Beschwerden über Selbstbeschleunigungen und mehr als 1500 Probleme mit Bremsfunktionen, darunter 139 Fälle von ungewollten Notbremsungen und 383 Phantombremsungen. Die Zahl der Crashs liegt bei mehr als 1000.

Einer von ihnen ist Thomas Karl. Der Schweizer beklagte sich 2021 über ein Dutzend Fehlbremsungen mit seinem Fahrzeug. „Guten Tag die Herren, glauben Sie mir, dass ich langsam keine Nerven mehr habe?", schrieb er am 26. Juli 2021 an den Tesla-Kundendienst. Sein Wagen habe auf der A3 zwischen Flums und Sargans „nach der Überholung eines Fahrzeugs eine Vollbremsung vorgenommen, dass einem angst und bange wird".

Kunden rund um den Erdball berichten Ähnliches. Hier beispielhafte Zitate:

> „Als ich meinen Sohn auf dem Schulparkplatz abgesetzt habe, schoss das Auto plötzlich nach vorne.
> Auto hat unerwartet die Spur gewechselt und ist gegen eine Betonbarriere geprallt.
> Phantom-Bremsung, die Spuren auf der Straße hinterließ. Brauche so schnell wie möglich Hilfe, da ich mich nicht wohl dabei fühle, wieder zu fahren.
> Unser Auto ist auf dem Highway einfach stehengeblieben. Das war ziemlich beängstigend."

Dabei hat Tesla die Herausforderung des autonomen Fahrens laut Musk „im Prinzip" längst gelöst. Schon 2016 sagte der Konzernchef, vollständig autonomes Fahren sei binnen zwei Jahren möglich. 2019 kündigte er an, innerhalb von 15 Monaten würden eine Million selbstständig fahrende „Robo-Taxis" auf der Straße sein. 2020 lautete seine Prognose, das autonome Fahren würde „bis Ende des Jahres" Wirklichkeit.

Die Tesla-Files zeigen, was Musks eigene Mitarbeiter von der Autopilot-Funktion halten. In einer Excel-Tabelle aus November 2020 lässt sich ablesen, welche Erfahrungen sie machten. Tor Karlsson* etwa nahm an, der Autopilot seines Model 3 lese das Tempolimit auf Verkehrsschildern falsch. Jedenfalls bremste sein Tesla „mehrfach pro Tag" unvermittelt ab.

Erik Larsen* war bei Tesla für den Ausbau der Ladesäulen in Skandinavien zuständig. Nach fünf ungewollten Bremsungen in nur einer Woche überwog auch bei ihm die Skepsis: „Ich schalte den Autopiloten oft wegen der Phantombremsung aus."

Erklärungen für die Vorfälle fand keiner der Mitarbeiter. „Ich schätze, dass auch tiefe Schatten unter Brücken etwas damit zu tun haben könnten", überlegte Servicetechniker Borja Clausen*, nachdem sein Tesla innerhalb von drei Wochen drei Mal beim Überholen auf der Autobahn stark bremste. Ingenieur Jesper Thomassen* schrieb: „Falsches Abbremsen erlebe ich fast bei jeder Fahrt. Phantombremsungen seltener, aber normalerweise ein paar Mal bei meinen längeren Wochenendfahrten an verschiedenen Orten."

Tesla beantwortet keine Fragen zu diesen Themen. Seit das Handelsblatt über die Tesla-Files berichtet, hat das Unternehmen nicht eine einzige inhaltliche Stellungnahme abgegeben. Das Datenleck zeigt auch, wie Tesla sonst mit kritischen Informationen umgeht.

Mitarbeiter haben präzise Vorschriften dafür, mit Kunden zu kommunizieren. Das oberste Gebot lautet dabei offenbar: so wenig wie möglich.

Jedes Mal, wenn eine Beschwerde über vermeintliche technische Mängel der Fahrzeuge eingeht, entsteht bei Tesla ein Bericht. In jedem Eintrag ist fett gedruckt, dass Informationen, wenn überhaupt, nur so an den Kunden gegeben werden dürfen, dass der sie nicht aufbewahren kann: „Kopieren Sie den nachstehenden Bericht nicht in eine E-Mail oder Textnachricht oder hinterlassen Sie ihn in einer Voicemail an den Kunden."

Diese Regeln gelten nicht nur für Beschwerden zum Autopiloten. Die Tesla-Files enthalten eine Fülle weiterer Probleme, zu denen sich das Unternehmen ebenso nicht äußert. Das Datenleck erlaubt nun, immer nach sorgfältiger Prüfung, trotzdem darüber zu schreiben.

## 2 Step by Step

Mein erster Kontakt mit dem Tesla-Whistleblower datiert auf den 4. November 2022. Vorher erhielt ich einen Anruf von meinem Kollegen Martin Kölling, einem Auto-Experten. Er schilderte mir ein Gespräch mit einem Mann, der behauptete, Teslas Datensysteme seien offen wie ein Scheunentor. Der Anrufer hatte weder seinen Namen noch seinen Standort genannt. Kölling ahnte, dass eine längere, aufwendige Recherche bevorstand. Ein Fall für das Investigativ-Team des *Handelsblatt*.

Ich rief den Mann also über einen verschlüsselten Nachrichtendienst an. Solche Gespräche sind immer ein bisschen knifflig. Wir dürfen als Reporter nie vergessen, in was für einer unmöglichen Situation unser Gegenüber ist. Wir reden mit einem Fremden, aber er soll uns etwas Geheimes verraten. Etwas, das ihm möglicherweise schaden kann. Viele potenzielle Geschichten gehen an diesem Konflikt verloren.

Bei Tesla war es besser. Der Whistleblower hatte sich offenbar genau überlegt, was er wollte und was er dafür tun musste. Nach einer halben Stunde am Telefon schickte er Beispieldateien.

Das erste Dokument hieß Master Headcount. Eine Excel-Datei mit Angaben zu 100.000 Tesla-Mitarbeitern weltweit. Private Anschriften, Telefonnummern, Passnummern, Sozialversicherungsnummern, Gehälter.

Meine erste Reaktion war: Das kann eigentlich nicht sein. Ich wusste aus jahrelanger Erfahrung, welchen Wert Unternehmen inzwischen auf Datensicherheit legten. Sie war ein wesentlicher Teil von Compliance. Und hier ging es um Tesla, das wertvollste Automobilunternehmen der Welt. Chef und größter Aktionär war Elon Musk, einer der reichsten Männer der Welt.

Musk gehörte auch das Raumfahrtunternehmen Space X. Seine Starlink-Satelliten spielten eine wichtige Rolle im Krieg zwischen Russland und der Ukraine. Außerdem hatte Musk gerade für 44 Mrd. Dollar den Nachrichtendienst Twitter übernommen. Anschließend entließ er dort die Hälfte der Mitarbeiter und sorgte mit provokanten Tweets ständig für Aufruhr. Musk war jeden Tag in den Nachrichten.

Ich beriet mich also mit meinem Co-Ressortleiter Martin Murphy über das weitere Vorgehen. Murphy hatte viele Jahre Erfahrung als Branchenreporter in der Automobilindustrie. Gemeinsam hatten wir 2019 für unsere Berichterstattung über die Dieselgate-Affäre den Wächterpreis gewonnen. Wir entschieden, von Anfang an das ganze Investigativ-Team in die Tesla-Recherche einzubinden.

Eine zentrale Rolle kam dabei Lars-Marten Nagel und Michael Verfürden zu. Nagel hatte bei der Nachrichtenagentur dpa als Datenredakteur gearbeitet, bevor er zum Axel Springer Verlag wechselte und 2017 zum Handelsblatt stieß. Er lehrte an Journalistenschulen über Datenjournalismus und Datenrecherche.

Verfürden arbeitete seit 2019 beim *Handelsblatt* und übernahm dort gemeinsam mit Nagel die Federführung bei der Auswertung riesiger Datenmengen zum Wirecard-Skandal. Die beiden hatten ein eigenes System zur Strukturierung von großen Volumen Information entwickelt, das sie nun auch für die Tesla-Recherche nutzen sollten.

Alle sechs Investigativ-Redakteure, neben Nagel und Verfürden auch die ebenfalls für ihre Dieselgate-Berichterstattung ausgezeichneten René Bender und Volker Votsmeier, verbrachten rund zwei Wochen mit der ersten Verprobung der Daten. Zahlreiche Angaben ließen sich scheinbar durch *LinkedIn*, *Facebook* und andere Soziale Medien verifizieren.

Ich ging also zu meinem Chefredakteur Sebastian Matthes und erklärte die Lage. Auch er glaubte anfangs nicht, dass die Daten echt waren. Konnte es wirklich sein, dass ein Weltkonzern derart unbedarft mit Datenschutz umging? Andererseits: Die Story war zu gut, um sie liegenzulassen.

Falls die Daten echt waren, zeichneten sich mehrere Artikel ab. Den Auftakt würde ein Bericht über ein riesiges Sicherheitsleck bei Tesla bilden. Dabei war das Unternehmen bisher eine Art weißer Fleck.

Kaum etwas über die Hierarchie und die Zuständigkeiten bei Tesla war bekannt. Wir würden erstmals über die Zustände des Unternehmens berichten, das mit seinen Elektrofahrzeugen eine ganze Branche revolutionierte. 2021 pries der damalige Volkswagen-Chef Herbert Diess Tesla mehrfach als großes Vorbild für seinen Konzern.

Auf die erste journalistische Evaluation der Tesla-Files folgte eine juristische. Mitte November beriet ich mich mit Murphy und Peter Koppe, dem Leiter unserer Rechtsabteilung. Koppe hatte einen wichtigen Einwand. Wie konnten wir sicherstellen, dass die uns vorliegenden Daten wirklich ungeschützt im Unternehmen kopierbar waren? Konnten sie nicht auch gehackt sein?

Das Problem war nicht einfach zu lösen. Der Whistleblower bestand auf absoluter Anonymität. Nach seiner Darstellung hatte er bei Tesla schon früher auf Missstände aufmerksam gemacht, wurde dann aber gemobbt und schließlich entlassen. Er verwies auch auf die rüde Art, mit der Elon Musk mit anderen Kritikern umging.

Nach vielen Nachrichten und Gesprächen bot der Whistleblower zwei Optionen an: Ich konnte mit der Anwältin sprechen, die ihn in seinem Arbeitsrechtsstreit mit Tesla vertreten hatte. Zusätzlich war er bereit, uns in einem Video zu demonstrieren, wie er in dem IT-System von Tesla Daten aufrufen und kopieren konnte.

Die Vorführung war erstaunlich. Zu keinem Zeitpunkt der Aufzeichnung stieß der Whistleblower auf eine Fehlermeldung, eine Kennwortabfrage oder eine Ablehnung eines Zugriffs, weil eine Berechtigung fehlte. Auf jedes Suchwort gab es Treffer. Bei jedem Treffer ließen sich Dokumente einsehen und kopieren.

Unser Hausjurist war zufrieden mit dem Video, auch wenn es seine Bedenken nicht völlig ausräumte. Wichtig war: es sprach mehr dafür, die Recherche fortzusetzen, als sie anzuhalten. Ende November 2022 stießen Thomas Jahn und Felix Holtermann zum Team Tesla.

Jahn war viele Jahre US-Korrespondent gewesen und der einzige *Handelsblatt*-Journalist, der gleich zwei Tesla-Fabriken von innen gesehen hatte. Holtermann war Korrespondent in New York und für Tesla in den USA zuständig. Beide versuchten, amtierende oder ehemalige Mitarbeiter zum Sprechen zu bringen. Immer stießen sie auf eine Mauer der Angst.

Neue Schwierigkeiten tauchten auf. Der Whistleblower wurde unruhig. Er stellte sich vor, das Handelsblatt müsse unbedingt vor Weihnachten eine erste Geschichte drucken. Doch unsere Rechtsabteilung warnte. Wir hatten nun zwar ein authentisch wirkendes Video zur Datenabfrage im Tesla-IT-System. Aber auch dies konnte manipuliert sein.

Ich schlug vor, den Whistleblower zu besuchen, um eine Datenabfrage selbst mitzuerleben. Der Informant hatte dies in den vorhergehenden Wochen immer abgelehnt. Kurz vor Weihnachten aber willigte er ein. Es wurde ein Wendepunkt in der Recherche.

Am 20. Dezember flog ich nach Oslo, dann nahm ich einen Zug nach Drammen, dem norwegischen Standort von Tesla. Ich ging mit dem Whistleblower essen und er erzählte mir seine Geschichte. Anschließend, von einem Parkplatz aus, rief er einen befreundeten Tesla-Mitarbeiter an. Es war der Moment der Wahrheit.

Der Whistleblower hatte keinen Zugang mehr zu Teslas IT-System. Aber sein Freund hatte. Auch er machte nach eigener Darstellung üble Erfahrungen mit dem Unternehmen, wusste aber nichts davon, dass sich ein Journalist aus Deutschland dafür interessierte.

Wir fuhren also zu ihm. Nach ein paar Minuten Wartezeit das Reporterglück: Der Mann kam auf die Straße, einen Laptop in der Hand. Er sah krank aus, hatte die Nacht zuvor kaum geschlafen. Er war bereit, zwanzig Minuten für die Aktion zu opfern, vielleicht eine halbe Stunde.

Alle drei fuhren wir zu einem neutralen Ort. Dort, unbemerkt von Dritten, loggte sich der Tesla-Mitarbeiter ins Konzernnetz ein. Die nächsten beiden Stunden vergingen wie im Rausch.

Das IT-System von Tesla schien unermesslich und farbenfroh. Ganz gleich, welche Suchbegriffe der Benutzer eingab, jeder führte zu Treffern. Anfangs glich ich Daten ab, die bereits beim *Handelsblatt* in Düsseldorf lagen. Ich prüfte, ob sie sich tatsächlich so frei aus dem System fischen ließen wie in dem Vorführvideo.

Dann bat ich um neue Abfragen. Bald sah ich Spesenabrechnungen von Elon Musk, Kontoauszüge von Tesla, Rechnungen von Anwaltskanzleien und Sicherheitsfirmen, die für den Konzern arbeiteten. Plötzlich stand der Name Jan Marsalek auf dem Bildschirm.

Auslöser war das Suchwort „Staatsanwaltschaft". Das Tesla-System zeigte seitenweise Treffer an, einer davon war eine Anfrage der Staatsanwaltschaft Wien an die Europazentrale von Tesla in Amsterdam. Die Beamten forderten das Unternehmen auf, Verkehrsdaten, Zugangsdaten und Standortdaten des Teslas von Thomas Schellenbacher vom 1. April bis 30. Juni 2020 sowie 26. November bis 6. Dezember 2020 zu übermitteln. Der Hintergrund: Die Ermittler verdächtigten den ehemaligen österreichischen FPÖ-Abgeordneten als Fluchthelfer des früheren Wirecard-Vorstands Jan Marsalek.

Für mich war mit dem Fund der Auftrag meiner Reise erfüllt. Es schien unmöglich, dass dieses Detail gefälscht oder auch nur vorbereitet worden sein konnte. Keinem der beiden Männer neben mir schien das Thema irgendetwas zu sagen. Es gab auch keinen Grund, warum dieses Dokument für den gerade eingeloggten Nutzer zugänglich sein sollte.

Am nächsten Morgen traf ich mich erneut mit dem Whistleblower, diesmal kopierten wir Dateien. Mit 18 Gigabyte aus dem Innersten von Tesla trat ich die Rückreise an. Die Datenbasis für unser Rechercheprojekt hatte sich verhundertfacht.

Hatten wir bisher vor allem Informationen über Mitarbeiter durchforstet, weitete sich das Datenfeld nun auf Kunden, Geschäftspartner und eine Vielzahl von anderen Personen und Unternehmen aus, die Kontakt mit Tesla hatten. Originaldokumente von Kanzleien, Banken, Behörden; Power-Point-Präsentationen zu technischen Details, Zusammenfassungen von Problemen mit dem Autopiloten, Memoranden zu diversen Themen.

Ich lud die Daten in das System, das mein Kollege Nagel inzwischen eingerichtet hatte. Es erlaubte den Zugriff mehrerer Benutzer und obwohl die meisten aus unserem Team im Weihnachtsurlaub waren, sah ich rege Rechercheaktivität. Auch die Kommunikation mit dem Whistleblower lief ungebremst weiter. Allein am 24. Dezember schickte er mehrere Dutzend Nachrichten.

Anfang Januar kam Vinzenz Neumaier ins Tesla-Team. Der Volontär der Georg von Holtzbrinck-Schule hatte mit seinen ersten Geschichten viel Aufmerksamkeit erregt und bewies ein großes Faible für Investigativ-Recherche. Tesla war genau das richtige Projekt für ihn.

Am 5. Januar 2023 fand Investigativ-Redakteur Michael Verfürden ein wichtiges Detail. Das Tesla-Team zerbrach sich immer noch die Köpfe darüber, ob bei Tesla all diese sensiblen Daten wirklich einfach ungeschützt für zahllose Mitarbeiter einsehbar waren. Nun gab es einen deutlichen Hinweis.

Normalerweise funktionierte in dem Tesla-System die Verteilung von Zugriffsrechten über die Vergabe sogenannter „Security Levels". Mit ihnen konnten Nutzer genau festlegen, welche Personen oder Personengruppen auf bestimmte Tickets Zugriff haben – beispielsweise nur einzelne Mitarbeiter oder bestimmte Abteilungen.

Auch Tesla nutzte diese Einstellung. In den uns vorliegenden Dateien von Tesla gab es aber nirgendwo einen Hinweis darauf, dass sie von der breiten Masse an Mitarbeitern wirklich abgeschirmt wurden. Stattdessen stand die Zugriffsberechtigung auf „all", „everyone", „unrestricted" oder „available to all users".

Wir dachten schon über einen Veröffentlichungstermin nach, als der Whistleblower am 11. Januar mit einer Nachricht überraschte: Er hatte eine weitere Festplatte zusammengestellt – mit 49 Gigabyte an Daten. Es war Zeit, nochmal mit den Chefs zu sprechen.

Am 12. Januar saß ich zusammen mit Martin Murphy im Büro von *Handelsblatt*-Chefredakteur Matthes. Auch sein Stellvertreter Peter Brors war da. Wir begannen mit einer kurzen Vorführung der Tesla-Files.

Matthes entschied, einen externen Presserechtler heranzuziehen, außerdem einen Spezialisten für US-Recht. Brors regte ein Gutachten eines IT-Experten an, um forensisch prüfen zu lassen, ob jemand die vorliegenden Daten manipuliert haben könnte. Noch am Abend des 12. Januar informierte Matthes unsere Geschäftsführerin Andrea Wasmuth über den Sachstand.

Am Nachmittag des 23. Januar traf sich das Tesla-Team mit der stellvertretenden Chefredakteurin Kirsten Ludowig. Informationen über neue Funde wurden ausgetauscht, erstmals verteilte das Team jetzt Aufträge für konkrete Geschichten, die mit den Daten geschrieben werden konnten. Wir besprachen weitere Schritte, etwa Reisen für Interviews mit Experten, welche Daten sich für grafische Umsetzung eigneten, Nachfragen an den Whistleblower.

Am 22. Februar fuhr eine *Handelsblatt*-Delegation nach Darmstadt zum Fraunhofer Institut für Sichere Informationstechnologie. Die Experten prüften die Tesla-Files und schrieben ein Gutachten zu ihrer Authentizität.

Parallel begannen unsere Reporter, mehr als 200 Kunden und Mitarbeiter von Tesla anzurufen und anzuschreiben – ihre Kontaktdaten waren ja praktischerweise alle in den Tesla-Files vorhanden. Nun beteiligten sich auch unsere US-Korrespondenten Astrid Dörner, Katharina Kort und Stephan Scheuer an dem Projekt – viele der Mitarbeiter und Kunden in den Tesla-Files lebten in den USA.

Tesla war immer eine Black Box. Das Unternehmen hat keine Presseabteilung, Mitarbeiter sind angewiesen, kein Wort über ihre Arbeit zu sprechen. Als aber Reporterinnen und Reporter vom Handelsblatt anriefen und erkennen ließen, dass sie Privatadresse, Passnummer und Jahresgehalt der Betroffenen kannten, überwog oft deren Neugier. Gespräche wurden vereinbart. Sie boten die Chance, vorhandene Informationen zu prüfen und neue zu erhalten.

Die Überprüfung aller nötigen Informationen für eine erste Berichterstattung dauerte rund drei Monate, gegen Ende begannen wir mit dem Entwurf erster Texte. Am 10. Mai schickten wir einen Fragenkatalog an Tesla.

Während wir noch immer überlegten, ob die Daten wirklich echt sein konnten, gab das Unternehmen uns am 16. Mai selbst die Antwort. Ein Tesla-Anwalt schrieb, wir sollten die Daten bitte löschen und nicht darüber schreiben. Nun war auch unsere eigene Rechtsabteilung zufrieden.

## 3 Take Away

Am 26. Mai 2023 erschien unser erster Report über die Tesla-Files. Zeitgleich starteten wir einen Leseraufruf. Mitarbeiter konnten ihre Personalnummern eingeben, Kunden ihre Fahrzeuggestellnummern, um zu erfahren, ob ihre Daten Teil der Tesla-Files waren.

Wir taten das nicht, um Daten zu verschicken oder zu kommentieren. Für uns war der Aufruf ein Werkzeug zur Kontaktanbahnung. Er funktionierte gut. So gut, dass wir zahlreiche neue Hinweise erhielten.

Die Tesla-Files beschäftigten bald immer mehr offizielle Stellen. 20 europäische Aufsichtsbehörden haben sich dem Verfahren angeschlossen, das die niederländische Datenschutzbehörde Autoriteit Persoonsgegevens seit Mai führt. Sie ist zuständig, weil die europäische Tesla-Zentrale in Amsterdam liegt. In den USA haben sich die Generalstaatsanwaltschaften mehrerer Bundesstaaten eingeschaltet.

Auch Tesla selbst hat reagiert. Im Mai, nach unserer Anfrage, meldete das Unternehmen das Datenleck an die zuständige Datenschutzbehörde. Im Juli warnte Tesla im Quartalsbericht vor den Auswirkungen des Vorfalls. Im August informierte der Autobauer dann auch seine Mitarbeiter in den USA.

„Wir schreiben Ihnen, um Sie über einen Vorfall zu informieren, der Ihre Daten betrifft", steht in dem Brief von Teslas Datenschutzbeauftragtem. Das Unternehmen biete Mitarbeiterinnen und Mitarbeitern ein kostenloses Abonnement bei der Firma Experian's IdentityWorks an. Der Dienstleister hat sich auf den Schutz gegen so genannten Identitätsdiebstahl spezialisiert.

Zu den Daten, die in Teslas IT-System offenbar kaum vor Zugriffen Unbefugter geschützt waren, zählen Sozialversicherungsnummern. Für Cyber-Hacker sind sie die idealen Werkzeuge, um großen Schaden anzurichten. Opfer brauchen danach oft viele Monate, um ihre Finanzen und ihr Leben wieder zu normalisieren.

Ein ehemaliger Mitarbeiter aus Kalifornien hat bereits eine Klage gegen Tesla eingereicht. Er wirft dem Management vor, „leichtfertig oder fahrlässig" mit den Daten seiner Beschäftigten umgegangen zu sein. Das Unternehmen habe seine IT-Systeme nicht „angemessen geschützt", das Datenleck nicht „rechtzeitig erkannt" und die Betroffenen nicht „unverzüglich und genau" informiert. All dies verstoße gegen die Vorgaben der US-Verbraucherschutzbehörde FTC.

Die Vergangenheit kann Tesla nicht ungeschehen machen. Es gibt aber Lehren für die Zukunft. Man werde auf Wunsch der Rechtsabteilung die Zugriffsrechte in internen Systemen stärker kontrollieren, kündigte Tesla seiner Belegschaft Ende August an. Mitarbeiter müssten zudem sicherstellen, dass die „erforderlichen Zugriffskontrolleinstellungen" angewendet und regelmäßig überprüft werden.

Wenn es für uns Journalisten eine Lehre aus den Tesla-Files gibt, dann den Lohn der Geduld. Wir stießen bei der Tesla-Recherche immer wieder auf Momente, in denen es einfach nicht weiterzugehen schien. Aber nach neuem Nachdenken und noch mehr Recherche fand sich jedes Mal ein Ausweg.

Die Fülle an Informationen und Kanälen, die wir inzwischen in das Unternehmen haben, wäre zuvor undenkbar gewesen. Mitarbeiter und Opfer des Autopiloten weltweit sind auf das Handelsblatt aufmerksam geworden. Es zeigt sich immer wieder: eine Recherche ermöglicht die nächste. Im Grunde wird die Arbeit mit der Zeit immer leichter.

Eine andere Lehre ist, dass manche Informanten sich nicht schützen lassen. Wenige Tage nach unserer Auftaktgeschichte klingelte es um sieben Uhr morgens an der Tür von Lukasz Krupski. Draußen standen mehrere Personen in schwarzer Kleidung, einige trugen schusssichere Westen.

Als der Whistleblower öffnete, gaben sich die Frauen und Männer als Mitarbeiter norwegischer Behörden zu erkennen. Sie blieben drei Stunden, durchsuchten seine Zweizimmerwohnung Meter für Meter. Als sie abzogen, nahmen sie Krupskis Computer, Telefon und Datenträger mit.

Es begann eine juristische Auseinandersetzung. Sie ist der Grund, warum sich der Whistleblower inzwischen zum Coming Out entschieden hat. Krupski sagte mir schon vor vielen Monaten, dass er diesen Schritt eines Tages gehen würde. Er habe immer gewusst, dass Tesla seinen Namen herausfinden würde, wenn er seine Informationen an die Presse gab.

Auf Krupskis Wunsch hin stellte ich einen Kontakt zur *New York Times* her. Am 3. November 2023 druckte das Handelsblatt das Bild von Krupski auf die Titelseite. Unter der Überschrift „Der Insider" erzählten wir seine ganze Geschichte. Eine Woche später zog die New York Times nach. Ihr Titel: „Man vs. Musk."

Am 4. Dezember zeichnete die internationale gemeinnützige Organisation *Blueprint for Free Speech* Krupski in London für seine Verdienste um die Meinungsfreiheit aus. Es begann eine neue Welle der Berichterstattung. Krupski bereitet eine eigene Klage gegen Tesla vor.

Auch das *Handelsblatt* bleibt an dem Thema dran. Mitte November schrieben wir darüber, wie Teslas Werksleiter in Grünheide seine Mitarbeiter als Langschläfer und Simulanten beschimpfte. Anfang Dezember zitierten wir aus internen Protokollen, in denen Mitarbeiter die eigenen Erfahrungen mit dem Autopiloten festhielten und vor dessen Einsatz warnten.

Solche Artikel sind nur möglich, weil einerseits längst nicht alle Informationen aus den Tesla-Files verarbeitet sind. Andererseits haben wir uns mit unserer Berichterstattung das Vertrauen von Insidern erarbeitet, so das neue Informationen fließen. Manchmal ergibt sich aus den Gesprächen mit ihnen auch eine neue Einordnung bestimmter Details in den Tesla-Files.

Auch sie kann zu einem nächsten Artikel führen. Je besser wir die Tesla-Files verstehen, desto besser können wir unseren Leserinnen und Lesern dieses bemerkenswerte Unternehmen beschreiben. Mehr wollen wir nicht.

*Name geändert

> **Was ist investigativer Journalismus?**
> Investigative Recherche macht da weiter, wo andere Recherchen aufhören. Ihr Ziel ist nicht, Menschen bloßzustellen, sondern auf Missstände und Fehlentwicklungen aufmerksam zu machen.
>
> **Drei goldene Regeln:**
> 1) **Schreiben Sie sich alle Kontaktdaten von allen Menschen auf**, mit denen Sie während der Recherche sprechen. Speichern Sie diese Daten an einem gemeinsamen Ort. Das spart viel Zeit – gerade in Situationen, in denen eine Information schnell überprüft werden muss.
> 2) **Erstellen Sie frühzeitig eine Zeitleiste der Ereignisse**, um die es in der Recherche geht. Das erleichtert die Einordnung von Informationen bei allen weiteren Artikeln.
> 3) **Scheuen Sie nicht den Kontakt zur eigenen Rechtsabteilung.** Die Kollegen können Sachverhalte aus einer anderen Perspektive einschätzen und Anregungen geben, auf die wir Journalisten im Zweifel gar nicht kommen.

## Literatur

Musk, E. (2018, 26. November). Elon Musk on Life, The Universe and Everything: Interview Part 2. YouTube. Abgerufen am 17.04.2024 von https://www.youtube.com/watch?v=iHmSrK238vI

**Sönke Iwersen** leitet seit 2012 das Ressort Investigative Recherche beim *Handelsblatt*. Diese Art des Arbeitens fasziniert ihn schon seit seinen Anfängen in der Sportredaktion beim *Hamburger Abendblatt*. Seine Spezialität sind genau ausrecherchierte Geschichten in einer klaren, nicht wertenden Sprache.

# Nord Stream: Wer sprengte die Pipeline? – Eine Recherche mit vielen Fallstricken

Holger Stark und Georg Heil

## 1  Die Story

Am 26. September 2022, kurz nach 2 Uhr morgens kommt es auf dem Meeresgrund der Ostsee rund 22 km südöstlich der dänischen Insel Bornholm zu einer Explosion, die zunächst fast unbemerkt bleibt. Seismologen messen lediglich eine leichte Erschütterung. Am Morgen dieses 26. September fliegt ein Flugzeug der dänischen Marine die Strecke der unter dem Namen Nord Stream bekannten Pipelines ab. Aus der Luft entdeckt die Crew eine Stelle aus der große Mengen Methan austreten. Später wird klar: die nächtliche Explosion hat eine der Röhren von Nord Stream 2 zerstört, auf einer Länge von rund zehn Metern ist die Leitung abgerissen. Um kurz nach 19 Uhr an diesem 26. September wird eine weitere Explosion detektiert, diesmal etwa 80 km nördlich des ersten Tatorts, sieben Sekunden später folgt noch eine Detonation. Nochmals acht Sekunden später eine dritte Explosion an dieser Stelle. Die drei, vielleicht auch vier Detonationen am Abend des 26. September hinterlassen eine Spur der Zerstörung. Nord Stream, das war einmal.

Die Pipelines, die russische Gaslieferungen unter Umgehung von Ländern wie der Ukraine und Polen direkt an die deutsche Küste in Vorpommern ermöglichten, waren von Beginn ihrer Planungen an politisch hoch umstritten. Nicht nur Länder

H. Stark (✉)
Die Zeit, Berlin, Deutschland
E-Mail: Holger.stark@zeit.de

G. Heil
RBB-Kontraste, Berlin, Deutschland
E-Mail: georg.heil@rbb-online.de

Mittel- und Osteuropas, auch die USA waren entschieden gegen das Projekt. US-Präsident Biden erließ Sanktionen und kündigte für den Fall einer russischen Invasion der Ukraine an: „There will be no longer a Nord Stream 2. We will bring an end to it" (*NBC* 2022)

Im Februar 2022 ist die russische Armee in die Ukraine einmarschiert, sieben Monate später werden die Leitungen gesprengt. Es ist ein Verbrechen geopolitischer Dimensionen, das um die Welt geht, das Regierungen alarmiert und Menschen fasziniert. Doch wer steckt dahinter? Und wie können Journalistinnen und Journalisten in einem solchen Fall recherchieren, der in der Welt der Geheimdienste und Ermittlungsbehörden, aber auch der internationalen Politik gleich mehrerer betroffener Länder spielt?

In Dänemark, Schweden und Deutschland wurden Ermittlungsverfahren eingeleitet. Die skandinavischen Behörden stellten ihre Ermittlungsverfahren ein gutes Jahr später wieder ein. Als letztes verbleibendes Land ermittelt Deutschland, genauer: der Generalbundesanwalt (GBA), u. a. wegen „verfassungsfeindlicher Sabotage", in das Verfahren des GBA fließen unter anderem die Ergebnisse der Ermittlungen von Bundeskriminalamt, Bundespolizei, Bundesnachrichtendienst und Bundesamt für Verfassungsschutz ein. Zudem versuchen zahlreiche Geheimdienste, die Täter herauszufinden, darunter die CIA und der niederländische Militärgeheimdienst MIVD – und einige Dienste versuchen wohl auch das Gegenteil: eine Aufklärung zu verhindern.

Die ersten Verdächtigungen, auch in den Medien, richteten sich sofort gegen Russland, dem man eine solche Tat ohne weiteres zutrauen kann. Der damalige polnische Regierungschef Mateusz Morawiecki redete schon am Tag nach dem Anschlag so, als sei erwiesen, dass Wladimir Putin persönlich den Plan genehmigt habe. Andererseits: Weshalb sollte Russland die Leitungen zerstören, wenn Moskau doch auch einfach den Hahn zudrehen konnte? Russland, das selbst beträchtliche Finanzmittel in die Pipelines investiert hatte, hätte sich so einer lukrativen Einnahmequelle und auch der Möglichkeit, Deutschland und andere Länder mit Gaslieferungen unter Druck zu setzen, beraubt. Zum Zeitpunkt der Anschläge war die Frage, ob im kommenden Winter für die Industrie und die Heizungen in Deutschland ausreichend Gas zur Verfügung stehen wird, noch längst nicht abschließend beantwortet.

Andere, wie der US-amerikanische Journalist Seymour Hersh meinten, die USA als Drahtzieher des Anschlags identifiziert zu haben. Hersh, Jahrgang 1937 ist eine Reporter-Legende, er hat unter anderem das Massaker von My Lai im Vietnamkrieg und die Folterorgien der US-Armee im irakischen Abu Ghraib aufgedeckt. Im Februar 2023 behauptete Hersh in einem Blog-Beitrag, der weltweit für Aufsehen sorgte, Taucher der U.S. Navy hätten mit Hilfe der norwegischen Marine bereits im Juni 2022 im Rahmen des NATO-Manövers „Baltic Operations" die Sprengsätze platziert. Hersh räumte ein, dass er nur eine Quelle für seine Darstellung der Tat habe, diese jedoch über „direktes Wissen" verfüge. Sein Bericht ist längst in einigen Details widerlegt, so war beispielsweise – entgegen seiner Behauptungen – kein norwegisches Schiff der „Alta-Klasse" an dem Manöver beteiligt. Auch wurde beim Nord Stream-Anschlag nicht wie von Hersh behauptet, C4-Sprengstoff benutzt. Inzwischen spricht Hersh nicht mehr öffentlich über seine Recherche. Sie wurde jedoch von staatlicher russischer Seite sowie im Internet aufgenommen, so berief sich der russische Außenminister Lawrow auf Hershs Artikel.

Wir, die Verfasser Georg Heil und Holger Stark, gingen der Frage nach, wer die Anschläge ausgeführt und vor allem, wer sie befohlen hat, unser Bericht vom 7. März 2023 (*Tagesschau* 2023) machte weltweit Schlagzeilen und veränderte die globale Diskussion: offenbar führt die Spur in die Ukraine.

Bis heute sind entscheidende Fragen nicht abschließend und vollständig zu beantworten. Jedoch gibt es mittlerweile starke Indizien und ein Bild der Abläufe, die auf ukrainische Täter hindeuten, die die Nord Stream-Pipelines mit Hilfe einer gemieteten Segelyacht mit Namen „Andromeda" sabotiert haben. Polizeiliche Ermittlungen, nachrichtendienstliche Erkenntnisse und auch davon unabhängige investigative journalistische Recherche stützen dies. Selbst ukrainische Behörden verdächtigen inzwischen einen ehemaligen ukrainischen Geheimdienstmitarbeiter der Mittäterschaft.

Die Recherche begann mit der Kooperation von vier Journalisten: Neben den beiden Verfassern dieses Kapitels waren Michael Götschenberg aus dem *ARD*-Hauptstadtstudio und Holger Schmidt vom *SWR* von Beginn an der Kooperation beteiligt. Monate später erwuchs aus dieser Kooperation von vier Journalisten ein internationales Recherchekollektiv, dem u. a. Journalisten von *NDR, WDR*, dem niederländischen Fernsehsender *NOS Niewshuur*, der schwedischen Zeitung *Expressen*, der polnischen Redaktion *Frontstory* sowie der französischen Plattform *Intelligence online* angehörten. Im Rahmen dieser internationalen Recherchekooperation wurde unter anderem die „Andromeda" gechartert, es wurden Taucher zum Anschlagsort auf dem Meeresgrund geschickt, Seismologen, ehemalige Kampftaucher und Sprengstoffexperten interviewt, öffentlich zugängliche Quellen durchforstet und nach Augenzeugen gesucht. Das Rechercheteam hat zudem mit Menschen gesprochen, die mutmaßlich in die Planung der Tat involviert waren, sowie zahlreiche Quellen in Polizei, Nachrichtendiensten, Staatsanwaltschaften und Politik in mehreren Ländern befragt.

## 2 Die Recherche

Am Anfang unserer Recherche standen Hinweise, nach denen deutsche Ermittler die Hintermänner des Anschlags in der Ukraine vermuteten. Der erste Hinweis stammt aus dem Oktober 2022, Anfang 2023 wurden diese Hinweise dann konkreter: deutsche Behörden gingen demnach davon aus, dass eine Segelyacht von Deutschland aus gestartet sei, an Bord ein sechsköpfiges ukrainisches Sabotagekommando, bestehend aus einem Kapitän, mehreren Tauchern und einer Ärztin. Die Brisanz dieser Informationen war uns von Beginn an klar. Jede Berichterstattung zu diesem Thema hat Konsequenzen, sie stellt das Verhältnis zur Ukraine und die Solidarität in Frage, sie wird politisch ge- und missbraucht. Wie bei wenig anderen Themen sind die an der Recherche beteiligten Journalisten von Anfang an unter öffentlichen Druck geraten, bis hin zu massiven Beschimpfungen: wahlweise als von der CIA bezahlte Lohnschreiber oder als Vasallen Russlands. Es gibt wahrscheinlich nicht viele Berichte zum Krieg zwischen Russland und der Ukraine, die unisono und postwendend von beiden Kriegsparteien als falsch und absurd dementiert wurden: von der Ukraine, aber auch von Russland, das von Anfang an die USA öffentlich beschuldigte. Guter Journalismus macht sich dieses politische Spannungsfeld bewusst, ohne sich davon beeinflussen zu lassen.

Wie wichtig bei diesem Thema jedes Wort, ja jeder Buchstabe ist, lässt sich an einem Beispiel illustrieren: in der allerersten Meldung von *Kontraste*, ARD-Hauptstadtstudio (*Tagesschau* 2023) und Zeit (2023) war die Rede von „Wieck", einem Hafen auf dem Darß, in dem die Täter mit der Segelyacht Andromeda Halt gemacht haben sollen – eine Verwechslung, wie sich herausstellte, gemeint war Wiek auf Rügen, wo die Andromeda tatsächlich eingelaufen war. Er wurde zu einem der von anderen Medien angeführten Punkte, warum die Recherche prinzipiell nicht stimmen könne – als würde die Verwechselung des Hafens „Wieck" mit „Wiek" an der ukrainischen Spur etwas Entscheidendes verändern.

Noch absurder war die Argumentation bei anderen Punkten: es sei unmöglich, auf einer 12-Meter-Yacht 500 kg Sprengstoff zu transportieren. Schließlich: welcher Militär- oder Geheimdienstmann lasse auf einem Boot seinen Pass zurück? Riecht das nicht nach einer absichtlich gelegten Spur? Im globalen Desinformationskrieg ist dies eine beliebte Methode: man dementiert und zerpflückt etwas, das überhaupt niemand behauptet hat. Wie die kriminaltechnischen Untersuchungen später zeigten, waren für die Anschläge nicht 500 kg, sondern sehr viel weniger Sprengstoff des eingesetzten Typs HMX nötig. Und an Bord der Andromeda hatten die Ermittler überhaupt keine Pässe gefunden, sondern waren auf die teils echten, teils gefälschten Identitäten der mutmaßlichen Täter und ihrer Unterstützer an anderer Stelle der Ermittlungen gestoßen. Aber bei einem hoch politisierten Fall wie Nord Stream ist jedes Mittel recht, um journalistische Recherchen zu diskreditieren.

Die internationale Dimension dieses Falls – ein halbes Dutzend beteiligter Länder, entsprechend viele Sicherheitsbehörden – ist für Journalisten gut und schlecht zugleich: viele Nationen, das bedeutet eine unübersichtliche Gemengelage, es bedeutet falsche Spuren und Mauern des Schweigens. Es ist aber auch eine Chance: viele Beteiligte heißt auch viele potenzielle Quellen, insbesondere dann, wenn es Rechercheuren gelingt, die üblicherweise bestehenden nationalen Barrieren zu überwinden. Bei Nord Stream gelang dies durch einen ungewöhnlich offenen, kollegialen Austausch von Rechercheergebnissen über nationale und redaktionelle Grenzen hinweg. Durch dieses große Vertrauen war es möglich, Rechercheergebnisse aus, beispielsweise, Deutschland, zu Behörden in den USA zu tragen und von dort zu Behörden in den Niederlanden. Und am Rande einer internationalen Konferenz von 2000 Investigativjournalisten in Göteborg rief ein russischsprachiger Kollege aus Schweden im Beisein zweier deutscher Journalisten einen mutmaßlich an der Vorbereitung des Anschlags beteiligten Ukrainer an; der Inhalt des Telefonats wurde mit allen beteiligten Redaktionen geteilt. So entstand ein dichtes, in wichtigen Punkten verifiziertes Bild, das keine einzelne Redaktion hätte zusammensetzen können. Die Summe der Arbeit der Rechercheure war größer als jeder einzelne Beitrag (*Zeit Online* 2023; *Das Erste* 2023).

Wie heikel Recherchen auf dem Boden einer Kriegspartei sein können, zeigte sich im Herbst 2023, als ein Team von *ARD* und *Zeit* nach Kiew fuhr, um einen der mutmaßlich an der Anmietung der Segelyacht beteiligten Hintermann zu konfrontieren. Nachdem unsere Kolleginnen und Kollegen in einem Kiewer Vorort auf den gerade vom Einkaufen nach Hause kommenden Geschäftsmann zugegangen und ihn befragt hatten, meldete sich der Mann später noch mehrmals, verfluchte die Reporter und drohte ihnen mit körperlicher Gewalt. Das Recherche-Team, das ohnehin unter dem Eindruck stand, vor Ort beobachtet zu werden, war froh, unversehrt aus Kiew herausgekommen zu sein.

Widerstand gab es allerdings nicht nur in Kiew. In Berlin stellte das Kanzleramt eine kleine Gruppe von Beamten zusammen, die die Akten durchging, Stellungnahmen von Polizei und Geheimdiensten einforderte und nach Übereinstimmungen von Formulierungen in unseren Berichten und behördlichen Vermerken suchte (schöne Grüße nach Wieck). Die Task Force jagte nicht etwa die Attentäter – sondern mögliche Maulwürfe in den eigenen Reihen. So entstand rund um die Nord Stream-Recherchen auch in den Reihen des Staates eine Atmosphäre tiefen Misstrauens – und es wuchs der Druck auf mögliche Zugänge.

## 3 Take-away

Recherchen wie die zur Sprengung der Nord Stream-Pipelines sind naturgemäß Verdachtsberichterstattungen. Reporterinnen und Reporter gehen einem Verdacht nach, sie folgen Spuren, sie stellen Fragen. Verdachtsberichterstattungen sind per se nicht abgeschlossen, das Bild wandelt sich, weitere Indizien kommen hinzu – ähnlich wie bei den noch laufenden Ermittlungen der Behörden. Manche Details, siehe Wieck, sind falsch. Umso wichtiger ist es, die eigenen Methoden und auch Fehler transparent zu machen und im Zweifel zu korrigieren (wie es im Fall von „Wieck" geschah).

Die Verdachtsberichterstattung hat auch Entlastendes zu berücksichtigen. Wichtig war daher auch, die Möglichkeit zu beachten und zu berichten, dass es trotz aller Rechercheergebnisse und aller Sorgfalt doch auch anders gewesen sein kann, dass beispielsweise ein Geheimdienst im Rahmen einer „false flag"-Operation gezielt falsche Spuren in Richtung Ukraine gelegt hat. Doch nicht jede Möglichkeit ist gleich wahrscheinlich. Je weiter die Recherche vorangeschritten ist, desto unwahrscheinlicher wurde die „false flag"-Variante. Viele Ermittlungsergebnisse, darunter die Sicherstellung von Sprengstoffspuren auf einem Tisch an Bord der „Andromeda", hingen von Zufällen ab: Die Yacht war nach dem entscheidenden Törn nicht mehr vermietet worden, der Tisch nicht mehr in Benutzung. Wie hätten das die Planer einer „false flag"-Operation im Vorfeld wissen können?

Und es ist nahezu zwingend, einen langen Atem zu haben, nicht aufzuhören, auch wenn andere, neue Themen auf den Schreibtisch eines jeden Journalisten drängen. Eine Recherche wie unsere zu Nord Stream dauert ein, vielleicht auch zwei Jahre. Dieser lange Atem muss sein, sonst bleibt es journalistisches Stückwerk. In gewisser Weise geben wir unseren Lesern und Zuschauerinnen mit einer spektakulären Recherche wie der zu Nord Stream auch ein Versprechen, für sie dranzubleiben.

Aufwändige Recherchen dieser Art glichen früher einem Fußballspiel: die eine Halbzeit haben Journalisten recherchiert, die zweite Halbzeit haben sie die Recherchen aufbereitet und publiziert. Heute gleicht unsere Arbeit eher einem Basketballspiel, mit vier Vierteln: nach der Recherche und der Publikation folgt die Kommunikation auf Social Media, in zweit- und Drittmedien der eigenen Häuser – und, viertes Viertel, die Verteidigung der eigenen Arbeit. Was hilft die beste Recherche, wie sie danach im Stahlbad von Social Media nicht besteht? Wir haben uns in diesem besonders umkämpften Fall dafür entschieden, auch in Sendungen populärer YouTuber zu gehen, die teilweise mehrere Hunderttausend Zuschauer haben, um unsere Arbeit dort gegen Verschwörungstheoretiker zu verteidigen und die gängigsten Vorwürfe zu widerlegen. Wir haben mit arabischen Fernsehsendern und US-amerikanischen Investigativ-Podcastern gesprochen und immer wieder nicht nur dargelegt, was wir herausgefunden haben, sondern auch wie.

Die zweite wichtige Erkenntnis besteht in der Notwendigkeit grenzüberschreitenden Teamarbeit. Es gibt Fälle, in denen die Ressourcen einer einzelnen Redaktion nicht ausreichen. Und es gibt Fälle, in denen die Zugänge in einem einzelnen Land nicht genügen. Nord Stream ist ein solcher Fall.

Anders, als bei großen Leaks, die sich in der Regel auf einen wuchtigen Datenbestand stürzen, war und ist Nord Stream eine „atmende", organische und dynamische Recherche. Die Inhalte kamen nicht durch ein Leak, sondern mussten wie in einem großen Mosaik Steinchen für Steinchen zusammengesetzt werden. Das erfordert über Grenzen hinweg ein viel größeres Vertrauen, weil es immer auch um Quellen und ihre Glaubwürdigkeit geht und weil viele Details in Gesprächen zusammenkamen, die sich nicht durch Dokumente oder Daten verifizieren ließen. Das entscheidende Wort lautet Vertrauen. Die *New York Times*, die im März 2023 am gleichen Tag wie *ARD* und *Zeit* mit einer Meldung rausgegangen war, recherchierte alleine weiter und wurde von der internationalen Kooperation weit abgehängt. Wenn das selbst der größten Redaktion der Welt passiert, ist die Lehre daraus klar. Es geht miteinander viel besser, auch wenn es bedeutet, gemeinhin übliche Konkurrenz ausnahmsweise zurückzustellen.

Schließlich, drittes Learning: Journalismus als Watchdog von Demokratien hat auch bei einem globalen Verbrechen wie den Anschlägen von Nord Stream eine wichtige Funktion. In Dänemark und Schweden zeigten die Behörden von Anfang an wenig Interesse an einer ehrlichen Aufarbeitung; die Einstellung der Ermittlungen nach gut einem Jahr war folgerichtig. Die Regierung in Kiew dementierte und diskreditierte von Anfang an. Auch in Deutschland blieb die Spur in die Ukraine bis zu unserer Enthüllung im März 2023 unter Verschluss. Erst durch unseren Bericht wurde offenbar, auf wen sich der Verdacht richtet. Wer weiß, wie dieses Ermittlungsverfahren ausgegangen wäre, wenn wir nicht darüber berichtet hätten. Womöglich wäre das Ermittlungsverfahren auch in Deutschland irgendwann eingestellt worden, begleitet durch ein dürres Pressestatement, man habe die Täter leider nicht dingfest machen können.

Was auch immer strafrechtlich herauskommen wird – die öffentliche Diskussion haben die Recherchen jedenfalls verändert.

> **Was ist investigativer Journalismus?**
> Investigativer Journalismus bringt bislang verborgene oder öffentlich nicht zugängliche Informationen von Relevanz in die Öffentlichkeit.
>
> **Drei goldene Regeln:**
> 1. **Verdachtsberichterstattung ist kein No Go.** Sie kann in einem frühen Stadium Sinn ergeben, sollte allerdings transparent kommuniziert werden. Zudem muss man sich korrigieren, wenn sich bestimmte Annahmen später als falsch erweisen.
> 2. **Grenzüberschreitenden Teamarbeit ist wichtig,** weil die Ressourcen einer einzelnen Redaktion oft nicht ausreichen und die Zugänge in einem einzelnen Land manchmal nicht genügen.
> 3. **Recherche muss auch gegen die Widerstände von Behörden erfolgen,** damit Journalismus seine Funktion als Wächter der Demokratie erfüllen kann.

## Literatur

ARD Mediathek: Das Erste. (2023). Tatort Ostsee: Wer sprengte die Nord Stream Pipelines? [Video]. ARD Mediathek. Abgerufen am 16.04.2024 von https://www.ardmediathek.de/video/dokumentation-und-reportage/tatort-ostsee-wer-sprengte-die-nord-stream-pipelines/das-erste/Y3JpZDovL2Rhc2Vyc3RlLmRlL3JlcG9ydGFnZSBfIGRva2VtZW50YXRpb24gaW0gZXJzdGVuLzIwMjMtMDktMjZfMjEtNDUtTUVTWg

NBC News. (7. Feb. 2022). Biden to meet with German chancellor on Russia-Ukraine tensions. Abgerufen am 16.04.2024 von https://www.nbcnews.com/politics/biden-meet-german-chancellor-russia-ukraine-tesnions-rcna15190

Tagesschau (2023, 7. März). Nord Stream: Hintergründe zur Explosion. Tagesschau. Abgerufen am 16.04.2024 von https://www.tagesschau.de/investigativ/nord-stream-explosion-101.html

Zeit Online (2023, 7. März). Anschlag auf Nord Stream 2: Ukraine verurteilt Explosion. Zeit Online. Abgerufen am 22.04.2024 von https://www.zeit.de/politik/ausland/2023-03/nordstream-2-ukraine-anschlag

Zeit Online: Zeit Online. (2023, September 9). Anschlag auf Nord Stream Pipelines - Ein Jahr danach. Zeit Online. Abgerufen am 22.04.2024 von https://www.zeit.de/politik/2023-09/nord-stream-pipelines-anschlag-jahrestag/komplettansicht

**Holger Stark** ist stellvertretender Chefredakteur der Wochenzeitung *Zeit* und für den Bereich investigative Recherche verantwortlich. Zuvor war Stark für das Nachrichtenmagazin *Der Spiegel* als Washington-Korrespondent tätig. Für seine investigative Berichterstattung wurde er vielfach preisgekrönt und erhielt u. a. den Deutschen Reporterpreis sowie den Henri-Nannen-Preis.

**Georg Heil** leitet die Redaktion des investigativen *ARD*-Politikmagazins *Kontraste*. Nach Stationen beim investigativen Rechercheverbund von *WDR*, *NDR* und *SZ* sowie beim *Spiegel TV-Magazin* arbeitete Heil seit 2018 zunächst als CvD für *Kontraste* im Mai 2021 übernahm er die Redaktionsleitung. Zu seinen Kernthemen zählen u. a. Rechte Netzwerke und Islamismus.

# Gemeinsam besser: Die Panama Papers und die internationale Kooperation mit dem ICIJ

Frederik Obermaier und Bastian Obermayer

„Hallo. Hier spricht John Doe," schrieb der anonyme Tippgeber, „Interessiert an Daten? Ich teile gerne" (Obermaier und Obermayer 2016, S. 7). Mit solchen Nachrichten, übermittelt vom bis heute anonym gebliebenen Whistleblower der Panama Papers, begann eine der größten und folgenreichsten internationalen Recherchen. Und vermutlich die bisher bekannteste kollaborative Recherche, die noch heute, fast acht Jahre nach der ersten Veröffentlichung, stellvertretend für diese neue Gattung der grenzüberschreitenden Zusammenarbeit steht. Aber als „John Doe" damals, im Winter 2015, Kontakt mit uns aufnahm, war längst nicht zu erahnen, was daraus einmal werden sollte.

## 1 Die Story

Wir waren jedenfalls interessiert, gingen ins Gespräch und bekamen wenig später die ersten Gigabyte an vertraulichen Daten. Vordergründig ging es um den damals, im Jahr 2015, noch aktuellen Korruptionsfall rund um das argentinische Politikerpaar Cristina und Néstor Kirchner. Doch wir stellten schnell fest, dass der Whistleblower ganz offensichtlich Zugang zu internen Dokumenten von Mossack Fonseca hatte – einer Rechtsanwaltskanzlei in Panama, die sich damals den Ruf als weltweit

F. Obermaier (✉)
Paper Trail Media/Spiegel/ZDF, München, Deutschland
E-Mail: frederik.obermaier@protonmail.com

B. Obermayer
Paper Trail Media/Spiegel/DF, München, Deutschland
E-Mail: bo@papertrailmedia.de

© Der/die Autor(en), exklusiv lizenziert an Springer Fachmedien Wiesbaden GmbH, ein Teil von Springer Nature 2024
A. C. Hoffmann (Hrsg.), *Investigativer Journalismus in Deutschland*,
https://doi.org/10.1007/978-3-658-44673-4_9

notorischer Verkäufer von Briefkastenfirmen erarbeitet hatten. Diese blickdichten Vehikel konnte man für fast jedes Verbrechen gebrauchen, von Geldwäsche über Bestechung bis hin zu Waffenlieferungen, und am Ende schauten die Strafverfolgungsbehörden in die Röhre. Und nach einmal googlen stellten wir fest: Schon damals wurde gemunkelt wurde, dass bei Mossack Fonseca spektakuläre Geheimnisse und riesige illegitime Vermögen versteckt seien, vom libyschen Autokraten Muammar al-Gaddhafi bis hin zu Syriens Herrscher Baschar al-Assad. Handfeste Beweise gab es allerdings nicht. In die Welt der Briefkastenfirmen ließ sich ja nicht hineinsehen. Noch nicht.

Also blieben wir dran an „John Doe", antworteten schnell und überzeugten die Person hinter dem Pseudonym (das dem deutschen „Max Mustermann" entspricht), dass wir versuchen würden, das Beste aus ihrem Material zu machen. Und vor allem: Wir versprachen alles zu tun, um ihre Identität zu schützen, angefangen mit wirksamer Verschlüsselung unserer Kommunikation. Es funktionierte, „John Doe" fing an, uns zu vertrauen.

Damit hatten wir der *New York Times* und dem *Wall Street Journal* schon mal etwas voraus. An diese beiden Zeitungen hatte sich John Doe nach eigenen Angaben zuvor gewandt – jedoch ohne, dass die Reporter dort sich wirklich für sein Material interessiert hätten. Wenn sie es überhaupt angesehen hatten und die Daten nicht einfach ignorierten, wie offenbar das Team um *Wikileaks*-Gründer Julian Assange: „*Wikileaks* hat sich nicht einmal die Mühe gemacht zu antworten, als ich mich später bei ihnen meldete", erzählte John Doe uns jedenfalls in einem späteren Interview. (Weder die *New York Times* noch das *Wall Street Journal* wollten sich dazu äußern. *Wikileaks* ließ eine entsprechende Anfrage unbeantwortet). Wir waren darüber ganz und gar nicht unglücklich – und unser Datenberg wuchs und wuchs.

Die überwölbende Geschichte, die uns aus vielen einzelnen Geschichten entgegensprang, war die Existenz dieser unglaublichen Parallelwelt, die von der Offshore-Industrie geschaffen wurde. Eine Welt, in der all jene, die es sich leisten konnten, sich nicht länger an die Regeln halten mussten, die für den Rest unserer Gesellschaft galten. Wer sein Vermögen in einem Offshore-Trust oder einer geheimen Briefkastenfirma versteckt hatte, musste weder Erbschaftssteuern fürchten noch auf Aktiengewinne Steuern bezahlen, der konnte sein Vermögen vor Ex-Frauen und Kindern verbergen und trotz internationaler Sanktionen ungestört seine Geschäfte abwickeln, ganze Kontinente plündern und Kriege finanzieren. Eine Parallelwelt, die nicht per se illegal funktionierte, die aber, wie schon erwähnt, Verbrechern alle Möglichkeiten des Verschleierns bot.

Wir fanden eine Art von Geschichte dabei immer am spannendsten: Wenn es um Politiker ging, die heimlich Geld aus ihren Ländern herausschaffen und für sich und ihre Freunde und Familien irgendwo auf dem Bankkonto einer panamaischen

Briefkastenfirma deponierten. Die Panama Papers enttarnten Dutzende solcher „Volksvertreter"; wir versuchten auf einer Tafel alle Fälle zu notieren, in denen Ehefrauen, Söhne, Töchter oder andere Strohmänner für sie Geld verwahrten – oder die Politiker selbst. Wir zählten bis 73, womöglich waren es noch mehr.

## 2 Step by step

Sehr früh stießen wir auf zwei spektakuläre Recherche-Ansätze: auf den isländischen Premierminister Sigmundur Davið Gunnlaugsson, der über seine geheime Briefkastenfirma Wintris Anteile an Bankrott gegangenen isländischen Banken hielt, und so von staatlichen Hilfen für eben diese Geldhäuser profitieren konnte, die er selbst mit auf den Weg gebracht hatte. Gunnlaugsson hatte also an beiden Seiten des Verhandlungstisches gesessen: auf der Seite derer, die darüber entschieden, ob die Anteilseigner pleite gegangener Banken vom Staat entschädigt werden sollten, und auf der Seite der Anteilseigner. Er hatte seine Eigeninteressen aber nicht öffentlich gemacht, im Sommer 2015 wussten nur wir davon. Als wir ein Jahr später unseren Bericht veröffentlichten, warfen isländische Demonstrantinnen und Demonstranten mit Bananen und Joghurt auf seinen Regierungssitz. Wenig später musste Gunnlaugsson abdanken.

Kurz danach stießen wir auf Sergei Roldugin, einen Kindheitsfreund des russischen Autokraten Wladimir Putin. Roldugin war Musiker, Cellist, und hatte sich in Russland einen Namen gemacht damit. Er war allerdings, so sagte er es selbst Ende 2014 der *New York Times*, „kein Millionär". Seltsam nur, dass wir Roldugin als den Eigentümer einiger Offshore-Firmen feststellen konnten, durch die wortwörtlich Hunderte von Millionen US-Dollar geschleust wurden. Insgesamt summierten sich die Werte sogar auf rund zwei Milliarden US-Dollar.

Schon seit Jahren wurde spekuliert, dass Putin über allerlei Mittelsmänner und Vertraute ein Vermögen angehäuft hatte. Zwar verdient das russische Staatsoberhaupt offiziell nur etwas mehr als sieben Millionen Rubel – und damit umgerechnet keine 200.000 € – im Jahr. Experten vermuten jedoch, dass er den Kreml, wenn überhaupt, als Milliardär verlassen wird, womöglich Dank Getreuer wie Sergei Roldugin.

Bevor wir das Gewirr an Briefkastenfirmen rund um den Putin-Freund entflechten konnten, mussten wir zunächst einmal die Daten durchsuchbar machen, was sich wesentlich schwieriger darstellte, als man im Rückblick meinen mag. Über viele Wochen hinweg hatten wir von John Doe immer neue Daten zugespielt bekommen. Am Ende waren es mehr als 2,6 Terabyte – und damit ein gigantischer Datenberg, wie er noch nie zuvor von Journalisten ausgewertet wurde. Zum

Vergleich: Die Botschaftsdepeschen, die Wikileaks 2010 öffentlich machte, waren alles in allem 1,7 Gigabyte, die Swiss-Leaks gerade mal 3,3 Gigabyte. Selbst die Offshore-Leaks-Daten, die das *International Consortium of Investigative Journalists (ICIJ)* 2013 durchsuchte, waren „nur" 260 Gigabyte groß. Wir hatten es jetzt mit der etwa zehnfachen Menge zu tun.

Am Projekt Offshore-Leaks, an dem wir auch beteiligt waren, haben wir etliche Monate gearbeitet. Rein rechnerisch wären das bei den Daten von John Doe Jahre. Außerdem war schnell klar: Viele Geschichten, die wir in den Daten gefunden haben, würden in Deutschland allemal Randspalten füllen. Auf Malta oder in Argentinien könnten sie landesweit Schlagzeilen machen – vor allem aber könnten sie Missstände aufdecken, die potenziell Millionen Menschen beträfen.

Daher haben wir uns, nachdem wir durch zahlreiche Crosschecks von der generellen Authentizität der Daten überzeugt sein konnten, dazu entschlossen, die Dokumente mit dem *ICIJ* zu teilen: Das 1997 (als Teil des *Center for Public Integrity*) gegründete und 2017 selbstständig gewordene *ICIJ* ist eine Art internationaler Verein für investigative Journalisten. Ihm gehören weltweit etwa 200 Journalisten an, darunter seit 2013 auch wir beide (*ICIJ* 2013).

Wir hatten mit dem *ICIJ* vorhergehende internationale Projekte recherchiert, die unter den Namen „Offshore Leaks" (veröffentlicht 2013), „Lux Leaks" (2014) oder „Swiss Leaks" (2015) Schlagzeilen gemacht hatten, und jeweils davon profitiert, dass andere Kollegen spannende Finanz-Daten mit uns geteilt hatten, die ihnen zugespielt worden waren. Diesmal teilten wir unseren Schatz – für breitere und bessere Recherchen und damit mehr Impact, aber, auch das gehört zur Wahrheit, für besseren Schutz. Sobald eine so große Gruppe Journalistinnen und Journalisten an einem Thema arbeitet, ist klar, dass eine Drohung oder gar ein Mordanschlag auf einen von ihnen, eine solche Recherche nicht stoppen könnte. Im Gegenteil. Der Rest der Gruppe würde umso entschlossener weitermachen.

Zusammen mit den Kollegen und Kolleginnen aus Washington D.C. haben wir die Daten erstmal durchsuchbar gemacht. Die dahinterliegende Technik nennt sich Optical Character Recognition (OCR). In den Daten waren zwar viele E-Mails (in denen die Angestellten von Mossack Fonseca beispielsweise beschlossen, einen sanktionierten Cousin von Baschar al-Assad zunächst als Kunden zu behalten), aber eben auch viele zuvor und urchsuchbare PDFs und jpegs, oftmals Scans von Dokumenten, die einst auf Schreibmaschine getippt oder sogar handschriftlich ausgefüllt wurden. Das OCR-Verfahren behob dieses Problem.

Um nun die Nadel im Heuhaufen – oder besser gesagt: die relevanten Geschichten – in dem derart durchsuchbar gemachten Datenberg, zu finden, erstellten wir Listen. Sehr viele Listen: mit den Namen sämtlicher Abgeordneter seit der Gründung der Bundesrepublik, mit Staats- und Regierungschefs sowie ihren Verwandten, mit Profisportlern, Schauspielern, Bischöfen sowie den reichsten Männern und Frauen unseres Landes. Zudem erstellten wir, mit Hilfe archivierter *Spiegel*-Ausgaben, haufenweise Excel beziehungsweise CSV-Listen mit den Namen von Personen und Firmen, die in den letzten Jahrzehnten in Skandale verwickelt waren – oder zumindest verdächtigt worden waren.

Diese Listen mit mehr als zwei Terabyte abzugleichen, überstieg schon bald unsere Möglichkeiten bei der *Süddeutschen Zeitung*. Neue Laptops mussten her, auch wenn die Chefredaktion stöhnte, und der *SZ*-Konzernbereich „Beschaffungswesen" stöhnte, weil wir die Dinge schlicht im nächstgelegenen Elektromarkt holten, um nervige Wartezeiten und komplexe Bestellvorgänge zu umgehen. Auch die neuen Laptops waren allerdings schon bald zu schwach. Also mussten noch einmal neue, noch leistungsstärkere Computer angeschafft werden, die nun pro Stück über 17.000 € kosten sollten. Eine enorme Summe, aber die Chefredaktion zog mit – und wir legten los. Um zu verhindern, dass Außenstehende sich Zugriff auf die eingebauten Festplatten mit den geleakten Daten verschaffen, griffen wir zu drastischen Methoden: Wir ketteten die Computer fest, überpinselten die Schrauben mit Glitzernagellack, kappten den Zugang zum Internet und beschränkten den Zugang zum Büro. Mit der negativen Folge, dass der monatelang nicht vom *SZ*-Putzdienst betreten werden durfte.

Am 3. April 2016, um 20 Uhr deutscher Zeit, war es endlich so weit: Die Panama Papers gingen online. Mehr als 100 Medien auf der ganzen Welt – in Deutschland: die *Süddeutsche Zeitung*, *NDR* und *WDR* – berichteten über die brisanten Funde in den geleakten Daten. Mit einem Schlag wurde die Welt der Briefkastenfirmen transparent. In Tausenden Berichten erfuhr die Weltöffentlichkeit, wie Drogenbosse über anonyme Firmen ihre Gewinne wuschen, Sportstars ihre Steuern minimierten, wie Schmiergeld verteilt und internationale Sanktionen umgangen wurden. Die Tricks einer Branche, die davon lebte, ihrem meist reichen und superreichen Klientel zu helfen, Steuern zu umgehen, waren plötzlich kein Geheimnis mehr. Was viele erahnt hatten, war bewiesen – und die Empörung entsprechend groß.

Weltweit kam es zu Massendemonstrationen, die oben erwähnten Proteste in Island gehörten sogar zu den größten in der Geschichte des kleinen Landes. Anekdote am Rande: Nachdem es in Island dann wegen der Panama Papers und des erzwungenen Rücktritts des Premierministers Neuwahlen gab, wurde der frühere Finanzminister Bjarni Benediktsson zum neuen Premier gewählt. Dass auch er in den Panama Papers auftauchte? Geschenkt.

In Pakistan führten die Panama Papers 2017 zum Sturz von Premier Nawaz Sharif. Drei seiner vier Kinder waren im Zusammenhang mit Briefkastenfirmen in den geleakten Daten aufgetaucht, darunter auch Maryam Nawaz Sharif, seine designierte politische Nachfolgerin. Eine vom Verfassungsgericht eingesetzte Ermittlungskommission sprach später von „krassen Lücken" in den Nachweisen der Sharif-Familie zu ihrem Vermögen. Die politische Lage des Landes ist allerdings ein spezielles Interessenfeld von Militär und mächtigen Familienclans, und derzeit sieht es so aus, als könnte Sharif sogar ins Amt zurückkehren. Eines der Urteile gegen ihn wurde bereits aufgehoben, wohl auf Druck des Militärs.

In etlichen Ländern verabschiedeten Parlamente Gesetze für mehr Transparenz. Großbritannien, die USA, Deutschland und viele andere Länder führten Register ein, die Firmenbeteiligungen von Personen offenlegen. In Deutschland hieß der Entwurf „Panama-Plan", im EU-Parlament gab es eine ganze „Panama-Papers-Kommission". Selbst bis in die Mongolei reichten die Folgen, und die Legislative dort entschied: Abgeordnete in der Mongolei sollten fortan keine ausländischen Firmen mehr besitzen dürfen. Dutzende Länder änderten Gesetze, Regeln und Regularien seither, Experten erzählten uns, dass es eine „Welt vor und eine nach den Panama Papers" gebe in der Offshore-Welt.

Die beiden Gründer der Kanzlei Mossack Fonseca, der in Fürth geborene Jürgen Mossack und sein panamaischer Partner Ramón Fonseca, wurden in Panama angeklagt. Fonseca starb vor Ende des Prozesses, Jürgen Mossack wurde zum Entsetzen von Experten, Fahndern und Politikern weltweit im Sommer 2024 freigesprochen. Deutschland sucht ihn weiterhin per internationalem Haftbefehl. Fonsea und er waren schon vor Jahren zusammen mit ihrem Schweizer Kompagnon Christoph Zollinger in Abwesenheit angeklagt, unter anderem wegen des Vorwurfs der Bildung einer kriminellen Vereinigung. Aber auch gegen die Kunden wurden weltweit Hunderte Ermittlungsverfahren eingeleitet. Schätzungsweise mehr als zwei Milliarden Euro an Steuern und Strafzahlungen flossen aufgrund der Panama Papers in Staatskassen, so viel wie bei keiner anderen bekannten journalistischen Recherche.

Auch Jahre nach den ersten Veröffentlichungen erscheinen noch journalistische Recherchen, die ganz oder in Teilen auf den Panama Papers beruhen. So enthüllte *paper trail media* zusammen mit *Spiegel* und *ZDF* erst im Juni 2023, wie deutsche Ex-Soldaten in der Volksrepublik Militärflieger ausbilden und dafür horrende Gehälter kassieren. Und nach dem Einmarsch russischer Truppen in die Ukraine waren es die Panama Papers, auf die in den Sanktionen gegen russische Oligarchen regelmäßig Bezug genommen wurde. Sie hatten viele bislang unbekannte Briefkastenfirmen, über die Villen und Yachten besessen werden, überhaupt erst bekannt beziehungsweise den jeweiligen Oligarchen zugeordnet. Auch Sergei Roldugin wurde im Februar 2022 von der EU sanktioniert. Er sei, so hieß es in der Begründung „responsible for actively supporting, materially or financially, Russian decision-makers responsible for the annexation of Crimea and the destabilisation of Ukraine" (European Union 2022). Vier Mitarbeiter einer Schweizer Filiale der Gazprombank wurden im Frühjahr 2023 schuldig gesprochen, weil sie nicht ausreichend geprüft hatten, ob Roldugins Geld tatsächlich ihm gehört – oder jemand viel Mächtigeres. Womöglich eben: Wladimir Putin selbst.

Was uns beiden im Zusammenhang mit allen Ermittlungen, Sanktionen und Verurteilungen besonders viel bedeutet: John Doe, die Quelle hinter den Panama Papers, die Person, die alles überhaupt erst möglich gemacht hat, konnte in Sicherheit bleiben. Andere Whistleblower verloren ihre Jobs, wurden angeklagt, ins Exil gezwungen. John Doe hat sich indes mit einigen der mächtigsten, skrupellosesten und kriminellsten Menschen dieser Welt angelegt und hat dies unbeschadet überstanden. „Ich bin in Sicherheit, soweit ich das beurteilen kann", erklärte er uns sechs Jahre nach den Veröffentlichungen in einem Interview, das er uns, noch immer anonymisiert, auf einem verschlüsselten Kanal gab. „Wir leben in einer gefährlichen Welt, und das belastet mich manchmal. Aber im Großen und Ganzen geht es mir gut, und ich schätze mich glücklich." Vor allem aber wüssten bis heute „nur einige wenige Menschen, die mir sehr am Herzen liegen," von seiner Rolle bei den Panama Papers (*Der Spiegel* 2022).

Die Folgen von John Does Handeln sind bis heute nicht nur in der Politik und der Finanzwelt spürbar. Auch im Journalismus hallen die Enthüllungen noch nach – im Guten, aber auch im Schlechten. So kam das *Reuters Institute for the Study of Journalism* (2019) in einer Studie zu dem Schluss, dass es in 17 % der untersuchten Ländern zu einer wie auch immer gearteten Form von „Backlash", also negativen Reaktionen, kam: In mehreren Ländern wurden an den Recherchen beteiligte Journalisten gefeuert, in China ordneten staatliche Zensoren die Löschung sämtlicher Panama-Papers-Berichte an und in der Demokratischen Republik Kongo warnte der Kommunikationsminister Journalisten davor, in den geleakten Daten vorkommende Personen in ihren Berichten zu nennen. In einem Land, das wir nicht nennen dürfen, um die Kollegen zu schützen, verbot der Geheimdienst kurz vor Veröffentlichung eben diese. In der Türkei warnte ein Unternehmer, über den ein Bericht angekündigt war, die Redaktion von *Cumhuriyet*: „Ich werde euch bekämpfen (…) Ihr Hurensöhne, macht keinen Killer aus mir."

Im Epizentrum der Enthüllungen, dem mittelamerikanischen Panama, wurde auf Twitter abgestimmt, was man mit den an der Recherche beteiligten Journalisten und Journalistinnen der Zeitung *La Prensa* machen solle: In die Bucht von Panama werfen oder ins Gefängnis? Die Mehrheit stimmte fürs Gefängnis. Unsere Kollegin von *La Prensa* dort hatte schon seit einiger Zeit einen Bodyguard.

Am schlimmsten waren die Folgen in Malta und Slowakei. Die Journalistin Daphne Caruana Galizia wurde im Oktober 2017 durch eine Autobombe getötet und unser slowakischer Kollege Ján Kuciak (samt seiner Verlobten) im Februar 2018 erschossen. Beide hatten zu den Folgen der Panama Papers recherchiert, im Fall von Daphne Caruana Galizia gelangte der mutmaßliche Drahtzieher später durch eine Recherche in den Panama Papers-Dokumenten ins Visier der Öffentlichkeit.

Im investigativen Journalismus läuteten die Panama Papers zugleich aber auch endgültig einen Paradigmenwechsel ein, der weg führte von den Einzelkämpfern, mittelalt bis alt, zumeist männlich, und fast immer panisch darauf bedacht, ihren „Scoop" ja mit nichts und niemanden teilen zu müssen. Auch nicht in ihren eigenen Redaktionen. Inzwischen nehmen wir längst wesentlich diversere, altersmäßig durchmischtere Teams wahr, die mit professioneller Selbstverständlichkeit sogar über Medienhaus- und Ländergrenzen hinweg zusammenarbeiten, um zu enthüllen, was die Reichen und Mächtigen dieser Welt zu verbergen suchen.

Zwar hatte es auch vor den Panama Papers schon kollaborative Recherchen gegeben – vom „Arizona Project" (State Historical Society of Missouri n.d.), das in den Siebzigerjahren die Recherchen des ermordeten Journalisten Don Bolles weiterführte, bis zu den bereits erwähnten *ICIJ*-Projekten „Offshore Leaks", „Swiss Leaks" und „Lux Leaks" – nach den Panama Papers explodierte die Zahl derartiger Projekte jedoch. Es gibt Kooperationen von Lokalzeitungen und -radios, von regionalen und überregionalen Medien bis hin zu Zeitungen und Fernsehsendern auf allen Kontinenten. Selbst die ärgsten Konkurrenten arbeiten regelmäßig zusammen – im Sinne eines höheren Gutes: der journalistischen Aufklärung. So recherchieren wir bis heute regelmäßig mit der *Zeit* an Projekten mit *Forbidden Stories* – einer gemeinnützigen Recherche-Organisation, die 2017 auch unter dem Einfluss der Panama Papers gegründet worden war. Noch bei *Süddeutschen Zeitung* haben wir gemeinsam mit dem *Spiegel* die sogenannte „Ibiza Affäre" um die damaligen FPÖ-Politker Heinz-Christian Strache und Johann Gudenus öffentlich gemacht (Obermaier F. & Obermayer B. 2019); nach unserem Weggang haben wir mit den früheren Kollegen und Kolleginnen von der *SZ* sowie unseren neuen Auftraggebern *Der Spiegel*, ZDF, *Der Standard* und der *Tamedia*-Gruppe die geheimen Cyberkriegspläne von Wladimir Putins Russland enthüllt.

Die Journalismus-Dozentin Sheila Coronel von der New Yorker Columbia University brachte es kurz nach den Panama Papers-Veröffentlichungen auf den Punkt: „The era of the lone wolf is over" (Global Investigative Journalism Network 2016). Statt einzelnen Wölfen arbeiten jetzt ganze Rudel zusammen.

Die Vorteile liegen auf der Hand: „We all win, not just one person", sagt Marina Walker (2016), die als damalige Vize-Direktorin des ICIJ die Panama Papers-Kooperatin maßgeblich mitgestaltete. „And of course, the story wins too" (Walker 2016). Je mehr Journalisten und Journalistinnen zu einem Thema recherchieren, umso mehr Details können ausgeleuchtet werden, umso weniger Fehler passieren – und umso besser und umfangreicher werden die Enthüllungen.

Eine internationale Kooperation ist jedoch kein Selbstläufer, das haben jene Projekte gezeigt, bei denen es zu kleineren und größeren Fehlern oder Konflikten kam. Vielmehr ist es so, dass eine solche Teamrecherche klare Regeln braucht –

und eine ganz spezielle Art der Sanktionierung: Allen Beteiligten wird früh klar gemacht, dass über jedem kooperativen Projekt immer auch der „Schatten der Zukunft" liegt, „the shadow of the future", wie es in der Spieltheorie heißt. Auf gut Deutsch: Wer sich in einem Projekt daneben benimmt, wer sich nicht an Verabredungen oder Embargos hält oder nicht mit anderen Kolleginnen und Kollegen kooperiert, weil er lieber auf den kurzfristigen eigenen Vorteil schielt, der wird zu zukünftigen Projekten nicht mehr eingeladen werden. Dieses Schicksal bleibt selbst einflussreichen Medienhäuser wie der *New York Times* nicht erspart.

Im Folgenden nun einige Punkte, die wir und andere bei derartigen Projekten gelernt haben:

1. **Radikales Teilen**: Die erfolgreichsten Kooperationen zeichnen sich dadurch aus, dass jedes Teammitglied jede möglicherweise relevante Information – vom kleinen Detail über ein illustrierendes Dokument bis zum großen Recherchedurchbruch und den finalen Entwürfen – mit allen anderen teilt. Das klingt selbstverständlich, es ist in der Praxis aber noch immer nicht leicht durchzusetzen. Die Versuchung, sich ein schönes Detail exklusiv zu behalten, ist groß.
2. **Gemeinsamer Veröffentlichungstermin**: Damit auch jeder Journalist und jede Journalistin innerhalb einer gemeinsamen Recherche radikal teilen können, ist das Bekenntnis zu einem gemeinsamen Veröffentlichungstermin (bis hin zur Uhrzeit) unabdingbar. Sonst müssten alle ständig Angst haben, gescoopt zu werden – also zuzusehen, wie andere Teammitglieder als erste veröffentlichen, und den Ruhm einsammeln. Idealerweise wird nicht nur der erste Veröffentlichungstermin, sondern werden auch gleich Termine für Folgeberichte vereinbart.
3. **No-jerks-policy**: Nicht immer sind die Big-shots, die großen Namen der Branche, auch die besten Teamplayer. Kollegen mit überdimensionierten Egos oder etablierte Superstars, die nicht teilen wollen, können jede Kooperation zugrunde richten. Und sie tun es auch, wenn man sie lässt.
4. **Gemeinsame juristische Abwägung**: Die meisten unserer Projekte, vor und nach den Panama Papers, hängen rechtlich am seidenen Faden. Die internationale Kooperation auch der Anwälte der Medien kann da den entscheidenden Vorteil bringen. Manchmal ist jede Formulierung dabei ein Drahtseilakt der Diplomatie, wer hier einen großen Fehler macht, hat schnell eine Millionenklage am Hals.
5. **Gemeinsame Vorhalte**: Auch wenn es zusätzliche Zeit kostet und aufgrund unterschiedlicher Rechtsgebiete oftmals nicht ganz einfach ist, hilft es, Vorhalte miteinander abzustimmen, also die Briefe oder E-Mails an die Objekte

der Berichterstattung. Ein gemeinsamer Vorhalt spiegelt den kollaborativen Charakter einer Recherche wieder, macht dem Gegenüber – so viel Fairness gehört dazu – klar, dass ein Bericht ggf. nicht nur in einem Medium erscheinen wird, sondern in Dutzenden. Vor allem aber verhindert es, dass nur die großen Medien eine Antwort bekommen.

6. **Kooperieren heißt Kommunizieren:** Einen großen Teil der Arbeit in grenzüberschreitenden Rechercheprojekten macht die Kommunikation aus – mit den internationalen Partnern, aber auch nach Innen, in die eigene Redaktion. Denn die versteht erfahrungsgemäß nicht immer, warum Veröffentlichungstermine mit anderen Medien – noch dazu oft publizistischen Kontrahenten – abgesprochen werden müssen. Die Zeit für die Kommunikation sollte von Anfang an eingeplant werden.

7. **Geteiltes Risiko:** In jedem internationalen Team bildet sich schnell ein Konsens, wie problematisch das Thema ist, was etwa den Schutz von Quellen angeht. Dementsprechend einigt man sich darauf, wie hoch der Grad der Verschlüsselung und der Kommunikationsdisziplin sein muss. Manchmal reicht ein Signal-Kanal, manchmal müssen es eigene verschlüsselte Laptops sein, die auf eigenen Betriebssystemen laufen. Wer öfter zusammenarbeiten will, muss gerade in diesem Bereich verstehen, dass Verständnis keine Einbahnstraße ist – wer selbst erwartet, dass andere sein Risikoverständnis teilen, muss auch selbst dazu bereit sein.

8. **Flexibilität und Verständnis:** Dieser Punkt schließt an den vorgenannten an. Alle Medien haben „ihre" Art und Weise, Dinge zu tun. Fernseh-Teams müssen früher produzieren als Zeitungsjournalisten, sie brauchen also längeren Vorlauf, was sich auf den Zeitpunkt der Vorhalte und anderes auswirkt. Manchmal muss ein Projekt kurzfristig verschoben werden, manchmal vorgezogen. Nie werden alle mit allem glücklich sein – und dennoch wird erwartet, dass niemand bockt oder austeilt. Wer da nicht mitkann, wird bald nicht mehr dabei sein.

9. **Give credit!** Nichts kostet eine Zeitung oder einen Sender weniger, als einen weiteren Namen über einen Text oder in einen Abspann zu schreiben. Und doch hat uns wenig so viel Zeit und Nerven gekostet, als der andauernde Kampf, genau das durchzusetzen: Dass man Kolleginnen und Kollegen anderer Medien im eigenen Medium namentlich nennt, wenn diese einen nennenswerten Beitrag geleistet haben.

10. **Die Recherche ist nicht alles:** Die eigene Gesundheit und die des Teams ist wichtig. Überarbeitete Journalisten machen Fehler und bringen dadurch im schlimmsten Fall auch andere in Gefahr. Etliche Kolleginnen und Kollegen haben in den vergangenen Jahren das Feld des Investigativ-Journalismus ver-

lassen, weil die Arbeitsumgebung zu oft zu hart war. Wer das Bild des Nächte-durchmachenden Reporters sucht, ist – inzwischen muss man sagen – im Cross-border-Journalismus falsch. Die meisten Medien, mit denen wir arbeiten, können auch „Nein" sagen, wenn ein verrücktes Tempo verlangt wird. Und das ist gut so.

Wer sich an all diese Regeln hält, trägt dazu bei, dass es auch künftig Enthüllungen wie die Panama Papers geben kann. Dass Hunderte Journalisten und Journalistinnen verschiedenen Länder unter dem Siegel der Verschwiegenheit recherchieren und am Ende gemeinsam veröffentlichen können. Wir haben mittlerweile etliche dieser Recherchen miterleben dürfen, eine Serie von leakbasierten Großprojekten wie den „Paradise Papers", den „Pandora Papers" oder zuletzt „Cyprus Confidential" (siehe Kap. 11).

Nach zahlreichen Projekten würden wir für die meisten unserer internationalen Kolleginnen und Kollegen in dieser Hinsicht die Hand ins Feuer legen. Ein ganz wunderbarer Aspekt dieser internationalen Arbeit ist es nämlich, dass wir Freundinnen und Freunde auf der ganzen Welt gewonnen haben, nämlich die vielen Reporterinnen und Reporter, die uns mit ihrer Begeisterung für Recherchen, ihrem Idealismus und ihren Ideen immer und immer wieder anstecken. Oder wir sie. Und genau das ist das Prinzip.

> **Was ist investigativer Journalismus?**
> Die Zeiten des Lonely Wolf im investigativen Journalismus sind vorbei – Investigation im Team ist, was heute zählt. Wer das nicht kann, weil das Ego im Weg ist, ist falsch am Platz.
>
> **Drei goldene Regeln:**
> 1. **Sieh deine Quellen als Menschen.** Sie haben Ängste, Stress und Gefühle – ignoriere dies nicht, sondern adressiere sie.
> 2. **Sei vorbereitet.** Am Anfang einer Recherche steht die Lektüre: Was wurde schon berichtet? Welche Experten und Expertinnen gibt es in dem Bereich? Was sind die offenen Fragen?
> 3. **Sei fair.** Auch der größte Verbrecher verdient es, angehört und die Antwort in der Berichterstattung wiedergegeben zu werden.

## Literatur

Der Spiegel. (2022, 22. Juli). Panama Papers: Whistleblower „John Doe": „Die russische Regierung will mich tot sehen". Abgerufen am 22.04.2024 von https://www.spiegel.de/wirtschaft/panama-papers-whistleblower-john-doe-die-russische-regierung-will-mich-tot-sehen-a-52d36355-482c-492f-b552-e07f2e3b8eb8

European Union. (2022). Regulation (EU) 2022/336 of the European Parliament and of the Council of 14 February 2022. Abgerufen am 22.04.2024 von https://eur-lex.europa.eu/legal-content/EN/TXT/PDF/?uri=CELEX:32022R0336

Global Investigative Journalism Network. (2016, 20. Juni). A Golden Age of Global Muckraking. Abgerufen am 22.04.2024 von https://archive.is/2017.03.27-170324/http://gijn.org/2016/06/20/a-golden-age-of-global-muckraking/#selection-1707.0-1707.33

ICIJ. (2013, 9. Sept.). ICIJ Adds 15 New Members to Its Global Investigations Network. International Consortium of Investigative Journalists. Abgerufen am 22.04.2024 von https://www.icij.org/inside-icij/2013/09/icij-adds-15-new-members-its-global-investigations-network/

Obermaier, F., & Obermayer, B. (2016). Panama Papers: Die Geschichte einer weltweiten Enthüllung. Kiepenheuer & Witsch.

Obermaier, F., & Obermayer, B. (2019). Die Ibiza-Affäre: Innenansichten eines Skandals. Kiepenheuer & Witsch.

Reuters Institute for the Study of Journalism. (2019). Gauging the Global Impacts of the Panama Papers Three Years Later. Abgerufen am 22.04.2024 von https://reutersinstitute.politics.ox.ac.uk/our-research/gauging-global-impacts-panama-papers-three-years-later

State Historical Society of Missouri. (n.d.). [Columbia Manuscripts]. Abgerufen am 22.04.2024 von https://files.shsmo.org/manuscripts/columbia/C3885.pdf

Walker Guevara, M. (2016, 18. April). 5 Takeaways from the Panama Papers Speech by Marina Walker Guevara. O'Brien Fellowship. Abgerufen am 22.04.2024 von https://medium.com/obrienfellowship/5-takeaways-from-the-panama-papers-speech-by-marina-walker-guevara-e47d12b34f35

**Frederik Obermaier** ist Investigativ-Journalist und Co-Geschäftsführer von *paper trail media (www.papertrailmedia.de)* – einem 2022 gegründeten Newsroom, der sich auf internationale Investigativ-Recherchen spezialisiert hat und mit dem *Spiegel*, dem *ZDF*, dem österreichischen *Standard* und der Schweizer *Tamedia-Gruppe* zusammenarbeitet. Bis April 2022 arbeitete Obermaier mehr als zwölf Jahre für die *Süddeutsche Zeitung*, wo er zuletzt stellvertretender Leiter des Ressorts „Investigative Recherche" war. Obermaier hat Politikwissenschaft und Journalistik studiert, 2017 war er als *Nieman-Fellows* an der Harvard-Universität sowie 2019 als *Journalist in Residence* an der Hong Kong Baptist University. Zusammen mit Obermayer initiierte er die Panama Papers-Recherchen, die 2017 mit einem Pulitzer-Preis gewürdigt wurden.

**Bastian Obermayer** ist Investigativ-Journalist und Co-Geschäftsführer von *paper trail media (www.papertrailmedia.de).* Bis April 2022 arbeitete Obermayer mehr als zwanzig Jahre für das *SZ-Magazin* sowie die *Süddeutsche Zeitung,* wo er zuletzt das Ressort „Investigative Recherche" leitete. Obermayer hat Politikwissenschaft, Geschichte und Amerikanistik studiert, 2016/2017 war er als *Knight-Wallace-Fellow* an der University of Michigan sowie 2019 als *Macgeorge Fellow* an der University of Melbourne. Zusammen mit Obermaier initiierte er die Panama Papers-Recherchen, die Paradise Papers-Enthüllungen und die Ibiza-Affäre. Seine Arbeit wurde mehrmals mit dem Nannen-Preis und dem Reporter*innen-Preis ausgezeichnet, außerdem unter anderem mit dem Theodor-Wolff-Preis, dem Wächterpreis und dem Leuchtturm des Netzwerks Recherche.

# Die Cyprus Confidential Enthüllungen: Wie die Insel Zypern zum Einfallstor russischer Oligarchen wurde

Maria Retter, Timo Schober und Sophia Baumann

## 1  Die Story

Eine malerische Insel im Mittelmeer, auf der fast immer die Sonne scheint: Für viele war Zypern bislang vor allem als attraktives Urlaubsziel bekannt. Im November 2023 enthüllte die internationale Recherche „Cyprus Confidential" jedoch zahlreiche fragwürdige Geschäfte, in deren Mittelpunkt das EU-Mitgliedsland Zypern stand. Seit Jahren ist der Staat als europäische Steueroase berüchtigt – und beliebt für geheime Geschäfte.

Die Enthüllungen zeigten nun, in welchem Ausmaß Zypern als Einfallstor für russische Oligarchen und ihr Geld in die EU diente. In den Dokumenten zyprischer Finanzdienstleister fanden sich zum Beispiel Unterlagen zu Hubert Seipel. Sie enthüllten, dass der preisgekrönte deutsche Journalist Hunderttausende Euro aus Russland erhalten hat. Seipel, der den Deutschen jahrelang in Talkshows, Filmen und Büchern die russische Politik und den Präsidenten Wladimir Putin erklärt hatte, war also heimlich von einem putinnahen Oligarchen bezahlt worden. Darüber hinaus deckten die „Cyprus Confidential"-Dokumente auf, wie der russische Oligarch Roman Abramowitsch ein System schwarzer Kassen rund um den englischen Fußballverein Chelsea FC aufgebaut hatte, mit Hilfe von aus Zypern

---

M. Retter (✉) · T. Schober · S. Baumann
Paper Trail Media, München, Deutschland
E-Mail: mr@papertrailmedia.de; ts@papertrailmedia.de; sb@papertrailmedia.de

© Der/die Autor(en), exklusiv lizenziert an Springer Fachmedien Wiesbaden GmbH, ein Teil von Springer Nature 2024
A. C. Hoffmann (Hrsg.), *Investigativer Journalismus in Deutschland*,
https://doi.org/10.1007/978-3-658-44673-4_10

gesteuerten Briefkastenfirmen. Und sie zeigten, dass die „Big Four"-Firma PricewaterhouseCoopers (PwC) in Zypern russischen Oligarchen geholfen hatte, ihr Vermögen vor drohenden Sanktionen in Sicherheit zu bringen. PwC versicherte, gemäß der gesetzlichen Bestimmungen gehandelt zu haben.

Auslöser all dieser Recherchen war eine anonyme Quelle, die sich an Frederik Obermaier gewandt hatte, einen der beiden Gründer des Münchner Investigativ-Newsrooms *paper trail media*, der im Auftrag von und in enger Verzahnung mit *Der Spiegel* und *ZDF* recherchiert. Die Quelle übermittelte bislang geheime Dokumente zyprischer Finanzdienstleister. In den darauffolgenden Monaten erhielt das Recherche-Team noch Zugang zu weiteren Leaks, die zunächst den Aktivist:innen von *Distributed Denial of Secrets (DDoS)* zugespielt worden waren, einer Gruppierung, die regelmäßig Datenlecks veröffentlicht. Eines dieser Leaks wurde vom *Organized Crime and Corruption Reporting Project (OCCRP)* mit den an der Recherche beteiligten Reporter:innen geteilt. Was all diese Daten gemein hatten: Sie hatten mit Zypern zu tun. Die meisten Dokumente stammten von zyprischen Finanzdienstleistern, nur ein Datenleck war von einer lettischen Firma – deren Geschäftsmodell es jedoch ist, Daten über zyprische Unternehmen zu verkaufen.

Für Recherchen im Bereich der Wirtschaftskriminalität war Zypern bereits in der Vergangenheit ein interessanter Schauplatz. Einerseits, weil viele Skandale der vergangenen Jahre auch den kleinen EU-Staat berührten: Da war zum Beispiel der Eklat um Goldene Pässe, also: Staatsbürgerschaften gegen Geld, im Jahr 2020. Damals hatte *al-Jazeera* enthüllt, dass Zypern Pässe an Kriminelle sowie andere Personen verkauft hat, die keinen EU-Pass hätten bekommen sollen („The Cyprus Papers" 2020). Zahlreiche zyprische Firmen tauchten auch in früheren großen Offshore-Leaks wie den „Panama Papers" oder „Pandora Papers" auf. Andererseits ist Zypern ein interessanter Ort für Recherchen, weil in Fachkreisen schon länger bekannt war, dass sich die Finanzindustrie des EU-Landes auf eine ganz bestimmte Klientel spezialisiert hatte: reiche Russ:innen. Russland und Zypern pflegen seit Jahrzehnten enge Beziehungen. Das hat einerseits kulturelle und religiöse Gründe, in beiden Ländern sind viele Menschen orthodox. Zugleich kamen aber schon nach dem Ende der Sowjetunion in den Neunzigerjahren zahlreiche Russ:innen nach Zypern (Nikitina et al. 2019) – als Tourist:innen, aber auch, um dort ihr Geld anzulegen (Zavyalova et al. 2019).

Angesichts des russischen Angriffskriegs in der Ukraine im Februar 2022 bekamen Datenlecks aus Zypern eine noch höhere gesellschaftliche und politische Relevanz. Viele westliche Regierungen hatten russische Oligarchen sanktioniert – darunter auch jene, die zuvor ihr Vermögen von Zypern aus verwalten, verschieben und vermehren ließen. Schon in den ersten Wochen, als die Reporter:innen die Daten noch eher nach dem Zufallsprinzip durchwühlten, um einen ersten Eindruck zu gewinnen, zeigte sich: Zahlreiche russische Oligarchen scheinen Kunden zu sein, und viele Spuren führen von Zypern aus in verschiedenste Länder auf der ganzen Welt.

Deshalb initiierte der Münchner Investigativ-Newsroom *paper trail media*, gemeinsam mit dem *International Consortium of Investigative Journalists (ICIJ)*, ein internationales Rechercheprojekt. In den darauffolgenden acht Monaten werteten insgesamt mehr als 270 Journalist:innen aus über 50 Ländern die Leaks gemeinsam aus. Im deutschsprachigen Raum arbeiteten etwa *Der Spiegel*, *Der Standard*, die Schweizer *Tamedia-Gruppe* und das ZDF an „Cyprus Confidential" mit, international waren zum Beispiel auch die *Washington Post*, der *Guardian* oder *Le Monde* an den Recherchen beteiligt.

Die große Zahl an Reporter:innen im „Cyprus Confidential"-Team ermöglichte es, relativ schnell einen Überblick über die mehr als 3,6 Mio. Dokumente – von E-Mails über Verträge zu offiziellen Schriftstücken – zu bekommen. Wenn man auf der Basis von Leaks arbeitet, ist die Recherche meist durch zwei äußere Faktoren zeitlich beschränkt: Erstens, weil die anonymen Quellen erfahrungsgemäß oft auf eine zeitnahe Veröffentlichung hoffen. Zweitens, weil man als verantwortungsvolle Journalist:innen das erlangte Wissen, sofern es verifiziert und von öffentlichem Interesse ist, möglichst schnell mit der Öffentlichkeit teilen will und sollte. Zugleich setzen riesige Datensätze eine intensive Recherche voraus, sie müssen durchgearbeitet, durch andere Quellen bestätigt und mit Expert:innen eingeordnet werden. Somit einigten sich die beteiligten Medienhäuser auf einen Recherche-Zeitraum von mehreren Monaten und legten das Veröffentlichungsdatum auf den 14. November 2023 fest.

Dank der internationalen Kooperation aus Journalist:innen wurden in dieser Zeit viele verschiedene spannende Geschichten aus den unterschiedlichsten Ländern in den geleakten Dokumenten gefunden. Die von den internationalen Partnern aufgedeckten Spuren führten dabei zum Beispiel nach Syrien, wo sich zyprische Mittelsmänner trotz Sanktionen wohl bemühten, Damaskus bei der Bestellung amerikanischer Bohrausrüstung zu unterstützen. Sie führten zu einem Pensionsfonds auf der Insel Curaçao, aus dem offenbar Hunderte Millionen Dollar abgeflossen sind, wodurch wohl die Renten von 30.000 Personen in Curaçao und auf benachbarten Inseln gefährdet wurden. Und sie enthüllten Details zu Zahlungen, die womöglich in Zusammenhang mit einem ermordeten Journalisten aus Kroatien stehen. Insgesamt veröffentlichten 69 Medienhäuser die Rechercheergebnisse von „Cyprus Confidential".

In Deutschland wurde die Veröffentlichung vor allem wegen der Rechercheergebnisse zu Hubert Seipel, dem Journalisten, der aus Russland bezahlt wurde, zu einem wichtigen Thema – und zog nach der Publikation Konsequenzen nach sich.

Der *NDR*, für den Seipel gearbeitet hatte, setzte eine Untersuchungskommission ein. Sein Verlag, *Hoffmann und Campe*, stoppte den Verkauf seiner Bücher. Auch darüber hinaus hatte die Veröffentlichung von „Cyprus Confidential" Folgen: So entsandte die USA ein Team an FBI-Ermittlern nach Zypern, das lokalen Behörden bei den Ermittlungen helfen sollte.

## 2 Step by Step

**Das Leak**
Alles begann mit einer anonymen Quelle, die bislang unbekannte Dokumente aus Zypern an *paper trail media* leakte. Mit solch anonymen Quellen zu arbeiten, ist im investigativen Journalismus nicht ungewöhnlich. Ohne einen geheimen Informanten wäre die Watergate-Affäre nie aufgedeckt worden, ohne eine anonyme Quelle hätte es die „Panama Papers" nicht gegeben. Und wären nicht mehrere Leaks rund um Zypern Journalist:innen zugespielt worden, wären auch die Rechercheergebnisse von „Cyprus Confidential" nie ans Licht gekommen.

Bei der Arbeit mit anonymen Quellen müssen Journalist:innen sicherstellen, dass die Identität der Quellen nicht öffentlich wird, andernfalls können den Whistleblowern nicht nur berufliche Konsequenzen wie der Verlust ihres Jobs drohen, sondern auch physische Gewalt. Somit muss man sich von Beginn der Recherche an nicht nur mit der Verifikation des Materials, sondern auch mit dem Schutz der anonymen Quelle beschäftigen. Das ist im digitalen Zeitalter noch schwieriger als zuvor – hängt aber natürlich vom konkreten Fall ab (Posetti 2017). Zu empfehlen ist jedenfalls, verschlüsselte Kommunikationswege zu verwenden. Das gilt auch für den Austausch über die Recherche im Team selbst, der zum Beispiel nicht über E-Mails, sondern besser über verschlüsselte Messenger-Dienste laufen sollte. Der allererste Schritt bei Leak-Recherche wie „Cyprus Confidential" ist deshalb immer, eine sichere Umgebung für das Recherchieren aufzubauen.

**Das Team wächst**
Als Nächstes erfolgt die Zusammenstellung eines Reporter:innen-Teams. Ganz zu Beginn arbeiteten nur einzelne Journalist:innen bei *paper trail media* an der Recherche, die einen ersten Ausschnitt der Daten prüften: Um was geht es in diesem Leak überhaupt? Sind die Dokumente auf den ersten Blick plausibel? Finden sich erste Spuren zu spannenden Fällen oder bekannten Namen? Im Fall von „Cyprus Confidential" lief diese erste Phase sehr positiv ab, es tauchten schnell einige rus-

sische Oligarchen auf, die Kunden der zyprischen Finanzdienstleister zu sein schienen. Die gesellschaftliche Relevanz war damit hoch, vor allem wegen der Invasion Russlands in der Ukraine. Außerdem gab es mehrere Spuren, die in Länder auf der ganzen Welt führten, was schon früh für eine länderübergreifende Kooperation sprach.

Nach einigen Wochen der Recherche entschied sich *paper trail media*, zusammen mit seinen Partnermedien *Der Spiegel, Der Standard, Tamedia* und *ZDF* ein internationales Rechercheprojekt zu initiieren. Das Team schlug das Thema daraufhin dem *ICIJ* vor, einer Organisation, die mit großen leakbasierten Recherchen viel Erfahrung hat, und präsentierte erste Erkenntnisse aus den Daten. Das *ICIJ* startete gemeinsam mit *paper trail media* ein Projekt mit Partnermedien aus verschiedenen Ländern. Die Koordination solcher Kollaborationen bedeutet einiges an Aufwand: Man muss eine sichere Umgebung schaffen, von der aus die Journalist:innen auf der ganzen Welt miteinander im Datensatz recherchieren können. Man braucht eine Plattform, um Rechercheergebnisse mit den Kolleg:innen zu teilen – möglichst simultan, damit stets alle auf einem Stand sind. Es muss koordiniert werden, wer welche Recherchestränge verfolgt, welche Expert:innen interviewt werden und wann man welche Personen mit den Vorwürfen konfrontiert. In den folgenden Wochen und Monaten musste damit auch viel Zeit für die Koordination der Recherche aufgewendet werden.

Dieser Organisationsaufwand lohnt sich aber, denn internationale Kollaborationen bringen viele Vorteile für Projekte wie „Cyprus Confidential". Schon allein die Zahl an Journalist:innen, die man bei derartigen Projekten zusammenbringen kann, ist eine enorme Erleichterung: Investigative Recherche, vor allem das Analysieren riesiger Leaks, ist zeit- und kostenaufwendig – und damit sowohl personell als auch finanziell für einzelne Medienhäuser nicht machbar. Darüber hinaus gibt es bei derartigen Recherchen zahlreiche Anknüpfungspunkte in verschiedenste Länder. Umso mehr ist es von Vorteil mit Kolleg:innen zusammenzuarbeiten, die nicht nur fachliche Expertise in ihren Spezialgebieten mitbringen, sondern auch Kenntnisse, die man meistens nur durch Präsenz vor Ort bekommt (Lück-Benz und Schultz 2019). Dies reicht von lokalen Firmenbuchzugängen bis zu länderspezifischen Quellen. Im Fall von „Cyprus Confidential" war es zum Beispiel sehr hilfreich, mit Kolleg:innen vom *Organized Crime and Corruption Reporting Project (OCCRP)* zusammenzuarbeiten, die selbst auf Zypern tätig sind und damit eine herausragende Expertise vor Ort hatten.

Je mehr Redaktionen sich beteiligen, desto stärker verteilt sich die Last auf verschiedene Schultern. Das ist vor allem für jene Journalist:innen von Bedeutung, die in anderen Mediensystemen unter systemisch schwierigen Bedingungen arbeiten

(Lück-Benz und Schultz 2019). Von den unterschiedlichen Kontexten und zum Teil auch individuellen Fähigkeiten im investigativen Arbeiten profitiert dann aber das ganze Team, denn es gilt: Alle Erkenntnisse werden mit allen geteilt.

**Datenarbeit**
Sobald ein erstes Team an Reporter:innen stand, begann die dritte – und wohl aufwendigste – Phase eines Projekts: die eigentliche Datenarbeit. Auch diese unterteilt sich wiederum in verschiedene Schritte. Leaks müssen fast immer zuerst vorbereitet werden, sprich: Sie müssen durchsuchbar gemacht werden. Schließlich ist es bei mehreren Millionen Dokumenten viel effizienter, Suchbegriffe zu verwenden, anstatt jede Seite zu lesen. Jedes Dokument sollte zu Beginn auch klar zuordenbar gemacht werden, damit in der späteren Recherche kein Chaos entsteht. Duplikate müssen also entfernt, eindeutige Namen oder Nummern pro Dokument vergeben werden. Danach schaut man sich die Struktur des Leaks an. Oft sind Datenlecks in verschiedene Ordner unterteilt – da ist es für die weitere Recherche von Vorteil, wenn man versteht, in welchen Ordnern man nach bestimmten Dokumenten suchen kann – oder was es bedeutet, wenn ein Dokument in einem bestimmten Ordner auftaucht.

Erst dann beginnt das eigentliche Suchen in den Daten. Dafür haben wir für „Cyprus Confidential" zunächst Listen von Personen, Firmen und Institutionen erstellt, die für die Recherche interessant sein könnten. Das können zum Beispiel in Deutschland prominente Personen wie Politiker:innen oder Manager:innen sein, aber auch Namen, die in früheren Berichten über Zypern in Zusammenhang mit möglichen Finanzverbrechen erwähnt worden waren. Zusätzlich ist es oft hilfreich, zum Beispiel nach deutschen Städtenamen oder Vorwahlen zu suchen und diese Begriffe miteinander sowie mit weiterem einschlägigen Fachvokabular wie „Beneficial Owner" oder „Due Diligence" zu kombinieren. Die selbst erstellten Listen haben wir dann wiederum mit den Leaks abgeglichen. Teile der Suchen konnten automatisiert werden. Die Ergebnisse jener Suchen müssen aber dennoch immer händisch Dokument für Dokument geprüft werden. Vor allem zu prominenten Namen wie etwa die von Präsident:innen gab es oft hunderte Ergebnisse, bei denen es sich dann allerdings nur um mehr oder weniger zufällig abgespeicherte Zeitungsartikel handelte – oder um Namensvetter.

**Kontextualisierung und Verifikation**
Hat man aber tatsächlich einen interessanten Fund gemacht, beginnt der vierte Schritt: das Ausrecherchieren – sowohl innerhalb, als auch außerhalb der Daten. Dabei sollte der Fund bei Kooperationen wie „Cyprus Confidential" zuallererst den Kolleg:innen im eigenen Team kommuniziert werden. Die Erfahrung zeigt, dass

diese oft daran anknüpfen können: Sie haben zum Beispiel schon andere Aspekte gefunden, die das Bild nun ergänzen. Danach schaut man in den Daten selbst, ob noch mehr Informationen zu dem Fall zu finden sind. Ist man auf eine interessante Person gestoßen, treten in diesem Zusammenhang meist noch weitere Namen oder Firmen auf. Dann kann man nach diesen in den geleakten Daten suchen, etwa mit folgenden Fragen: Wer ist der wirtschaftliche Eigentümer? Was ist über ihn bekannt? Welchen Zweck haben die Firmen? Damit soll sichergestellt werden, dass alle Informationen des Leaks ausgeschöpft werden, um ein möglichst vollständiges Bild zu dem entsprechenden Fall zu bekommen.

Diese Kontextualisierung und Verifikation kann je nach Fall sehr unterschiedlich sein, beispielhaft lässt sie sich bei „Cyprus Confidential" aber am Fall Hubert Seipel gut nachvollziehen: Der Startpunkt dieser Recherche war der Fund eines Vertrags, der Seipel für sein Buch über Russland und den russischen Präsidenten Putin Hunderttausende Euro zusicherte. Seipel war dabei klar ausgewiesen, mit Passnummer und Wohnadresse, hat den Vertrag unter seinem Namen abgeschlossen und auch unterschrieben. Darüber hinaus gab es in den Daten Zahlungsanweisungen, die sich explizit auf den Vertrag bezogen und in denen Seipel auch namentlich genannt wurde. Die Gesamtsumme stimmte mit dem Vertrag überein. Außerdem führte der betreffende zyprische Finanzdienstleister einen „World-Check" von Seipel durch, prüfte also, um wen es sich handelt. Dabei wurde klar ersichtlich, dass es um den deutschen Journalisten geht und keinen Namensvetter oder Ähnliches. Zusätzlich war handschriftlich vermerkt, dass es bereits einen ähnlichen Vertrag 2013 für eine Putin-Biografie von Seipel gegeben habe. Tatsächlich erschien zwei Jahre später eine Putin-Biografie von Seipel. Das Buch, um das sich der Vertrag in den „Cyprus Confidential"-Daten dreht, erschien im Jahr 2021 und war inhaltlich passend zum Vertragsinhalt. Auf Anfrage räumte Seipel die Zahlungen des Oligarchen ein – wies aber darauf hin, dass er mit dem Vertrag keine inhaltlichen Verpflichtungen eingegangen sei.

Die zweite Vertragspartei war eine Firma mit Sitz auf den Britischen Jungferninseln. Schnell hat sich gezeigt, dass es sich dabei wohl um ein Konstrukt aus Briefkastenfirmen und Strohleuten handelt. Daher war eine der ersten Maßnahmen, das Konstrukt Schritt für Schritt aufzulösen. Dabei konnten die Reporter:innen auch auf frühere Offshore-Leaks zurückgreifen und arbeiteten vor allem mit administrativen Dokumenten und internen Präsentationen, die Eigentümer:innen oder Anteilseigner:innen der Firmen ausweisen. Relativ bald war klar, dass an der Spitze des Konstrukts der russische Stahlkonzern Severstal beziehungsweise dessen Mehrheitseigentümer, der sanktionierte russische Oligarch Alexej Mordaschow, stehen.

Wesentlich mühseliger gestaltete sich die Recherche rund um das System der schwarzen Kassen, die Roman Abramowitsch beim Chelsea FC aufgebaut hat. Über Jahre hinweg haben Briefkastenfirmen des mittlerweile sanktionierten Oligarchen versteckte Zahlungen geleistet, um Chelsea einen unfairen Wettbewerbsvorteil zu verschaffen. Die Unternehmen wurden von einem zyprischen Finanzdienstleister verwaltet, dessen Dokumente den Reporter:innen zugespielt wurden. Im Gegensatz zum Fall Seipel gab es diesbezüglich zahlreiche Verträge, die nur selten direkt mit Spielern oder Betreuern abgeschlossen wurden. Meist handelte es sich vielmehr um Personen aus deren Umfeld oder um eine weitere Briefkastenfirma. Die meisten Dokumente waren getarnt als vermeintliche Beratungsverträge mit schwammigen Gegenleistungen und hohen Summen, die dank zahlreicher dubioser Klauseln nahezu garantiert waren. Wenn die Reporter:innen ein solches Dokument in den Daten fanden, mussten sie es schrittweise kontextualisieren. Die jeweilige Briefkastenfirma konnte Abramowitsch vergleichsweise einfach durch interne Dokumente oder Bankschreiben, die sich ebenfalls in den Daten fanden, zugeordnet werden. Roman Abramowitsch hat mehrere Anfragen zu den Recherchen nicht beantwortet.

Im nächsten Schritt erfolgte die Analyse der Gegenseite. Etwa: In welchem Verhältnis steht die Person zu Chelsea beziehungsweise Abramowitsch oder stand sie zum damaligen Zeitpunkt? Handelt es sich bei der Person um jemanden aus dem Umfeld eines Spielers oder Trainers, etwa den Berater? Gab es im fraglichen Zeitraum eine Vertragsverlängerung oder einen Transfer, mit dem die Zahlung zusammenhängen könnte? Erneut konnten diese Fragen vor allem aufgrund der Zusammenarbeit des internationalen Reporter:innen-Team sowie der unterschiedlichen Zugänge beantwortet werden. Auch die Anzahl der gefundenen Fälle wäre ohne internationale Zusammenarbeit nur schwer möglich gewesen. Auf Anfrage teilte Chelsea mit, dass sich die Vorwürfe gegen einen ehemaligen Klubchef richten würden und mit keiner Person zu tun hätten, die aktuell im Verein arbeitet.

Grundsätzlich muss nach der beschriebenen Recherche im Leak natürlich auch außerhalb des Leaks recherchiert werden. Das ist einerseits wichtig zur Verifikation. Daten wie Geburtstage, Berufe, Firmennamen, Telefonnummern und Unterschriften aus den geleakten Dokumenten müssen mit einer zweiten Quelle außerhalb des Leaks abgeglichen werden. Je mehr Übereinstimmungen zwischen Datenleck und weiteren Quellen gefunden werden können, desto besser. Andererseits muss man mit Expert:innen und Personen vor Ort sprechen. So war es unerlässlich, für „Cyprus Confidential" nach Zypern zu fliegen und mit verschiedenen Personen aus Wissenschaft, Politik und Kontrollbehörden ins Gespräch zu kommen. Meist muss man jene Interviews aus Quellenschutzgründen zu Beginn noch sehr allgemein halten und kann erst kurz vor Veröffentlichung zu spezifischeren Fragen übergehen. Es gilt je nach konkretem Fall eine Balance zu finden, in der die Quelle nicht gefährdet wird, aber wichtige Erkenntnisse für die Recherche erlangt werden können.

**Die Geschichte**

Sobald all diese Recherchen abgeschlossen sind, muss über die Erzählung nachgedacht werden. Eine Herausforderung bei „Cyprus Confidential" war, dass viele verschiedene Ausspielwege bedient werden mussten – vom Fernsehen über Online-Artikel bis zu Print. Mit diesen unterschiedlichen Medien gehen auch verschiedene Ansprüche einher: das Fernsehen braucht Bilder und Protagonist:innen, die Magazingeschichte Szenen und der Online-Artikel interaktive Elemente wie Kurzvideos. All das muss parallel geplant werden. Zu diesem Zweck stoßen in dieser Phase viele neue Kolleg:innen zum Team hinzu – deren Schwerpunkt oft weniger das Recherchieren ist, sondern mehr das Erzählen von Stoffen. Das bringt eine neue Perspektive in das Projekt, die auch für Spannungen sorgen kann. Deshalb ist es von großer Bedeutung, diese neuen Teammitglieder frühzeitig zu integrieren. Bei „Cyprus Confidential" haben *paper trail media* und seine Partnermedien für alle großen Recherchestränge Tandems aus denjenigen Rechercheur:innen, die schon seit Monaten im Projekt sind, und den „neuen" Journalist:innen gebildet. Das war sehr hilfreich, weil die „Neuen" dann direkt Ansprechpartner:innen für die Fragen zu den jeweiligen Dokumenten im Datensatz hatten. In Teams wurden dann erste Entwürfe für die jeweiligen Stücke in den verschiedenen Ausspielkanälen der Partner *Der Spiegel, ZDF, Der Standard,* und *Tamedia* erarbeitet.

**Vorhalte**

Spätestens, wenn klar ist, über welche Personen, Firmen und andere Organisationen berichtet wird, muss der sechste Schritt erfolgen: die Konfrontation aller, der man in den Veröffentlichungen Vorwürfe machen wird – ein Vorgehen, das im investigativen Journalismus unerlässlich ist. Das Ziel: Man möchte den Personen Gelegenheit zur Stellungnahme zu den Vorwürfen geben. Wie genau diese Vorhalte erfolgen, hängt vom Einzelfall ab. In manchen Fällen klingelte das „Cyprus Confidential"-Team persönlich an der Tür, andere Personen wurden angerufen und mit den Vorwürfen konfrontiert – die meisten erhielten eine E-Mail. Auch der Zeitpunkt der Konfrontation kann variieren. Manchmal spricht der Quellenschutz oder ein juristisches Risiko gegen zu frühe Vorhalte, andererseits muss den jeweiligen Personen, Firmen oder Organisationen natürlich auch genug Zeit eingeräumt werden, um ihre Fakten darzulegen. Was auch eingeplant werden muss: Möglicherweise müssen die Berichte nach der Konfrontation noch angepasst werden.

Parallel dazu müssen im Team, mit den redaktionell Verantwortlichen und den Jurist:innen Entscheidungen darüber getroffen werden, was tatsächlich am Ende veröffentlicht wird. Nicht alles, was verifiziert und konfrontiert wurde, sollte auch publiziert werden. Das würde der ethischen Verantwortung von Journalist:innen widersprechen. Tatsächlich sollte man Material und Geschichten vor Veröffentlichung sorgfältig prüfen und etwa private Daten entfernen, die für die Geschichte keine größere Relevanz haben. Das entscheidende Kriterium – auch schon bei früheren Recherchen des *ICIJ* – ist: Welche Informationen dienen dem öffentlichen Interesse, und welche nicht (Fink 2016)? Dieses Vorgehen deckt sich mit den Empfehlungen der amerikanischen „Society of Professional Journalists", die in ihrem Kodex empfehlen, vor dem Veröffentlichen das öffentliche Interesse gegen mögliche Schäden abzuwägen (Society of Professional Journalists 2014).

**Faktencheck**

Eben weil die ethische Verantwortung gerade bei Großprojekten wie „Cyprus Confidential" mit Veröffentlichung in dutzenden Ländern hoch ist, und die Dokumente in der Leak-Recherche oft kompliziert sind, mussten die Stücke als letzten Schritt vor der Veröffentlichung noch gefaktcheckt werden. Das erfolgte je nach Medienhaus unterschiedlich – *Der Spiegel*, zum Beispiel, leistet sich mit seiner eigenen Dokumentation eine ganze Abteilung an Personen, die die Texte vorab checken. Durch diesen harten Check musste dort jeder Text. Auch das *ICIJ* verfügt über ein Factchecking-Team, das nicht nur die eigenen Texte überprüft, sondern auch Daten wie die Zahl an sanktionierten Personen im Leak für alle beteiligten Medienhäuser überprüft. Erst, wenn dieser letzte Schritt vollzogen ist, können die einzelnen Stücke veröffentlicht werden.

## 3 Take-away

Organisatorisch zeigte sich bei „Cyprus Confidential" einmal mehr, wie unerlässlich ein kollaboratives, grenzüberschreitendes Miteinander bei der Recherche komplexer Sachverhalte ist. Die Zusammenarbeit in internationalen Teams macht es möglich, aus unterschiedlichen Blickwinkeln auf ein Thema zu blicken und länderspezifische Expertise zu verbinden. In dieser Recherche war es hilfreich, ortskundige Menschen etwa in Zypern mit an Bord zu haben. Alle haben sowohl von der Vielsprachigkeit der Recherchierenden profitiert, als auch von der Expertise und individuellen Fertigkeiten und Fähigkeiten, die diese einbringen konnten. Selbstverständlich hat die Arbeit in großen, internationalen Verbünden auch den Vorteil, dass die Ergebnisse in mehreren Ländern mit unterschiedlichen Schwerpunkten und Aufhängern veröffentlicht werden und somit die Aufmerksamkeit vergrößert wird.

Natürlich bringt die Arbeit in großen, internationalen Teams aber auch Herausforderungen mit sich. Eine klare Aufgabenverteilung und Organisation ist essenziell. Dabei müssen alle Beteiligten eingebunden werden. In diesem Fall wurde dazu im Endspurt, etwa eine Woche vor Veröffentlichung, ein tägliches Morgenbriefing durchgeführt. Vonseiten *paper trail media* liefen alle organisatorischen Fäden bei einer Kollegin zusammen, die sowohl den Überblick über die Verantwortlichkeiten behielt, als auch die Kommunikation mit dem Netzwerk *ICIJ* federführend koordinierte. Zusätzlich fasste sie wöchentlich den aktuellen Recherchestand und nächste Schritte sowie Verantwortlichkeiten für alle Beteiligten einsehbar zusammen. Das kostete einiges an Zeit, wurde aber sowohl teamintern als auch bei den Partnern, gut angenommen.

Mit seinen Partnermedien arbeitete *paper trail media* im Tandem. So war für einen Beitrag oder Text immer nur eine Person des Teams zuständig, die zwischen Partner und *paper trail media* vermittelte und half, durch die riesigen Datensätze zu navigieren.

Inhaltlich zeigte sich im Zuge der „Cyprus Confidential"-Recherchen, dass das Durchsuchen von Daten sowohl nach dem Zufallsprinzip, als auch systematisch, etwa mithilfe von Suchoperatoren oder Listen, die abgearbeitet werden, erfolgen sollte.

Nicht zuletzt bestätigte sich bei dieser Recherche erneut, dass eine fundierte und wirkungsvolle Berichterstattung auch Gespräche mit Expert:innen voraussetzt. Zu Beginn der Recherche war es sehr hilfreich, erste Einordnungen zu Zypern etwa aus der Wissenschaft zu bekommen. Später wurde auch viel vor Ort in Zypern recherchiert, Gespräche etwa mit Politiker:innen und Kontrollbehörden geführt. Ganz am Ende hat das Recherche-Team dann zum Beispiel auch Politiker:innen auf EU-Ebene befragt, um deren Einschätzung zu den Problemen zu hören.

Was die Zahl an teilnehmenden Journalist:innen und Medienhäusern angeht, war „Cyprus Confidential" die bislang größte internationale Recherche, die *paper trail media* mit seinen Partnern *Der Spiegel* und *ZDF* initiiert hat. Es hat sich einmal mehr gezeigt, dass der Kommunikationsaufwand mindestens so zeitintensiv und wichtig wie die Recherche selbst ist. Es ist essenziell, dass sich alle Partnermedien mitgenommen und in Entscheidungen eingebunden fühlen. Ebenfalls wichtig ist es, Recherchefortschritte schnellstmöglich und transparent zu kommunizieren, um Synergien zu nutzen und Doppelarbeit zu vermeiden.

> **Was ist investigativer Journalismus?**
> Investigative Recherche ist das sorgfältige Aufdecken von verborgenen Zusammenhängen mit gesellschaftlicher Relevanz. Möglich wird das durch Kollaboration in diversen Teams und durch die Nutzung von Technologien.
>
> **Drei goldene Regeln:**
> 1. Allein ist ein solches Projekt nicht stemmbar. **Bildet also Teams!**
> 2. **Entwickelt Strategien zum Durchsuchen der Daten**, geht hier sowohl nach dem Zufallsprinzip als auch strukturiert und nach Plan vor.
> 3. **Seid Euch stets Eurer Verantwortung bewusst**: Als Journalist:innen fungieren wir als Gatekeeper, was wir veröffentlichen, muss sorgfältig geprüft sein. Der Schutz von Informant:innen und Insidern hat oberste Priorität.

## Literatur

Fink, A. (2016). Responsible Whistleblowing: The Panama Papers, Wikileaks, and the National Security Enterprise. The Dialectics: Journal of Law, Leadership and Society, 9, 1–6.

Lück, J., & Schultz, T. (2019). Investigative Data Journalism in a Globalized World. A Survey Study on ICIJ Journalists. Journalism Research, 2(2), 93–114.

Nikitina, Y., Kuznetsov, D., & Rustamova, L. (2019). Diplomatic Relations between Cyprus and the Soviet Union/Russia: From Cold War Games to Friendship and Comprehensive Cooperation. Cyprus Review, *31(3)*, 181–198.

Posetti, J. (2017). Protecting Journalism Sources in the Digital Age. UNESCO Publishing. Abgerufen am 10.05.2024 von https://unesdoc.unesco.org/ark:/48223/pf0000248054.

Society of Professional Journalists. (2014). SPJ Code of Ethics. Abgerufen am 10.05.2024 von https://www.spj.org/ethicscode.asp.

The Cyprus Papers. (2020). Al Jazeera.

Zavyalova, E. B., Tkachev, V. N., Berezko, V. E., & Perepelkin, A. N. (2019). Trends and Issues in Economic Relations of Cyprus and Russia. Cyprus Review, 31(3), 139–157.

**Maria Retter** (*1993) ist seit November 2023 Investigativreporterin bei *paper trail media*. Zuvor war sie für die österreichische Tageszeitung *Der Standard* als Tirol-Korrespondentin tätig. In dieser Funktion arbeitete sie an den „Rotenberg-Files" mit. Diese internationale, vom *Organized Crime and Corruption Reporting Project* (OCCRP) koordinierte Investigativ-Recherche zeigte, wie es den Brüdern Arkadij und Boris Rotenberg gelang, ihr Vermögen vor Sanktionsbehörden zu verstecken.

**Timo Schober** (*1997) ist seit Mai 2023 Investigativreporter bei *paper trail media*. Er war neben „Cyprus Confidential" unter anderem an den internationalen Recherchekooperationen „Rotenberg-Files" oder „DeforstationInc" beteiligt. Davor war er freier Journalist unter anderem für *Zeit-Online*, *Falter*, *Der Standard* und *Datum*.

**Sophia Baumann** (*1997) ist Investigativreporterin, die auf internationale Kooperationen spezialisiert ist. Sie leitete das Projekt „Cyprus Confidential" für *paper trail media*, zusammen mit dem ICIJ. Zuvor war sie unter anderem auch an der „Vulkan Files"-Recherche beteiligt, bei der interne Dokumente eines russischen IT-Unternehmens analysiert wurden – ein Projekt, das mit dem Deutschen Journalistenpreis ausgezeichnet wurde. 2023 wurde sie vom *medium magazin* zu den „Top 30 Journalist:innen bis 30" gekürt.

# Die Vulkan Files: Geheimdokumente von Hackern im Auftrag des Kreml & ihre Auswertung mit IT-Sicherheitsexperten und OSINT-Methoden

Hannes Munzinger

## 1 Die Story

**Was sind die Vulkan Files?**

Im März 2023 veröffentlichte ein Zusammenschluss internationaler Medien unter dem Titel „Vulkan Files" die Recherchen zu einer Firma aus Moskau, die für die russischen Geheimdienste und das russische Militär IT-Produkte herstellt. Die Firma namens „NTC Vulkan" gab sich jahrelang als nach außen als harmloser IT-Dienstleister mit harmlosen Kunden aus. Die Recherchen konnten aber zeigen, dass NTC Vulkan zu diesem Zeitpunkt schon mehr als zehn Jahre für russische Geheimdienste Software und Hardware entwickelt hatte, deren ultimativer Zweck offensive Cyberoperationen – also Hacking – waren.

Das Portfolio von NTC Vulkan umfasste auch Systeme, die kritische Infrastruktur ins Visier nehmen sollten, also Kraftwerke, Häfen oder die Wasserversorgung. Darüber hinaus entwickelten die Programmierer Software, die einerseits die Überwachung und andererseits das Fluten von sozialen Medien mit „Spezialmaterial" – also Fake

H. Munzinger (✉)
papertrail media, München, Deutschland
E-Mail: hm@papertrailmedia.de

© Der/die Autor(en), exklusiv lizenziert an Springer Fachmedien Wiesbaden GmbH, ein Teil von Springer Nature 2024
A. C. Hoffmann (Hrsg.), *Investigativer Journalismus in Deutschland*,
https://doi.org/10.1007/978-3-658-44673-4_11

News – in großem Stil möglich machen sollte. Spionage, Überwachung und Angriff – die Ziele der von Vulkan entwickelten Systeme entsprachen militärischen und geheimdienstlichen Aufgaben und ihre Enthüllung bot einen einmaligen Einblick in den militärisch-industriellen Komplex Russlands.

**Die Nachricht einer anonymen Quelle**
Die Recherche begann mit der Nachricht einer anonymen Quelle. Wenige Tage nach Beginn der Invasion Russlands in die Ukraine am 24. Februar 2022 meldete sich eine Person über den anonymen Briefkasten des Investigativ-Teams der *Süddeutschen Zeitung*. Dieser anonyme Briefkasten ist ein digitales System, das TippgeberInnen maximale Anonymität und damit Sicherheit bieten soll. Sie können dort Nachrichten hinterlassen und Daten übermitteln, ohne dass man digitale Spuren wie beispielsweise IP-Adressen zu ihnen zurückverfolgen kann.

Die Quelle der Vulkan-Files schrieb, sie habe Informationen über eine Moskauer Firma, hinter der sich die russischen Geheimdienste versteckten. Eine Nachricht, die JournalistInnen elektrisieren muss. Dazu schickte die Person eine zweistellige Zahl von Dateien, um ihre Behauptung zu untermauern.

Die Dateien waren ein erstes gutes Zeichen. Denn oftmals melden sich TippgeberInnen mit interessanten Hinweisen, aber ohne Belege. Investigativ-JournalistInnen erhalten regelmäßig Tipps und müssen im Alltag deshalb abwägen, welchen sie folgen. Tipps ohne Belege sind oft die ersten, die man beiseitelegt. Es sei denn, sie stammen von einer Quelle, mit der man schon einmal positive Erfahrungen gemacht hat oder deren berufliche Position ihre Behauptung plausibel und deshalb überprüfenswert macht. Bei anonymen Quellen, die ihre Identität verbergen und ihre wahre Motivation nicht preisgeben wollen (oder aus Sicherheitsgründen nicht können) haben die Belege, die sie liefern, entscheidendes Gewicht.

Zu der Firma NTC Vulkan lagen also nun mögliche Belege vor – und auch die Motivation der Quelle war nachvollziehbar: „Wegen der Vorgänge in der Ukraine habe ich mich entschieden, diese Information öffentlich zu machen", schrieb sie und begründete auch gleich, warum sie die Information über die Hacking-Tools der russischen Geheimdienste an JournalistInnen gab: „Die Menschen sollten wissen, welche Gefahren das birgt". Es ging dieser Person also um eine Warnung und um Öffentlichkeit für ein Thema, das aus ihrer Sicht stärker in die öffentliche Wahrnehmung gehört.

Die Motivation einer Quelle zu erfragen und wenn möglich zu überprüfen, gehört zur journalistischen Sorgfaltspflicht. Noch immer gibt es Tippgeber, die glauben, man könne Informationen an Journalisten für großes Geld verkaufen. Und noch immer gibt es Akteure in der Branche, die Geld für Informationen bezahlen.

Man findet sie eher im Boulevardjournalismus und eher im angelsächsischen Raum. Hat eine Quelle aber kein Geld im Sinn und ist nicht von persönlicher Rachsucht, beispielsweise gegen einen ehemaligen Arbeitgeber, getrieben, dann steigt erfahrungsgemäß die Wahrscheinlichkeit, dass es ihr um die Offenlegung eines echten und für die Öffentlichkeit relevanten Missstands geht.

Bei der *Süddeutschen Zeitung* hatte ich die Betreuung und Pflege des anonymen Briefkastens übernommen und kam so mit der Quelle in Kontakt. In der ersten Antwort auf einen Tipp dieser Art geht es zunächst darum, konkrete Fragen zu den aufgestellten Behauptungen zu stellen. Im konkreten Fall zum Beispiel: Wo finde ich in den Dokumenten den Beleg für eine Verwicklung der russischen Geheimdienste? Mit welchem Dokument sollte ich überhaupt beginnen? Welches ist das wichtigste, wo ist aus Sicht der Quelle die „smoking gun"? TippgeberInnen kennen ihr Material in den meisten Fällen am besten und man kann sich viel Zeit sparen, wenn man hier direkt um Hilfestellungen bittet. Das befreit natürlich nicht davon, möglichst alles durchzuarbeiten zu überprüfen, beziehungsweise bei Leaks mit Millionen Dateien zumindest große Stichproben zu machen.

Es geht aber auch darum, möglichst schnell möglichst viel Persönliches über eine Quelle zu erfahren: Warum tut sie das? Wie kommt sie an diese Informationen? Und wer ist sie? In einem persönlichen Treffen lassen sich diese Fragen gut klären. Im besten Fall trifft man sich, gewinnt einen persönlichen Eindruck, schafft Vertrauen. Ist der Tipp vielversprechend, sollte man keine Aufwände für ein persönliches Treffen scheuen. Aber auch das Gegenteil ist möglich: dass der Eindruck nach einem Treffen eher schlecht ist und man die Sache mit noch mehr Skepsis angehen muss.

Im Fall der „Vulkan Files" war ein Treffen nicht möglich. Zum Quellenschutz gehört manchmal auch, nicht öffentlich darüber Auskunft zu geben, warum. Wichtig ist, dass wir alles probiert haben, was sicher war und im Rahmen unserer eigenen organisatorischen und finanziellen Möglichkeiten stand. Es gibt Organisationen, wie beispielsweise das *Signals Network*, die sich auf die Unterstützung von WhistleblowerInnen spezialisiert haben. Sie sorgen dafür, dass WhistleblowerInnen von Medien und JournalistInnen unabhängige Entscheidungen treffen können. Denn die Entscheidung, als TippgeberIn öffentlich in Erscheinung zu treten, kann Existenzen verändern und zerstören – man denke nur an den Preis, den Edward Snowden im russischen Exil bis heute bezahlt.

JournalistInnen werden sich kaum zurückhalten können, einer Quelle hinterher zu recherchieren. Vorausgesetzt, man bringt sie dadurch nicht in Gefahr. Im Fall einer Kontaktaufnahme über einen digitalen Briefkasten wie „Secure Drop", ist das von vornherein ziemlich aussichtslos. Secure Drop basiert auf verschlüsselter Kommunikation und ist nur über das sogenannte Tor-Netzwerk und einen speziellen Browser erreichbar, vergleichbar mit dem Darknet. Tor ermöglicht eine zuverlässige Verschleierung von identifizierenden, digitalen Spuren und somit ein hohes Maß an Quellenschutz. Secure Drop wird von der *Freedom of the Press Foundation* allein zu diesem Zweck weiterentwickelt und kostenlos zur Verfügung gestellt. Viele Redaktionen weltweit haben es deshalb im Einsatz. Einer Quelle steht es natürlich offen, in der gesicherten Kommunikation weitere Informationen über sich preiszugeben. Im Falle der Vulkan-Quelle gab es vertrauensbildende Anhaltspunkte. Vor allem aber Belege.

**Ein Thema, so komplex wie relevant**
Dass die Behauptungen der Quelle – hinter der Firma Vulkan stecken Geheimdienste und Militär – für eine deutsche oder gar internationale Öffentlichkeit relevant sein würden, war uns schnell klar. Hacker im staatlichen Auftrag waren im Jahr 2022 vielleicht kein alltägliches Thema, aber längst auch kein Nischenthema für ein Fachpublikum mehr. Zu viele Cyberangriffe und -operationen hatten deutlich gemacht, dass die Digitalisierung aller Bereiche des modernen Lebens auch Verwundbarkeiten mit sich bringt. Verwundbarkeiten in politischen Systemen: Man denke an die Beeinflussung der amerikanischen Präsidentschaftswahlen im Jahr 2016 durch gezielt gestreute Fake-News und von russischen Hackern erbeutete und strategisch geleakte E-Mails aus dem Lager der später unterlegenen Hillary Clinton. Und an die Verwundbarkeit des globalen Wirtschaftssystems: Ein Computervirus namens „NotPetya" verbreitete sich 2017 in Windeseile um die Welt und zwang unter anderem eines der weltgrößten Transportunternehmen, die Reederei Maersk, für zehn Tage analog zu arbeiten. Auch diese Attacke hatte ihren Ursprung offenbar in Russland. Die USA und Israel waren beispielsweise mit dem Virus „Stuxnet" gegen das iranische Atomprogramm vorgegangen. Staaten wie China, Indien und Iran unterhielten längst staatliche Hackereinheiten.

Die Absichten der russischen Geheimdienste und Militärs waren im Jahr 2022 aber von besonderem Interesse vor dem Hintergrund des Krieges gegen die Ukraine. Russische Hacker, vor allem die dem Militärgeheimdienst GRU zugeordneten Gruppen, hatten schon Jahre vor der jüngsten Invasion immer wieder Ziele in der Ukraine angegriffen. Es war ihnen zweimal gelungen, die Stromversorgung in Teilen des Landes und der Hauptstadt zu unterbrechen und ihre Attacken gegen staatliche Institutionen der Ukraine gehörten beinahe zum Alltag. Und auch in Deutschland hatten russische Staatshacker angegriffen. Prominent ist der Fall der Bundestagsverwaltung, in deren IT Hacker des FSB eindrangen. Der Vizepräsident des deutschen Auslandsnachrichtendienst BND sagte auf einer Konferenz im Jahr 2022: „Russland ist in unseren Netzen."

Nun lagen uns Dokumente vor, die Werkzeuge dieser Akteure enthüllen konnten. Inzwischen waren es Hunderte Dateien, die außer uns laut der Quelle sonst niemand hatte. Ein kleiner Teil davon war aber für einige Zeit offen im Netz zum Download gestanden. Man musste nur wissen, wo. Ob andere parallel daran recherchieren? Wir konnten es nicht ausschließen.

## 2 Step-by-step

**Eine Recherche, viele Methoden**
„Wir" meint hier alle KollegInnen, die an der Recherche beteiligt waren. Die Recherche hatte bei der *Süddeutschen Zeitung* begonnen ich wechselte aber kurz darauf zu *paper trail media*, einem neu gegründeten Recherche-Startup, das mit dem *Spiegel*, dem *Standard*, den Zeitungen der Schweizer *Tamedia-Gruppe* und dem ZDF kooperiert. In Absprache mit der Chefredaktion und der Ressortleitung Investigativ der *Süddeutschen* ließ ich die Quelle entscheiden, was mit ihren Informationen passieren sollte. Ihre Wahl fiel auf eine Kooperation der Medienhäuser und weiteren Kontakt mit mir. Bei *paper trail media* übernahmen wir in der Folge die Koordination der Kollaboration und holten weitere Medien an Bord. Darunter den britischen *Guardian*, die *Washington Post*, *Le Monde*, den dänischen Rundfunk und das russische Exil-Medium *iStories*.

Um Kollegen (und manchmal sogar Konkurrenten) zu einer gemeinsamen Recherche zu bewegen, muss man sie zunächst von seiner Idee, seiner These oder der Qualität und Relevanz seines Materials überzeugen. Eine umfassende Vorarbeit ist unerlässlich. Diese begann mit der Analyse der geleakten Dateien.

**Die Auswertung der Dokumente**
Erhält man solche Dateien, geht es natürlich darum, ihren Inhalt zu untersuchen. Bevor man sich tief in Dokumenten und ihren Inhalten vergräbt, lohnt sich aber auch ein Blick in ihre Metadaten: Wann wurden Sie erstellt? Wann zuletzt gespeichert? Bei Dateien in Microsoft Office Formaten (wie Word-Dateien, Excel-Tabellen oder Präsentationen) kann in den Metadaten sehr viel Information stecken, beispielsweise auch, welche Person bzw. welcher Nutzer sie erstellt oder gespeichert hat. Aus den Metadaten der Vulkan Files war ersichtlich, aus welchen Zeiträumen die Dateien stammen. Und es ließ sich ableiten, dass die Dateien keineswegs veraltet waren, sondern bis kurz vor dem Beginn der Invasion die Ukraine bearbeitet worden waren. Aus den Namen, die sich in den Metadaten fanden, aber auch in Kommentaren innerhalb der Dokumente, ließen sich MitarbeiterInnen

der Firma Vulkan identifizieren, die man mit anderen Quellen überprüfen konnte. Vor allem in sozialen Netzwerken wie dem russischen *Facebook*-Pendant *VKontakte*, *LinkedIn* oder *Telegram*. Die Metadaten halfen also früh, Indizien für die Echtheit des Materials zu sammeln. Dabei gingen wir sowohl „händisch" vor – wir klickten uns also durch die Dokumente – als auch systematisch mit Programmierung. Mit Open-Source-Programmen wie Apache Tika lassen sich mit ein wenig Programmier-Kenntnis (technisch gesehen handelt es nicht um Programmieren, sondern um die Anwendung eines Programmes in der Kommandozeile) in Sekunden Metadaten von Tausenden Dateien extrahieren und in Tabellenform speichern, um sie weiter zu analysieren. Dieser Ansatz ist bei einer Datenmenge von mehreren Hundert Dateien empfehlenswert, weil man einfach eine Zeitleiste der Metadaten erstellen kann, die bei der Recherche hilft. Bei größeren Leaks sind eher aggregierte Metadaten interessant, um Aussagen treffen zu können, ob beispielsweise die Mehrzahl der Dokumente aus einem bestimmten Zeitraum oder von einer bestimmten Person stammt.

Die Dateien der Vulkan Files waren fast vollständig in russischer Sprache. Zu Beginn der Recherche standen aber keine KollegInnen bereit, die Russisch sprechen oder lesen konnten. Um einen ersten Eindruck vom Inhalt der Dokumente zu bekommen, mussten sie übersetzt werden. Das Engagement von ÜbersetzerInnen war keine Option, da die Brisanz des Materials eine Weitergabe ausschloss und ihr Umfang die Übersetzung zu einer wochen- bis monatelangen Aufgabe gemacht hätte. Die Dateien entsprachen etwa 5000 Seiten technischer Beschreibungen und Hunderten E-Mails.

Die Wahl fiel deshalb auf eine Übersetzungssoftware. Damit konnten wir sicherstellen, dass die Dateien nach der Übersetzung nicht auf Servern des Übersetzungsdienstes gespeichert würden und dass die Inhalte nur auf Servern in Deutschland verarbeitet wurden. Mit ein paar Zeilen Programmcode (in der Programmiersprache Python) war es möglich, die Übersetzung von Hunderten Dateien unter Nutzung einer Programmierschnittstelle (API) zu automatisieren. Als großer Vorteil erwies sich, dass die gewählte Übersetzungssoftware in der Lage war, das Layout der Dokumente zu erhalten und im Ergebnis nahezu identische, übersetzte Dateien zu liefern. Die Mehrzahl der Vulkan Files bestand aus Dokumenten mit technischen Beschreibungen und Anleitungen von Software- und Hardwaresystemen. Sie waren gespickt mit Bildern, Diagrammen und Screenshots, außerdem waren sie sehr umfangreich und aufwändig gegliedert. Die Beibehaltung des Layouts machte später auch eine Überprüfung der zitierten Passagen in den russischen Dokumenten durch MuttersprachlerInnen einfacher.

Als die Dokumente übersetzt waren, konnten wir mit dem Lesen beginnen und die Aussagen der Quelle überprüfen. Dieses frühe Stadium der Recherche dauerte mehrere Wochen, aber es ergaben sich auch schon erste zentrale Funde. So stießen wir auf ein Dokument, das auf dem Deckblatt die Ziffernfolge 74455 aufwies. Im russischen Militär und den Geheimdiensten haben die Einheiten sogenannte „Feldpostnummern". Die Nummer 74455, das war öffentlich bekannt, gehört zu einer der berüchtigtsten Hackergruppen. Sie wird auch „Sandworm" genannt. Sandworm untersteht dem Militärgeheimdienst GRU und ist spezialisiert auf Angriffe gegen kritische Infrastruktur. Die Hacker von Sandworm sollen sowohl für zwei erfolgreiche Attacken auf die ukrainische Stromversorgung als auch für das verheerende Virus „NotPetya" verantwortlich sein. Zu Beginn der Invasion 2022 schrieben IT-Sicherheitsforscher auch in der Ukraine beobachtete Hacking-Kampagnen Sandworm zu. Und uns lag nun ein Dokument vor, das eindeutig auf eine Verbindung zwischen dieser berüchtigten Einheit und der Firma Vulkan hinwies. Und auf ein System, dass Vulkan offenbar in Abstimmung mit und für die Nutzung durch die Einheit 74455 entwickelte. Dieses System, „Scan-V", sollte Schwachstellen, also Angriffspunkte, in Netzwerken rund um die Welt sammeln und speichern und außerdem eine Art Aufgabenmanagement leisten.

Nicht zuletzt dieser Fund machte klar, dass NTC Vulkan, der Gegenstand dieser Recherche, auch für uns gefährlich sein könnte. Und wir fanden Dokumente, die als Staatsgeheimnisse einzustufen waren. Deshalb arbeiteten wir unter besonderen Sicherheitsvorkehrungen. Alle, die mitrecherchierten, bekamen einen präparierten USB-Stick. Darauf befand sich ein Betriebssystem namens Tails. Tails ist ein sehr einfaches, aber von Experten als sehr sicher eingeschätztes Linux-Betriebssystem, das sich von einem USB-Stick aus starten lässt. Eine Besonderheit von Tails ist, dass es nach jedem Start neu installiert ist. Hätte man das System also beispielsweise mit einem Virus infiziert, wäre das Problem sehr wahrscheinlich nach einem Neustart behoben. Allerdings wären auch alle erstellten Dateien gelöscht. Dafür bietet Tails einen verschlüsselten Bereich, der auch nach dem Neustart wieder verfügbar ist. Dort hatten wir für alle KollegInnen eine Kopie der geleakten Daten im Original und übersetzt hinterlegt. Tails bot außerdem den Vorteil, dass man darin standardmäßig über den Tor-Browser verschleiert im Netz ist. Es wäre also auch für einen Geheimdienst mit umfassenden Überwachungsprogrammen schwierig gewesen herauszufinden, wer sich da gerade für NTC Vulkan interessiert.

Wir arbeiteten immer in der Annahme, dass wahrscheinlich nichts passieren würde, wollten aber nichts versäumen, unsere Recherche zu schützen. IT-Kollegen des *Spiegel* richteten einen Server ein, auf dem eine Chat-Software, ein Wiki zur Dokumentation der Rechercheergebnisse und eine Suchmaschine lief, mit der man alle Dokumente durchsuchen konnte. Dieser Server war auch nur über das anonyme Tor-Netzwerk erreichbar.

Mit erhöhter digitaler Sicherheit kommen im Regelfall Einbußen im Nutzungskomfort einher. Dem Betriebssystem Tails fehlen viele Basisfunktionen, die man von modernen Computern gewohnt ist. Das Surfen im Netz über Tor kann sehr langsam sein und die genutzten Programme, beispielsweise der Chat, waren sehr einfach und weniger übersichtlich als verbreitete Messenger. Auch deshalb waren persönliche Treffen der Recherchierenden wichtig. Bei *paper trail media* organisierten wir deshalb ein Treffen, bei dem internationale KollegInnen aus mehreren Staaaten anreisten, wir uns erste Rechercheergebnisse vorstellten, die USB-Sticks verteilten und alle mit den Systemen vertraut machen konnten.

**Open Source Intelligence (OSINT) in der Recherche**
Nicht nur die Metadaten der geleakten Dateien auch die vielen E-Mails aus dem Inneren der Firma NTC Vulkan boten Ansätze für Recherchen mit Hilfe von Methoden, die als Open Source Intelligence (OSINT) bzw. Social Media Intelligence (SOCMINT) bekannt sind. Diese E-Mails beinhalteten vor allem interne Nachrichten zwischen MitarbeiterInnen von Vulkan. Dennoch waren nicht nur Namen und Mailadressen, sondern z. B. auch Telefonnummern und *Telegram*-Nutzernamen in den Mail-Signaturen zu finden. Diese Informationen ließen sich systematisch in offenen Quellen durchsuchen, um erstens die Existenz dieser Personen zu verifizieren, zweitens mehr über sie herauszufinden und drittens kurz vor der Veröffentlichung Kontakt mit ihnen aufnehmen zu können.

Die offenen Quellen können soziale Netzwerke sein, beispielsweise *LinkedIn*, oder das schon erwähnte *VKontakte*. Oder aber Dienste, die geleakte Daten aus dem Darknet sammeln und Suchen darin ermöglichen. Solche Dienste sind sowohl in kommerzieller Recherche-Software verfügbar (beispielsweise in dem Programm *Maltego*, das Ermittler und Geheimdienste weltweit einsetzen) aber auch in einfachen Telegram-Bots, die sich in rechtlichen Graubereichen bewegen.

OSINT und SOCMINT Ressourcen, Tools und Methoden befinden sich oft im Wandel. Wenn beispielsweise ein soziales Netzwerk seine Suchfunktion verändert oder einschränkt, kann eine vielfach genutzte Vorgehensweise über Nacht obsolet sein. OSINT-ExpertInnen müssen deshalb ständig auf dem neuesten Stand der Verfahren sein und sich kontinuierlich weiterbilden. Wer dazu noch Ressourcen wie Leaks mit personenbezogenen Daten archiviert, kann Personen identifizieren, verifizieren und Profile von ihnen erstellen. An den Recherchen zu den Vulkan Files waren mehrere ausgewiesene OSINT-ExpertInnen beteiligt.

Einem Kollegen gelang es, einen ehemaligen hochrangigen Softwareentwickler von NTC Vulkan in Irland zu lokalisieren. Er hatte auf Bildern auf Instagram dessen Frau und in der Folge ihr Profil auf Instagram gefunden. Sie hatte wiederum Bilder aus dem Privatleben der Familie öffentlich einsehbar gepostet. Aus den Bildern wurde klar, dass die Familie nach Dublin übersiedelt war. Und auf mehreren Bildern waren ein Park und Teile des Gartens ihres Hauses zu sehen. Der Park war auf Satellitenbildern von Google Maps schnell gefunden, das Haus nur wenige Meter davon entfernt. So konnten wir später an der Haustüre klingeln und den Programmierer um Auskünfte über die gefährliche Software bitten, die er für die russischen Geheimdienste mitentwickelt hatte. Zum Gespräch kam es leider nicht. Aber die durch OSINT entdeckte Identität des Mannes stand symptomatisch für eine weitere potenzielle Gefahr, die von den Mitarbeitern von NTC Vulkan ausging: Mehrere von ihnen hatten inzwischen Jobs bei großen Konzernen in westlichen Staaten. Der Mann in Dublin programmierte inzwischen für Amazon Web Services, den weltgrößten Cloud-Anbieter, bei dem hochsensible Daten aus aller Welt (auch solche von staatlichen Institutionen der Ukraine) zusammenlaufen. Ehemalige Kollegen, die ihn kannten, bestätigten uns später, dass er gewusst haben muss, das NTC Vulkan für die Geheimdienste Russland arbeitete.

Offene Quellen können im Kontext von Hacking und staatlich organisierten Cyberangriffen aber auch Merkmale von Server-Infrastruktur – z. B. IP-Adressen – oder andere digitale „Fingerabdrücke" sein. Die Analyse von Cyberattacken lässt sich, sehr stark vereinfacht, mit einem Tatort vergleichen: Forensiker finden ein Projektil und versuchen Rückschlüsse zu treffen, aus welcher Waffe es stammt, aus welcher Richtung es abgeschossen wurde, wer ein Motiv haben könnte das Opfer zu erschießen etc. Daraus wird dann eine Hypothese abgeleitet, wer der Täter sein könnte. Bei Cyberattacken gibt es oft Schadsoftware, also Dateien, die Viren enthalten. Das sind die Projektile. Und Indizien, wie diese Schadsoftware in ein System kam, z. B. als Anhang einer Mail. Das wäre dann die Richtung, aus der der Angriff kam (und so weiter). Für Malware gibt es teilweise offene Quellen wie *Virus-Total*, wo Schadsoftware aus aller Welt gesammelt und teilweise öffentlich analysiert wird. Die Vulkan Files enthielten aber kaum Hinweise auf Schadsoftware. Der Einblick in die Firma NTC Vulkan war eher mit dem Blick in eine Waffenfabrik vergleichbar. Mehrere ReporterInnen in unserem Zusammenschluss hatten schon jahrelang über IT-Sicherheit und Staatshacking berichtet. Sie konnten auf ein großes Netzwerk von Experten zurückgreifen, die man im Vertrauen um Einschätzungen bitten konnte.

## Menschliche Quellen (HUMINT)

**IT-SicherheitsforscherInnen**
IT-SicherheitsforscherInnen arbeiten in der Wirtschaft, in der Wissenschaft oder für Behörden und oft auch Firmen, die von Behörden beauftragt werden. Viele dieser Firmen sammeln von ihren Kunden, denen sie z. B. Anti-Viren-Software verkaufen, Indikatoren für Schadsoftware. So entstehen riesige Datenbanken voller Wissen und Indizien und ganze Teams, die beispielsweise nur zu russischen Hackergruppen forschen. Einzelnen ForscherInnen, zu denen bereits langjährige Vertrauensverhältnisse bestanden, gaben wir unter einer Verschwiegenheitsvereinbarung Einblicke in die Vulkan Files. Sie waren in der Lage, die vielen Softwarebeschreibungen, die die Mehrzahl der Dokumente in dem Leak ausmachten, mit ihrer Fachkenntnis und Erfahrung zu interpretieren.

Vorab baten wir auch ExpertInnen großer Tech-Konzerne, um eine Einschätzung. Im Austausch mit *Google* stellte sich heraus, dass die SicherheitsexpertInnen der Firma schon im Jahr 2012 auf eine Google-Mailadresse gestoßen waren, von der ein Hacker Schadsoftware verschickte, die später dem russischen Auslandsgeheimdienst SWR zugeordnet werden konnte. „Wir beobachteten, dass diese Mailadresse eine Testnachricht an eine E-Mail-Adresse von NTC-Vulkan.ru sendete", erklärte *Google* im Gespräch mit uns. Dieses Vorgehen interpretierten die Fachleute als Test. Die Hacker wollten offenbar testen, ob ihre Schadsoftware von ihrem eigenen Spamfilter erkannt würde. Der Test war offenbar erfolgreich, denn später verschickten sie über die Google-Mail Adresse Spionagesoftware an Diplomaten und Beamte unter anderem in Europa. Der Angriff wurde als „MiniDuke"-Kampagne bekannt und die ausführende Hackergruppe des russischen Auslandsgeheimdienstes als „Cozy Bear". Mit diesem kleinen Detail konnten wir eine Verbindung zwischen NTC Vulkan und dem dritten Geheimdienst herstellen. Eine weitere Bestätigung fand sich in Überweisungsdaten der Firma, die ein Kollege während der Recherche zugespielt bekam. Beide Details hatten sich also nicht aus dem Leak ergeben, stützten und erweiterten aber unsere Erkenntnisse.

**Behörden und Dienste**
Bei Recherchen zu Geheimdiensten gibt es Quellen, die besonders viel wissen: andere Geheim- und Nachrichtendienste. Der Austausch mit ihnen gehört für manche JournalistInnen, wenn sie beispielsweise viel zu innerer Sicherheit oder kritischer Infrastruktur berichten, zum Alltag. Dienste sind Behörden, die wie alle Behörden im Regelfall über eine Pressestelle verfügen, denen man Fragen stellen kann und die sich manchmal auch auf Hintergrundgespräche einlassen. Manche KollegInnen

haben natürlich auch inoffizielle Kontakte zu einzelnen Geheimdienstmitarbeiter-Innen. Und dann gibt es noch die ehemaligen GeheimdienstlerInnen, die im Anschluss an ihre Tätigkeit dort in der privaten Sicherheitsindustrie tätig sind, aber natürlich Wissen und Erfahrung behalten.

Der Umgang mit ihnen kann Fragen aufwerfen: Macht man sich selbst zum Zuträger, wenn man mit einem Geheimdienst spricht? Kann man ihren Aussagen vertrauen oder wird man vielleicht sogar für ihre Zwecke eingespannt? Es gibt auf diese Fragen unterschiedliche Antworten, aber klar ist: In Diensten sitzen Menschen mit vielen Möglichkeiten der Informationsbeschaffung und manchmal eben Interessen, die denen von JournalistInnen ähneln.

Für die Vulkan Files sprachen mehrere ReporterInnen mit mehreren westlichen Geheimdiensten, die zum Beispiel einhellig der Meinung waren, dass die Dokumente authentisch seien. Wir waren uns dessen zuvor schon durch unsere eigenen Recherchen sicher, aber eine Bestätigung von Stellen, die das wohl am ehesten wissen können, war hilfreich. Und auch eine Einordnung der Arbeitsweisen und Organisation der russischen Hackergruppen half uns bei der Einschätzung, wie die von NTC Vulkan gebauten Systeme dort zum Einsatz kommen könnten.

**Betroffene**
Weitere menschliche Quellen sind Betroffene. Greift man das Bild des Tatorts wieder auf, wären es die Opfer. Aus den uns vorliegenden Dokumenten war nicht direkt zu erkennen, gegen wen sich die Systeme von NTC Vulkan richteten. Jene, die Fake News verbreiten sollten, könnten sowohl in westlichen Gesellschaften als auch in Russland selbst oder in den besetzten Gebieten in der Ukraine zum Einsatz kommen. In anderen Fällen, den Angriffen der russischen Hacker von Sandworm auf die Stromversorgung der Ukrainer, war es schon eindeutiger. Und natürlich war da der Fall der Spionagesoftware MiniDuke, mit der nachweislich mindestens drei westliche Regierungsvertreter gehackt wurden. Wir sprachen aber auch mit Menschen, die von den Vorgehensweisen betroffen waren, die im Leak nur als Plan beschrieben waren, im Krieg in der Ukraine aber ganz konkret eingesetzt wurden. Zum Beispiel mit einer Frau, die im besetzten Cherson vom freien Internet abgeschnitten war und bis zur Befreiung der Stadt offiziell nur russische Propaganda konsumieren konnte (natürlich fanden die kreativen UkrainerInnen Wege, das zu umgehen). *Der Spiegel* setzte einen ukrainischen Mitarbeiter dafür ein; ich reiste, wie auch KollegInnen von *Süddeutscher Zeitung* und *Guardian*, zur Recherche nach Kiew. Bei *paper trail media* hatten wir ergebnisoffen abgewogen, ob eine Reise in ein im Krieg befindliches Land wirklich lohnend sein würde, und waren zum Schluss gekommen, dass die Reise in der damaligen Situation vertretbar war.

**Ehemalige MitarbeiterInnen**
Ehemalige MitarbeiterInnen sind oftmals gute Quellen, wenn sie Insiderwissen behalten haben, aber keine Loyalität mehr zu ihrem ehemaligen Arbeitgeber verspüren. Auf LinkedIn und anderen Portalen fanden wir einige Namen von ehemaligen Beschäftigten von NTC Vulkan. Den schon erwähnten Chefentwickler, der nun in Dublin arbeitete, konfrontierten wir an der Haustüre. Er hatte eine hochrangige Position gehabt und war aus unserer Sicht mitverantwortlich für die Folgen der entwickelten Technologien. Die Chancen ihn zum Reden zu bringen, waren von vornherein gering und das Risiko groß, dass er weiterhin persönliche Beziehungen in die Firma oder sogar in die Geheimdienste hatte. Bei anderen, die in niedrigeren Positionen gearbeitet hatten, wählten wir andere Ansprachen und kamen tatsächlich ins Gespräch – eine Person war sogar bereit, unkenntlich gemacht und mit nachgesprochener Stimme vor einer TV-Kamera zu berichten.

Kurz vor der Veröffentlichung gaben wir – wie es die Sorgfaltspflicht und Presserechtssprechung verlangen – nicht nur der Firma Gelegenheit, mit einem Fragenkatalog Stellung zu unseren Vorwürfen zu nehmen, sondern riefen auch eine Vielzahl von ehemaligen und aktuellen Mitarbeitern an, sendeten ihnen Emails oder Nachrichten. Mit einigen wenigen ergab sich ein kurzer Austausch.

## 3 Take-away

Die Arbeit an den Vulkan Files war für alle Beteiligten außerordentlich herausfordernd. Von der Sprachbarriere, über die hohen Sicherheitsanforderungen bis zur Auswertung der hochkomplexen, technischen Inhalte der geleakten Materialien. Die Recherche erforderte eine gewisse Ausdauer, die Bereitschaft abseits gewohnter Arbeitsweisen vorzugehen und ein hohes Maß an Vertrauen innerhalb des Teams. Die Recherche hat aber auch allen Beteiligten deutlich gemacht, dass die Kollaboration von KollegInnen mit unterschiedlichsten Spezialisierungen eine Geschichte über die größten Hürden tragen kann.

Natürlich trifft man dabei auch Entscheidungen, die man in der Rückschau gerne anders getroffen hätte. Eine Erkenntnis ist, dass man geleaktes Material erst teilen sollte, wenn man es bestmöglich aufbereitet hat. Die Vulkan Files bestanden aus Dateien, die oft sehr ähnlich aussahen und sehr komplizierte Namen hatten. Es ist ein scheinbar winziges Detail, aber eine systematische Benennung der geleakten Dateien hätte uns den Austausch im Team stark vereinfacht, weil jeder zu jeder Zeit sofort gewusst hätte über welches Dokument man gerade spricht. Ein Kollege entwickelte eine Systematik dazu, wir baten ihn aber erst darum, als die Daten bereits im Team verteilt waren.

Auch bei den Sicherheitsvorkehrungen sollte man gut abwägen, ob eine Maximallösung notwendig ist, oder ob ein anderes Verhältnis zwischen Sicherheit und guter Nutzbarkeit von Hilfsmitteln wie einer Chatsoftware der Sache vielleicht doch dienlicher wäre.

Generell gilt: Für die meisten Recherchen muss man das Rad nicht neu erfinden. Und wenn doch: Schwierigkeiten offen artikulieren und die richtigen Leute um Hilfe bitten.

**Was ist investigativer Journalismus?**
Investigativer Journalismus bringt unbekannte Missstände ans Licht und macht sich selbst transparent. Investigative Recherche erfordert Skepsis, Akribie und die Offenheit, gewohnte Pfade zu verlassen.

**Drei goldene Regeln:**
1. **Lesen Sie alles**, was Sie zu Ihrem Thema finden können.
2. **Sprechen Sie mit möglichst vielen Menschen**, die mit ihrem Thema zu tun haben.
3. **Legen Sie sich eine Zeitleiste der Ereignisse an** – daraus wird in vielen Fällen die Geschichte.

**Hannes Munzinger** ist Investigativ-Reporter bei *paper trail media*. Seine Recherchen erscheinen in *Der Spiegel*, im *Standard*, den Zeitungen der *Tamedia-Gruppe* und dem *ZDF*. Er hat nach seiner Ausbildung zum Datenjournalisten bei der *Süddeutschen Zeitung* über mehrere Jahre an zahlreichen internationalen (Leak-)Recherchen mitgearbeitet. In seiner Arbeit als Investigativ-Reporter verbindet er klassische Methoden mit Programmierung und Automatisierung.

# Teil IV

# Lokale und Internationale Recherche-Verbünde

# Kollaborativer Journalismus: Das Projekt Correctiv.Lokal

## Justus von Daniels und Jonathan Sachse

Die ersten Hinweise kamen von einem Kollegen der *Nordsee Zeitung*. Es ging um Amazon und fragwürdige Speditions-Praktiken, die vor allem Druck auf die Fahrer ausüben. Über andere Wege erreichte uns ein Hinweis zu einem umstrittenen Umgang mit einem Todesfall in einem Amazon-Lager in Sachsen, dem eine Kollegin der *Leipziger Volkszeitung*, unterstützt von einer *Correctiv*-Reporterin, nachgehen konnte. Am Ende stand eine Recherche über das System Amazon, veröffentlicht mit mehr als 30 lokalen Partnern. Es ging um umstrittene Arbeitsbedingungen in der gesamten Lieferkette des Konzerns, in verschiedenen Lagern, Speditionen und Lieferorten. Möglich wurde das, weil unser *Correctiv.Lokal* -Team mit mehreren lokalen Medien ein gemeinsames Recherche-Projekt aufgesetzt und geleitet hat.

Die Recherche „Maschine Amazon" zeigt, wie das Konzept des kollaborativen Zusammenarbeitens von *Correctiv* mit lokalen Medien bei einer investigativen Recherche gelingt.

Wir haben *Correctiv.Lokal* 2018 mit dem Ziel gegründet, investigative oder datengetriebene Recherchen im Lokalen zu finden und dort zu veröffentlichen, wo sie die Menschen direkt betreffen. Wenn es möglich ist, vergleichbare Missstände an mehreren Orten zu verbinden, kann dadurch eine nationale Debatte entstehen; so unsere Hypothese zu Beginn. Das geht nur, wenn man verschiedene Stärken miteinander verbindet.

Seit dem Start haben wir datengetriebene Recherchen zu klimarelevanten Themen wie Wassermangel oder Klimaanpassung gemeinsam mit vielen lokalen Medien ver-

---

J. von Daniels (✉) · J. Sachse
Correctiv, Berlin, Deutschland
E-Mail: justus.von.daniels@correctiv.org; Jonathan.sachse@correctiv.org

© Der/die Autor(en), exklusiv lizenziert an Springer Fachmedien Wiesbaden GmbH, ein Teil von Springer Nature 2024
A. C. Hoffmann (Hrsg.), *Investigativer Journalismus in Deutschland*,
https://doi.org/10.1007/978-3-658-44673-4_12

öffentlicht. Wir haben crowdbasierte Geschichten zunächst in Einzelprojekten zum Wohnungsmarkt in Städten, zur desaströsen Lage der Frauenhäuser oder der Notsituation von Kitas mit dutzenden Lokal-Partnern realisiert. Und wir kooperieren zu investigativen Themen mit Lokalmedien, wenn es vor Ort Anknüpfungspunkte gibt.

Anstatt eine bestimmte Recherche in den Blick zu nehmen, wollen wir anhand mehrerer Beispiele zeigen, wie dieses Konzept der Zusammenarbeit entstand, welche Hindernisse es gab und inwiefern sich das Konzept des kollaborativen Arbeitens gerade im Lokaljournalismus als enorme Chance zeigt – und vielleicht perspektivisch sogar ein neues Job-Profil damit einhergehen kann.

## 1    Netzwerk ins Lokale

In den letzten Jahren ist offensichtlich geworden, welchen Mehrwert Kooperationen verschiedener Medien haben können. Das haben zunächst große internationale Kooperationen bewiesen. Dabei ging es vor allem darum, dass Kolleginnen und Kollegen mit ähnlichen Expertisen ihr Wissen und ihre Ressourcen bündeln, um eine möglichst breite Wirkung zu entfalten und grenzüberschreitende Debatten zu entfachen, etwa zum Cum Ex-Skandal (*Correctiv*, „Cum Ex") oder den Panama Papers („Panama Papers").

*Correctiv* hat seit der Gründung 2014 das Konzept verfolgt, mit Medien zusammenzuarbeiten, die Expertise in vergleichbaren Themenfeldern haben.

Bei der Idee, Wissen zu bündeln, Recherchen dort auszuspielen, wo Missstände sich zeigen, lag es auf der Hand, das Konzept medienübergreifender Zusammenarbeit auch auf das Lokale zu übertragen.

Die Idee ist so schlicht wie eingängig: Korruption, Fehlplanungen, Skandale in kommunalen Betrieben weisen oft ähnliche Muster auf, egal in welcher Stadt oder Kommune sie auftreten. Die Auswirkungen des Klimawandels werden oft mit allgemeinen abstrakten Daten beschrieben, sind aber längst vor Ort spürbar. Wenn lokale Recherchen koordiniert veröffentlicht werden, kann sich daraus eine überregionale Wirkung entfalten. Aus dem Vergleich können sogar Lösungsansätze übertragen und diskutiert werden, die an anderen Orten schon bestehen.

## 2    Gelernt aus Erfahrungen und einem Vorbild

Vor allem mit dem eigenen Rechercheprojekt „Wem gehört die Stadt" (*Correctiv*, „Wem gehört die Stadt") konnten wir Erfahrungen sammeln, worauf es bei der Zusammenarbeit mit lokalen Partnern ankommt. Mit dem *Hamburger Abendblatt* starteten wir „Wem gehört Hamburg" (*Correctiv* 2018), um die existenzielle Krise am Immobilienmarkt einerseits greifbar zu machen, andererseits die strukturelle Dimension zu recherchieren, was die Preise hochtreibt. Dafür haben wir mit unserem CrowdNewsroom dazu aufgerufen, dass uns Menschen bei der Suche nach Eigentümern helfen. Zusammen mit dem *Hamburger Abendblatt* konnten wir Ergebnisse unserer Recherchen mit Vor-Ort-Berichten und Gesprächsformaten kombinieren. Der Erfolg des Pilotprojektes hat später in großen Städten wie Berlin aber auch an kleineren Orten wie Minden oder Lüneburg funktioniert. In allen Fällen haben wir die jeweiligen Stärken der Kooperationspartner mit unseren Ressourcen kombiniert: die Datenerhebung und bestimmte Recherchetools auf der einen, die Recherchen zu lokalen Eigentümern und die lokalen Debatten auf der anderen Seite.

Wenn wir in den folgenden Jahren zu der problematischen Unterfinanzierung von Frauenhäusern in Deutschland oder zu der „Maschine Amazon" recherchiert haben, basierten die Projekte mit lokalen Medienpartnern jeweils auf demselben Prinzip: die verschiedenen Stärken zu nutzen mit dem Ziel, die überregionale Dimension aus den lokalen Beobachtungen zu zeigen. Das kann ein einfacher Datensatz sein, den man lokal herunterbrechen und darstellen kann; oder auch eine investigative Recherche, bei der mehrere Partner mit ihren jeweiligen Expertisen zusammenarbeiten.

In Großbritannien gab es ein beispielgebendes Projekt, von dem wir viel lernen konnten, wie wir eine sinnvolle Netzwerkstruktur mit lokalen Partnern aufsetzen konnten: das *Bureau local* des *Bureau of Investigative Journalism* (o.J*)*. Ein Team hatte dort in kurzer Zeit ein Netzwerk mit mehreren hundert lokalen Journalistinnen und Journalisten aufgebaut und dafür gesorgt, dass alle Seiten effektiv und gut miteinander arbeiten können.

## 3  Kombination der Stärken

Wer im Lokaljournalismus arbeitet, weiß, dass eine Ressource immer besonders knapp ist: Zeit. Zeit, um Missstände in der Tiefe auszuleuchten, aber auch Zeit, um Kooperationen mit zum Teil mehreren Partnern zu koordinieren. *Correctiv.Lokal* hat daher in Anlehnung an das *Bureau Local* begonnen, Datenrecherchen in einem „Rezept" so aufzubereiten, dass für Lokalpartner bei diesem Teil der Recherche kein weiterer Aufwand notwendig war, sodass sie sich darauf konzentrieren können, einen lokalen Ankerpunkt für die bereitgestellten Daten zu finden.

Ein Beispiel für die ersten Lokal-Projekte war eine bundesweite Datenauswertung zu vorhandenen Ausbildungsplätzen und Gesuchen, die regional dargestellt werden konnte, aber auch auf einer Karte für ein Bundesland und das gesamte Bundesgebiet Vergleiche anbot. Die Datenvisualisierung wurde von *Correctiv. Lokal* zur Verfügung gestellt, die lokale Geschichte über die Situation von Auszubildenden vor Ort vom jeweiligen Partner.

Anders als internationale Recherchenetzwerke, die oft in festen Netzwerken organisiert sind, ist *Correctiv.Lokal* von Beginn an offen zugänglich. Mittlerweile sind dort mehr als 1.700 Medienschaffende aus Lokal- und Regionalmedien angemeldet. Und die Kolleginnen und Kollegen kommen aus sehr unterschiedlichen Medienhäusern, von traditionellen Tageszeitungen bis hin zu neu gegründeten Lokalen-Newslettern. Dadurch entsteht Vielfalt. Diese unterschiedliche Herangehensweise ist möglich, weil hier nicht ähnliche Expertise auf beiden Seiten gesucht wird bzw. strenge Vertraulichkeit im Vordergrund steht, sondern die Zusammenfügung verschiedener Expertisen die Möglichkeit bieten soll, die Kooperation maximal zu skalieren.

Der Medienmarkt im Lokalen ist in Deutschland noch verhältnismäßig vielgestaltig. Es gibt die kleinen regional verankerten Verlage, große Medienhäuser mit überregionalen Mantelteilen sowie gemeinnützige Neugründungen oder Blogs, die sich lokal spezialisiert haben. Dementsprechend unterschiedlich sind Redaktionen oder Büros ausgestattet, wenn es um längerfristige Projekte geht. Unser Zugang über einfach umzusetzende Datenprojekte wie im Fall des Ausbildungsatlas oder einer Recherche zur schulgenauen Situation des Lehrermangels (Correctiv 2020) in verschiedenen Bundesländern konnte zunächst dazu führen, ein gemeinsames Verständnis zu schaffen, welche Formen des Zusammenarbeitens auch praxistauglich sind, sodass lokale Partner den positiven Effekt spüren konnten.

## 4 Wirkung der vernetzten Recherchen

Die überregionale Bedeutung lokaler Probleme oder Missstände aufzuzeigen, gelang dann bei den nächsten Schritten des Netzwerkes, mit denen wir stärkere Recherche-Impulse liefern konnten.

2021 haben wir eine Recherche zu häuslicher Gewalt (*Correctiv*, „Ein nationales Problem") über das Netzwerk koordiniert. Unterstützt von einer *Correctiv*-Auswertung zur Belegung von Frauenhäusern haben dutzende regionale Medien über häusliche Gewalt in ihrem jeweiligen lokalen Umfeld berichtet. Die Datenlage ermöglichte es, konkret zu zeigen, wie schwer es an bestimmten Orten ist, überhaupt Schutz zu finden, weil es entweder zu wenige Anlaufstellen gibt oder die bestehenden vollkommen überlaufen sind.

Entscheidend für die gemeinsame Arbeit ist die Form der Kommunikation. In unserem offenen Netzwerk gibt es mittlerweile über 1 700 Mitglieder. Den Kern bei gemeinsamen Recherchen bilden oft mehrere dutzend lokale Medienpartner. Was wir am Ende und in welcher Größe wir veröffentlichen, können wir in mehreren Schritten koordinieren. Dafür gibt es bei *Correctiv.Lokal* eine eigene Position, die Engagement Reporterin. Neue Projekte werden in einem Newsletter und auf einer eigenen *Slack*-Seite kommuniziert. Wenn Kolleginnen und Kollegen Interesse zeigen, bündeln wir eine Gruppe, die von der Engagement Reporterin koordiniert wird. Wir stellen dabei vor, ob Daten vorliegen, die lokal genutzt werden können oder ob es darum geht, an verschiedenen Orten gemeinsam eine übergeordnete Frage zu recherchieren. Dafür stellen wir auch Tutorials zur Verfügung, wenn bestimmte Recherche-Kenntnisse vermittelt werden sollen. Damit ist in einem frühen Stadium der Zusammenarbeit klar, welcher Aufwand notwendig ist, sodass lokale Partner abschätzen können, ob ihnen in dem geplanten Zeitraum genügend Ressourcen zur Verfügung stehen.

Bei der Recherche zu häuslicher Gewalt konnten die lokalen Partner auf die von uns recherchierten Daten zu den Frauenhäusern zurückgreifen, die wir so aufbereitet haben, dass man die jeweils für eine Region relevanten Daten leicht nutzen kann. Neben den lokalen Berichten konnten die teilnehmenden Medien auch über Vergleiche in dem eigenen Bundesland oder über das Bundesland hinaus berichten. Daraus entstand eine überregionale Bedeutung, die auf allen beteiligten politischen Ebenen diskutiert wurde. Denn oft sind für Missstände vor Ort mehrere verantwortlich: Kommunen, das Land und vielleicht auch der Bund. Die lokalen Netzwerk-Recherchen können dadurch alle Verantwortungsebenen sensibilisieren.

Für diese Form der Kooperation braucht es nicht auf beiden Seiten Datenexpertise oder investigative Kenntnisse, sondern dasselbe Verständnis, sich einem Thema zu nähern. *Correctiv.Lokal* lieferte die Datenauswertung und den groben Rahmen für das Thema, die lokalen Kolleginnen und Kollegen konnten diese Informationen in den jeweiligen Kontext vor Ort einbetten und mit lokal recherchierten Fällen greifbar machen, welche Schicksale sich hinter den Daten verbergen. Die Kooperation ist also eine komplementäre Form der Zusammenarbeit, die verschiedene Stärken zusammenführt.

Aus dieser Recherche ergab sich direkt ein verwandtes Folgeprojekt, weil *Correctiv.Lokal* die Belegung der Frauenhäuser (*Correctiv*, „Häusliche Gewalt") in Deutschland über ein Jahr erfassen konnte. Diese Zahlen gab es in dieser Form vorher noch nicht. 2023 konnte das Thema daher nochmal auf einem weiteren Level fortgeführt werden und wurde auch von mehr als 40 Partnern aufgenommen.

## 5 Klima als besonderer Schwerpunkt

Ein besonderer Themenschwerpunkt liegt auf Klima-Themen, die wir auch regional betreuen. Oft werden Nachrichten über Klimawandel abstrakt oder generell berichtet, die Folgen zeigen sich aber längst vor Ort. Die Idee war daher, Daten oder Recherchen zu Klimafolgen oder auch zu Klimaanpassungen können lokalen Partnern helfen, die greifbaren Folgen vor Ort in einen größeren Zusammenhang zu setzen und bei Bedarf auch mit anderen Kommunen zu vergleichen.

Ein Beispiel ist eine Recherche aus dem Jahr 2023, in der wir die Kommunen in Deutschland standardisiert nach Informationen abgefragt hatten, welche Anpassungsmaßnahmen sie im Hinblick auf die Folgen des Klimawandels treffen (*Correctiv*, „Wasser, Mangel, Hitze"). Diese Daten haben über 60 Partner in unserem Netzwerk leicht für sich umsetzen können, indem sie zum Beispiel berichtet haben, ob ihre jeweilige Kommune schon begonnen hat, auf drohende Folgen vor Ort zu reagieren. Und sie konnten vergleichen, inwiefern andere Orte in einer ähnlichen Lage reagieren. Im Idealfall entsteht dadurch ein konstruktiver Aspekt der Berichterstattung. In dem Netzwerk werden auf den internen Kommunikationskanälen die Veröffentlichungen gebündelt. Es ist daher leicht möglich, zu vergleichen, wie Kommunen mit vergleichbaren Herausforderungen umgehen und ob es vielleicht Lösungen gibt, die an anderen Orten schon erprobt werden.

Dabei ist entscheidend, im Austausch der Informationen präzise und konkret zu sein. Anders als feste Kooperationen, zum Beispiel auf internationaler Ebene, muss in dem losen Netzwerk darauf geachtet werden, dass die Ressourcen sehr unterschiedlich sind. Bei den Recherchen ist es daher Anspruch, passgenaue Ergebnisse zu nutzen. Die verifizierten Daten werden in Visualisierungen angeboten, die leicht in jeweilige Redaktionssystemen verarbeitet werden können.

## 6 Gemeinsam aufdecken

Im Fall der Maschine Amazon stand die gemeinsame investigative Recherche im Vordergrund, bei der die Voraussetzungen etwas anders gelagert sind. Das Netzwerk ist so ausgestaltet, dass über die Stelle der Engagement Reporterin auch Ideen und konkrete Ansätze von Mitgliedern gesammelt werden. Damit ist gewährleistet, dass bestimmte Entwicklungen im Lokalen aufgenommen werden können, wenn sich ein Phänomen auch an anderen Orten in vergleichbarer Weise zeigt.

Ein Hinweis über Pläne von Amazon, sein Liefergeschäft zu erweitern, führte zu einer gemeinsamen Recherche mehrerer lokaler Medien über das Innenleben der Lieferkette des Konzerns an mehreren Orten in Deutschland. *Correctiv* sammelte über einen Aufruf innerhalb des Netzwerkes interessierte Kolleginnen und

Kollegen, die Interesse und die Möglichkeit hatten, selbst Zeit aufzuwenden, um entweder den Faden einer bestehenden Recherche zu Amazon aufzunehmen oder Hinweise vor Ort zu verfolgen. So konnten wir über einen Hinweis zu dem fragwürdigen Umgang mit einem Todesfall in einem Lager in Leipzig zusammen mit der Leipziger Volkszeitung recherchieren. Am Ende entstand durch die Recherche mehrerer Medien ein Gesamtbild über Lieferketten und die Arbeitsbedingungen bei Amazon, die wir aus den jeweiligen lokalen Recherchen zu einer aufwändig gestalteten Veröffentlichung zusammensetzen konnten und zeitgleich mit insgesamt sieben Partnern veröffentlicht haben; mehrere dutzende weitere Veröffentlichungen folgten in den Wochen darauf.

# 7 Ausblick

Mit *Correctiv.Lokal* können wir zeigen, wie ein offenes kollaboratives Netzwerk funktioniert, in dem beide Seiten ihre jeweiligen Stärken einbringen. Die Kooperation dient dazu, die Ebenen des Datenjournalismus und investigativer Recherche mit der Situation vor Ort zu verzahnen. Es braucht daher für investigative Recherchen vor Ort nicht unbedingt Investigativ-Expertise oder Datenteams. Denkbar ist, dass sich als Jobprofil auch eine Stelle für „kollaborativen Journalismus" entwickelt. Das wäre dann eine Position in einer Redaktion, die Recherchen in Netzwerken organisiert und in ihr jeweiliges Team hineinträgt. Denn neben unserem Netzwerk können sich auch andere mit inhaltlichen Schwerpunkten oder regionalen Verbindungen entwickeln, die ihre jeweiligen Stärken gut kombinieren.

Für den Lokaljournalismus bleibt es eine wichtige Aufgabe, konkrete Missstände zu benennen, damit sich vor Ort Debatten darüber entwickeln, wie bessere Lösungen entstehen können. Dafür gilt es, Expertise zu teilen – seien es Datensätze, Beteiligungs-Recherchen, investigative Zugänge oder auch praktisches Wissen für investigative Ansätze.

**Was ist investigativer Journalismus?**
Veränderung anstoßen, indem wir Missstände aufdecken und zeigen, wer dafür verantwortlich ist.

**Drei goldene Regeln für die Recherchen:**
1. **Hinweise ernst nehmen** und zuhören.
2. **Ungewöhnliche Wege** gehen.
3. **Verantwortungsvoll mit Quellen** umgehen.

## Literatur

Correctiv. (o. J.). *Cum-Ex:* Der größte Steuerraub in der Geschichte. Abgerufen am 10.05.2024 von https://correctiv.org/themen/cum-ex-steuerbetrug/

Correctiv. (2018, 23. November). Wem gehört Hamburg? Abgerufen am 10.05.2024 von https://correctiv.org/top-stories/2018/11/23/wem-gehoert-hamburg/

Correctiv. (2020, 28. Februar). An welchen Schulen Lehrkräfte fehlen. Abgerufen am 10.05.2024 von https://correctiv.org/top-stories/2020/02/28/an-welchen-schulen-lehrkraefte-fehlen/

Correctiv. (2021, 4. März). Ein nationales Problem lokal recherchiert. Abgerufen am 10.05.2024 von https://correctiv.org/aktuelles/gesundheit/2021/03/04/ein-nationales-problem-lokal-recherchiert/

Correctiv. (2023, 12. Juli). Wasser, Mangel, Hitze: Deutschland Landkreise unvorbereitet auf Extremwetter. Abgerufen am 10.05.2024 von https://correctiv.org/aktuelles/klimawandel/2023/07/12/wasser-mangel-hitze-starkregen-duerre-deutschland-landkreise-unvorbereitet-extremwetter/

Correctiv. (2023, 6. März). Häusliche Gewalt: Frauenhaus-Platz finden. Abgerufen am 10.05.2024 von https://correctiv.org/aktuelles/2023/03/06/haeusliche-gewalt-frauenhaus-platz-finden/

Correctiv. (o. J.). Wem gehört die Stadt? Abgerufen am 10.05.2024 von https://correctiv.org/themen/wem-gehoert-die-stadt/

International Consortium of Investigative Journalists (ICIJ). (o. J.). Panama Papers. Abgerufen am 10.05.2024 von https://www.icij.org/investigations/panama-papers/

The Bureau of Investigative Journalism. (o.J.). Local. Abgerufen am 10.05.2024 von https://www.thebureauinvestigates.com/local/

**Justus von Daniels** arbeitet als Chefredakteur von *Correctiv* und ist über einige Umwege dort gelandet: Ein Kurzfilm, ein Jurastudium, eine Doktorarbeit, ein paar Jahre als Post-Doc; freier Journalist in den USA und Ungarn, und dann gab es 2015 ein Einstellungsgespräch als Investigativ-Reporter. Seitdem ist er bei *Correctiv*, ab 2018 als Leiter von *Correctiv.Lokal* und seit 2019 als Chefredakteur.

**Jonathan Sachse** ist Gründungsmitglied von *Correctiv*. Er arbeitet seit 2014 für das gemeinnützige Recherchezentrum als Reporter. Im Jahr 2020 übernahm er die Leitung von *Correctiv.Lokal*.

# Germany's Instrumental Role in International Journalism Investigations

## Scilla Alecci

When American investigative journalist Charles "Chuck" Lewis founded the *International Consortium of Investigative Journalists (ICIJ)* in 1997, he was driven by the belief that it was time for journalists to adapt to the challenges of a globalized world and embrace a new way of reporting and data gathering.

"Increasingly the most serious, important issues of our time transcend nation-state borders and oceans, professions and research genres," Lewis said in an interview with *ICIJ* years later (Boland-Rudder 2018).

In other words, if criminals and multinationals can operate across borders, so can the reporters who cover them. When journalists collaborate with each other, they can leverage colleagues' expertise, knowledge and sources. Their reporting becomes more in-depth and nuanced and the impact of the investigations bigger. Ultimately, it is the public who benefits from collaborative journalism.

These ideas have fueled *ICIJ*'s evolution over time. *ICIJ* is now an independent nonprofit news organization based in Washington D.C., with staff also working remotely in Australia, South Africa and various European countries. The organization leads international teams consisting of hundreds of journalists – as demonstrated in 2021 by the Pandora Papers (the biggest journalism collaboration ever) – and also counts on a network of nearly 300 member journalists. One of the most well-known *ICIJ*-led efforts, the Panama Papers, has shaped a collaborative model now adopted by many other media outlets worldwide. *ICIJ* has won a Pulitzer Prize for explanatory reporting and has been nominated for a Nobel Peace Prize.

---

S. Alecci (✉)
ICIJ, Berlin, Deutschland
E-Mail: salecci@icij.org

© Der/die Autor(en), exklusiv lizenziert an Springer Fachmedien Wiesbaden GmbH, ein Teil von Springer Nature 2024
A. C. Hoffmann (Hrsg.), *Investigativer Journalismus in Deutschland*,
https://doi.org/10.1007/978-3-658-44673-4_13

*ICIJ* follows its own formula for its collaborative projects. Every year *ICIJ*'s editorial staff selects one or more investigations to pursue. The chosen topic is often based on a few criteria: Is the issue of public interest? Does it affect people in many countries? Can the reporting make a difference?

During the first phase of research for the project, *ICIJ* reporters and data journalists assess what data is available that could illustrate the scale of the problem and which countries can be involved. *ICIJ*'s regional coordinators then reach out to partners around the world, including *ICIJ*'s reporting partners in Germany.

As one of the world's most powerful economies, Germany has no dearth of corrupt individuals, legal loopholes and companies pushing legal and ethical boundaries — all topics that *ICIJ* and its partners commonly investigate. So *ICIJ* investigations tend to have a German connection.

In this chapter we will examine a recent project where German journalists worked hand in hand with *ICIJ*'s editorial team and our media partners in other countries to produce an impactful international investigation.

**Deforestation Inc.**
Deforestation Inc. (*ICIJ* n.d.) is an investigative project organized and led by *ICIJ*, which took place between 2022 and 2023 in collaboration with about 140 journalists in 28 countries. In Germany, *ICIJ* partnered with *NDR, WDR, paper trail media, Der Spiegel* and *Süddeutsche Zeitung*.

The cross-border investigation exposed flaws in environmental auditing and certification programs that are supposed to promote responsible forestry and combat illegal logging and deforestation. Deforestation Inc. also shed light on governments' flailing efforts to stop the wood trade from countries under authoritarian regimes, such as Myanmar, and uncovered how the abuse of sustainability certification processes enables companies at the center of such trade to mislead the public.

I began researching this topic while working on another investigation for which I had to sift through companies' financial statements audited by major accounting firms. Some of these accounting giants, such as those known as the "Big 4," have been fined millions of euros by government agencies for overlooking or hiding clients' financial irregularities. Sometimes those cases – like the famous Wirecard scandal that involved a German-based auditing firm – made the headlines.

Journalists who report on financial crimes will often examine an auditor's behavior to see if the white-collar professionals missed obvious red flags or failed to stop or prevent their clients' criminal actions. I thought *ICIJ* and its partners could do the same for environmental crimes and apply our expertise to this field.

Environmental crime is one of the most profitable criminal activities, with an estimated yearly turnover of more than 200 billion euros, according to United Nations estimates. While it can involve many different types of natural resources, for this investigation we focused on timber because scientists agree that tree loss is one of the major causes of climate change. In 2021 more than 100 political leaders who participated in the UN climate summit in Glasgow pledged to halt or reverse forest loss by 2030. As journalists, we wanted to hold these leaders accountable.

Before we invited our media partners to participate, *ICIJ* began to compile a detailed list of forest product companies around the world that have been accused or convicted of crimes, such as illegal logging and the trade of trafficked wood. The companies included timber traders, paper and pulp producers, furniture makers and others that deal in commodities linked to deforestation.

Shortly after the *ICIJ* team began its research, reporters at Finance Uncovered, a U.K.-based news organization, and Justice For Myanmar, a human rights group, told *ICIJ* they would share leaked documents from Myanmar's tax agency. The documents included a few dozen shipment records detailing the export of Myanmar teak to companies in the U.S., Asia and Europe. Myanmar teak – a type of wood so valuable that some have called it the "king of woods" – is prized by luxury yacht and high-end furniture makers worldwide.

The leaked documents could potentially show how Western timber traders continued to do business with firms associated with Myanmar's military junta, which has been controlling the country's natural resources sector after toppling a democratically elected government in 2021.

As early as 2017, EU regulators began recommending that member states stop importing timber from Myanmar over concerns of corruption and illegal logging. And in response to the 2021 coup, the United States and the EU imposed sanctions on the timber state monopoly. What's more, the UN estimates that Myanmar lost almost 15 million hectares of forest between 1990 and 2015 – more than Germany's entire forested area.

The geopolitical and environmental implications of the Myanmar case made the story compelling and of public interest, so *ICIJ* decided to incorporate this topic into the Deforestation Inc. project. Our hypothesis, based on initial research, was that some Western environmental auditing firms were certifying as "sustainable" forest-product companies that, indirectly or directly, did business with the brutal regime.

As this initial research phase progressed, the *ICIJ* team identified countries that offered the most promising leads. Germany was one of them. Our research revealed, for instance, that: German authorities had busted a Hamburg-based trader for dealing illegally logged wood (EIA 2022); a German environmental auditing firm had allegedly certified as "sustainable" an Italian company that violated an EU embargo on the import of "conflict wood" from Myanmar; in the past, authorities' inspections on German timber traders had found a high number of irregularities; and even the national fleet, the Gorch Fock, had been allegedly implicated in a scandal involving illegal timber.

There was enough evidence to consider Germany to be an important part of the project, and so *ICIJ*'s Hamburg, Munich and Köln-based partners were invited to participate.

**Collecting Data for 'Project Sylvia'**

By September 2022 *ICIJ* had gathered a team of reporters from more than two dozen countries from Asia, Europe and the Americas, involving them in what we codenamed the Sylvia project. (It is common for *ICIJ* to give temporary names to our projects until we decide on a publication name for the investigation – such as Deforestation Inc. In this case I chose "Sylvia," the goddess of the forest, according to Roman mythology.)

To support our international virtual newsroom's daily work, *ICIJ* and its partners used an online platform customized by *ICIJ*'s technology team called the *Global I-Hub*. The global team used the platform to discuss potential leads and exchange information about data gets, findings, reporting plans, interview transcripts, logistics and even doubts – all the things reporters deliberate on as part of a newsroom. The *I-Hub* is one of *ICIJ's* best collaboration tools and is deployed in every investigation.

The leaked Myanmar records as well as other documents obtained by partners through Freedom of Information Act requests were uploaded onto Datashare, another key platform developed by *ICIJ*'s technology team (Fitzgibbon 2019). Datashare functions as an encrypted and secure archive of documents, which can be used similarly to an internet browser. When project partners search for a keyword in Datashare, their query can retrieve related documents that have been added to the platform by the *ICIJ* team.

Over the next few months, *ICIJ*'s data and research team continued to compile a list of environmental violation cases to find patterns and reporting leads. The list also included information provided by partners, such as inspection documents and court records.

In Europe, each member state is required to collect information on penalties and inspections of timber traders and other operators that must comply with the EU's timber-related regulations. However, the level of transparency varies by country. *ICIJ*'s partners filed requests for this inspection data and other records with their local authorities early on in the project, knowing it takes time to get a response from government agencies.

In Germany, for instance, our partners requested information from the environment ministry, which provided new details about the Gorch Fock case. Through separate sources, the German team also obtained confidential documents on the trade of timber from Myanmar.

The data analysis revealed that from 2018 to 2020 three German dealers continued to import teak from Myanmar, despite stricter EU-wide restrictions enforced by Germany's Federal Agency for Agriculture and Food (Bundesministerium für Landwirtschaft und Ernährung) following a scandal involving the national fleet (Alecci et al. 2023) The data showed that those dealers carried out as many as 67 imports, for a total of 1,300 tons of teak, which was worth 7 million euros. The reporters also found that the companies imported teak products through middlemen in Greece, Croatia and Italy (Engert et al. 2023b)

Were those German traders certified as "green" when they violated local laws? That was our next question.

For the second stage of our research, we cross-checked the list of violations with certification information. *ICIJ* examined whether forest-product companies accused or convicted of violations were certified as "green" at the time the violation or allegation occurred. If so, *ICIJ* journalists looked into which environmental auditing firm gave the stamp of approval even though their client was allegedly involved in harmful activities.

To do that, *ICIJ* scrutinized case studies and allegations detailed by reputable non-governmental organizations that specialize in environmental investigations. We also found information on websites of organizations that certify forest product companies, such as the Forest Stewardship Council *(FSC)*. Based in Bonn, the FSC relies on third-party auditing firms to vet clients and certify that wood-product companies and others harvest responsibly and don't use materials linked to illegal logging and other environmental crimes. Certified companies can use FSC's green, tree-festooned logo to indicate to their customers and investors that their operations or products are "green."

During the nine-month investigation, the *ICIJ* team reviewed nearly 2,000 case studies involving 410 companies alleged to have committed environmental violations in at least 50 countries. The results of this analysis were provided to our reporting partners around the world.

*ICIJ's* analysis showed that, over the last 25 years, at least 340 companies in the forest products industry were cited by government agencies and environmental groups for a wide range of destructive practices after auditors had already certified their operations and products as sustainable. The companies were accused of bribing forestry officials, importing wood products in violation of trade restrictions, performing sloppy checks on suppliers, overharvesting old growth forests and other illegal logging practices.

Among those were German teak importers uncovered by our German partners. At least two of the companies under scrutiny by authorities were still displaying their green credentials on their websites – another sign that these sustainability certifications have weak oversight. The FSC director told *ICIJ* and its partners in an interview that the organization was investigating a possible misuse of their logo by teak traders dealing with firms associated with the junta. The interview was filmed and conducted by a *WDR* crew, with questions by *ICIJ* and its partners, and was later shared with the entire international team.

The data collected by *ICIJ* and its partners was voluminous, but it only represented a small fraction of all the environmental crimes and allegations that have been uncovered worldwide. Still, it helped us to understand the scale of the problem and, above all, provided reporters with case studies and leads they could pursue.

As is always the case with *ICIJ's* investigations, this gathering and analysis of data was paired with more traditional, shoe leather reporting.

**Into the Woods**

Investigations about deforestation cannot be done without going into the woods or to places where journalists can see firsthand the consequences of logging and talk to the communities and workers most impacted.

As part of the cross-border investigation, *ICIJ* reporters and partners traversed Indigenous forestland in western Canada to uncover evidence of clearcuts (Alecci et al. 2023) They visited the warehouses of teak traders in India. They used drones to capture the extent of deforestation in Finland, South Korea and Indonesia. German journalists also traced the destructive path of illegal logging through Romania's once lush forests (Kuchelmayr et al. 2023) And they staked out wood pellet mills in North Carolina to follow the supply chain to energy plants in the Netherlands (Cadenbach et al. 2023).

As reporters conducted interviews and found more documents, they shared the information with colleagues through *ICIJ's I-Hub* platform. For instance, German journalists' findings were incorporated into partners' stories published in Switzerland, Austria, India, the U.S. and Taiwan.

Reporters also interviewed those behind the 9 billion euro environmental auditing industry, the men and women who are supposed to ensure that companies follow standards and rules. They talked to auditors with experience working in countries such as Germany, France, Canada, Brazil and Indonesia.

Three former forestry auditors told *ICIJ* that they took the job because they believed it could have a positive effect on the operations of forest-product companies. But they gradually became disillusioned with the system. Auditors and forestry experts interviewed by *ICIJ* and its partners said that, as more brands became willing to pay for green certifications, organizations relaxed their standards and the process became less effective.

Some journalists also went into the field to talk with communities and environmental advocates who denounced the fallout resulting from flawed audits. German reporters, for example, traveled to Indonesia to find out more about one of the case studies identified by the *ICIJ* data and research team.

The case involved German auditing firm TÜV Rheinland, which had certified the legal origin of the timber supplied by an Indonesian company to a major pulp and paper conglomerate accused by environmentalists of deforestation (Engert et al. 2023). Local communities had been complaining about the use of force by guards hired by the Indonesian firm; one villager was killed. Yet the auditors gave their stamp of approval to the company, which displayed a "green" logo until 2019. According to the chairman of a local farmers' association interviewed by the journalists, the "certificates are just a way to legitimize the crimes of these companies and their sales on the market." When questioned by reporters, TÜV Rheinland said the firm carries out its audits "carefully, conscientiously and independently" (Blum et al. 2023a)

**On the Yachts**

While reporters were on the ground in various countries for Deforestation Inc. Myanmar ended up being a no-go zone. Our reporters contemplated how to visit Myanmar's forests and ports since they were an important part of the project, but they eventually decided not to go because traveling to remote areas controlled by militias could endanger both the correspondents as well as local fixers. Instead, the team decided to make the most of its storytelling skills and focus on the Western importers that fuel the trade from Europe, Turkey, India and the U.S.

Rather than the Myanmar jungle, luxury boat shows in Florida, Amsterdam and Paris became our reporting turf. That's where the deals are made, and where traders discuss ways to bypass sanctions and sell or acquire products traded through middlemen and third countries, such as India, Singapore and Turkey.

In September 2022, on a scorching sunny day in Fort Lauderdale, Florida, I interviewed the representatives of one of Germany's biggest yacht building companies that in the past made yachts for Russian oligarchs and other wealthy clients. There, near the petite replica of a luxury yacht, the representative told me that Myanmar teak is still considered the best on the market but, given the war and sanctions, the company has opted for other types of timber. I passed the information on to our German partners who, like athletes in a relay race, went on to interview teak traders in Europe alongside their French and Dutch colleagues. When German reporters later visited a water-sports show they heard a boat manufacturer tell visitors that teak remained a favorite of Germany's renowned shipbuilding industry. "We buy teak like others buy Coca Cola in supermarkets," he said (Blum et al. 2023b).

These and other stories made up the Deforestation Inc. investigation. The 39 media outlets who collaborated on the project published at the same time: At 18:00 Central European Time, on March 1, 2023. Some partners continued to publish in the following weeks and months.

Our partners' articles and TV reports focused on everything from illegal logging in Peru and tree theft in France to the use of shell companies to conceal links to deforesters in Canada and Indonesia and failed government reforms in India.

In some regions the investigation had a bigger impact than we had anticipated.

In Europe, for instance, officials working on a new law to stop misleading environmental claims took notice of our findings. In late March 2023, the EU's executive branch announced plans to crack down on companies that stamp false or misleading "green" labels on their products. The so-called Green Claims Directive aims to set a standard criteria for the more than 200 voluntary sustainability labels used across the EU, which are currently "subject to different levels of robustness, supervision and transparency" (European Commission 2023).

In the U.S., the Department of Justice announced a new interagency task force to bolster efforts to identify, investigate and prosecute illegal trafficking in timber linked to environmental and other crimes. The goal of the working group, dubbed TIMBER (Timber Interdiction Membership Board and Enforcement Resource), is to combat deforestation and disrupt illegal wood smuggling through global supply chains, in part by strengthening cooperation between the U.S. and foreign governments. During the roundtable meeting of the task force, Marigold Norman of World Forest ID, an environmental nonprofit, cited reporting by The Miami Herald, one of ICIJ's media partners who covered the Myanmar teak trade as part of the *ICIJ* project.

The Deforestation Inc. investigation has also won an Online Journalism Award as best explanatory reporting and an award by the Editors & Publishers Magazine whose judges commented: "It was difficult, even dangerous, work to report this multi-national impactful story. Extremely complicated material very clearly told. Exhaustive and excellent work. Important story" (Eppy Awards 2023).

The awards acknowledge the work of the whole international team, including *ICIJ* and the 140 reporters that made Deforestation Inc. possible.

## Take Away

This was the first time I led, coordinated and reported on such a large investigation. In this role, I learned a few important lessons:

- By now most newsrooms understand that climate change is a crucial subject that deserves in-depth coverage. But some editors may be reluctant to support environmental stories if the story pitch is dry and impersonal. It's worth showing them that environmental stories can be interesting too. So, don't give up! In trying to convince your editor, you may find yourself improving the pitch and having a clearer understanding of the story.
- If journalists cannot report from the field, for instance because it's too dangerous, they should find other ways to tell the story. Any interviewee can become a character and any business deal – even the dullest – can include curious details that help bring the story to life.
- Journalists who are deep in an investigation often forget to check the daily news about the subject they are digging into, including policy changes, new scientific studies, conferences and so on. Use Google alerts or other tools to ensure you stay up to date because breaking news about your investigation topic can make it even more timely or, in worse cases, irrelevant and "old news." In other words, don't forget the big picture.
- Collaborations can be tough because as a coordinator you must keep in mind cultural differences, time differences, changing priorities among newsrooms and so on. Communication is your best tool. Just like in a long-distance relationship, you can keep a cross-border collaboration alive by talking to your partners as much as possible. Let them know that you care about them and their work. It will pay off!

**How Do You Define Investigative Journalism?**
Investigative journalists look into the dark corners of the world where others forget (or prefer not) to look.

**Three golden rules of investigative journalism**
1. **Important details are often hidden in plain sight.**
2. **Don't talk too much during interviews.** Let the interviewee do most of the talk.
3. **Never take anything for granted.** Always ask yourself: 'How do I know this is true?'

## References

Alecci, S. (2023, 1. März). How auditing giant KPMG became a global sustainability leader while serving companies accused of forest destruction. ICIJ. Retrieved January 9, 2024, from https://www.icij.org/investigations/deforestation-inc/audit-firms-kpmg-environmental-sustainability-logging/

Alecci, S., Kollig, D., Obermaier, F., & Schober, T. (2023, 2. März). Teakholz aus Myanmar strömt trotz Sanktionen nach Europa. Der Spiegel. Retrieved January 9, 2024, from https://www.spiegel.de/wirtschaft/teakholz-aus-myanmar-stroemt-trotz-sanktionen-nach-europa-a-b1f552f6-aa64-439b-a28d-541f9983f46b

Blum, P., Braun, A., Pollmeier, A., Engert, M., Grieger, F., Schneider, I., & Strunz, B. (2023a, 3. März). Holzverbrennung – eine Gefahr für Klimaziele. Tagesschau.de. Retrieved January 9, 2024, from https://www.tagesschau.de/investigativ/ndr-wdr/holzverbrennung-klimaziele-greenwashing-101.html

Blum, P., Cadenbach, Ch., Heubl, B., Much, M., & Wiegand, R. (2023b, 3. März). Auf dem Holzweg. Süddeutsche Zeitung. Retrieved January 9, 2024, from https://www.sueddeutsche.de/projekte/artikel/politik/north-carolina-pellets-wald-klimawandel-deforestation-icij-holzmafia-e131130/?reduced=true

Boland-Rudder, B. (2018, 1. Mai). 'Investigating the Bastards': ICIJ's Founder on how he learned love nonprofit journalism. ICIJ. Retrieved January 9, 2024, from https://www.icij.org/inside-icij/2018/05/investigating-bastards-icijs-founder-learned-love-nonprofit-journalism/

Cadenbach, Ch., Ludwig, K., Maurer, L., Much, M., & Wiegand, R. (2023, 1. März). Die weltweiten Geschäfte der Holz-Mafia. Süddeutsche Zeitung. Retrieved January 9, 2024, from https://www.sueddeutsche.de/politik/holz-mafia-waelder-abholzung-recherche-1.5760966

EIA. (2022, 22. April). Convicted German timber trader investigated by EIA is raided for dealing in illegal Myanmar teak. Environmental Investigation Agency. Retrieved January 9, 2024, from https://eia-international.org/news/convicted-german-timber-trader-investigated-by-eia-is-raided-for-dealing-in-illegal-myanmar-teak/

ICIJ. (o. D.). Deforestation Inc. Retrieved January 9, 2024, from https://www.icij.org/investigations/deforestation-inc/

Engert, M., Grieger, F., Schneider, I., & Strunz, B. (2023a, 1. März). „Die illegale Abholzung wird zunehmen". Tagesschau.de. Retrieved January 9, 2024, from https://www.tagesschau.de/investigativ/ndr-wdr/holz-mafia-rumaenien-101.html

Engert, M., Grieger, F., Schneider, I., & Strunz, B. (2023b, 2. März). Teakholz füllt die Kassen der Militärjunta. Tagesschau.de. Retrieved January 9, 2024, from https://www.tagesschau.de/investigativ/ndr-wdr/teak-holz-myanmar-101.html

Eppy Awards. (2023). Editor & Publisher Eppy. Retrieved April 5th, 2024, from https://www.eppyawards.com/

European Commission. (March 20th, 2023). Proposal for a directive of the European Parliament and oft the Council on substantiation and communication of explicit environmental claims (Green Claims Directive). Retrieved April 5th, 2024, from https://eur-lex.europa.eu/legal-content/EN/TXT/PDF/?uri=CELEX:52023PC0166

Fitzgibbon, W. (2019, 5. Februar). Datashare: Help test and improve our latest journalism tool. ICIJ. Retrieved January 9, 2024, from https://www.icij.org/inside-icij/2019/02/datashare-help-test-and-improve-our-latest-journalism-tool/

Kuchlmayr, F., Langhans, K., Milatz, M., Obermayer, B., & Verschwele, L. (2023, 1. März). Wie Holzräuber die ältesten Wälder Europas zerstören. Der Spiegel. Retrieved January 9, 2024, from https://www.spiegel.de/wirtschaft/rodung-in-rumaenien-wie-holzraeuber-die-aeltesten-waelder-europas-zerstoeren-a-d6b0149e-a843-4f91-ae08-6f9afbcf29f7

**Scilla Alecci** is an investigative reporter and video journalist for *ICIJ*. She is also partnership coordinator for Asia and Europe. A native of Italy, before moving to the U.S., Scilla was based in Tokyo where she worked for Bloomberg News and other news organizations. In 2016, she was a member of the Japanese reporting team that took part in the Pulitzer Prize-winning Panama Papers investigation.

Her work has also been published by The *New York Times*, the *Huffington Post*, the Japanese magazine *Shukan Asahi* and others. Scilla holds master's degrees in East Asian studies and journalism, and has also published a book in Japanese about the Panama Papers and the new frontiers of investigative journalism.

**SPRINGER NATURE**

# GPSR Compliance

The European Union's (EU) General Product Safety Regulation (GPSR) is a set of rules that requires consumer products to be safe and our obligations to ensure this.

If you have any concerns about our products, you can contact us on ProductSafety@springernature.com

In case Publisher is established outside the EU, the EU authorized representative is:

Springer Nature Customer Service Center GmbH
Europaplatz 3
69115 Heidelberg, Germany

The manufacturer's authorised representative in the EU is Springer Nature Customer Service Centre GmbH, Europaplatz 3, 69115 Heidelberg, Germany. If you have any concerns regarding our products, please contact ProductSafety@springernature.com

Printed and bound by CPI Group (UK) Ltd, Croydon, CR0 4YY
23/03/2026
02076457-0004